语言服务书系·语言教育

汉语语用学教程

陈新仁　主编

暨南大学出版社
JINAN UNIVERSITY PRESS

中国·广州

图书在版编目（CIP）数据

汉语语用学教程/陈新仁主编．—广州：暨南大学出版社，2017.11（2023.7 重印）
（语言服务书系．语言教育）
ISBN 978 -7 -5668 -2191 -1

Ⅰ.①汉…　Ⅱ.①陈…　Ⅲ.①汉语—语用学　Ⅳ.①H13

中国版本图书馆 CIP 数据核字（2017）第 220591 号

汉语语用学教程
HANYU YUYONGXUE JIAOCHENG
主　编：陈新仁

………………………………………………………………………………

出 版 人：张晋升
策划编辑：杜小陆　刘　晶
责任编辑：杜小陆　李敏敏
责任校对：彭　睿
责任印制：周一丹　郑玉婷

出版发行：暨南大学出版社（511443）
电　　话：总编室（8620）37332601
营销部（8620）37332680　37332681　37332682　37332683
传　　真：（8620）37332660（办公室）　37332684（营销部）
网　　址：http://www.jnupress.com
排　　版：广州良弓广告有限公司
印　　刷：广州方迪数字印刷有限公司
开　　本：787mm×960mm　1/16
印　　张：16.75
字　　数：263 千
版　　次：2017 年 11 月第 1 版
印　　次：2023 年 7 月第 2 次
定　　价：49.80 元

前　言

《汉语语用学教程》主要探讨汉语语用学：一方面，本教材使用汉语语料来讲述语用学的相关概念与理论；另一方面，也是尤为重要的一方面，本教材尽可能地展示汉语使用中的一些特点，并从理论上加以探讨，进而丰富现有语用学的相关理论，更好地指导汉语使用者尤其是海外汉语学习者使用汉语进行得体、有效的交际。

目前，市面上已经存在一些书名中含“汉语语用学”的语用学教材。然而，仔细翻阅相关教材，不难发现，这些教材确实以汉语语料作为分析对象，但在内容上基本沿用经典语用学教材的框架，呈现的都是源自西方语用学教材中的基本理论，并没有专门探讨汉语特有的语用现象，也没有从汉语使用特性的语用维度来进行延伸。为此，本教材在设计上试图将语用学一般理论与汉语语言使用特性结合起来，旨在传授语用学基本理论的同时，加深汉语使用者对汉语特性的认识与理解。本书作为一本语用学的教材，在论述时会尽量避免因过于理论化、系统化而影响读者理解。

与一般的语言学理论教材的编写方法不同，本教材在编写思路上具有鲜明的特色，即引入研究性教材编写理念，为使用本教材的任课教师开展研究性教学提供便利。具体说来，本教材可以支持翻转课堂的实践，为学生提供适量、难易程度适中的课前阅读材料，然后采用“语料驱动 + 问题驱动”的研究型课堂设计，辅以若干课后思考题和实践题，激励学生开展团队合作学习与汇报活动成果，引起他们对语言使用尤其是汉语使用的关注和思考，激发他们开展汉语交际研究的兴趣和热情，提升他们的语用意识和研究能力。

本教材面向的读者包括：语用学或相邻学科的学生和研究者；汉语学习者；外语专业本科生、研究生。相应地，本教材适用于语言学专业尤其是语用学、对外汉语教学等专业的相关课程。

参加本教材编写的作者主要来自外语界，也有几位来自汉语界。各章写作的具体分工如下：本人负责全书的设计、修订、定稿，独立撰写了第一章，并与蒋庆胜、任娟娟、陈梅松一起合作撰写了第二、九、十章，编制了全书的参考文献；蒋庆胜撰写了第二章；景晓平撰写了第三章；王玲撰写了第四章；吴亚欣撰写了第五章；胡旭辉撰写了第六章；盛林撰写了第七章；李民撰写了第八章；任娟娟撰写了第九章；陈梅松撰写了第十章；姜晖撰写了第十一章；陈海庆、吴亚欣撰写了第十二章；周凌撰写了第十三章；袁周敏撰写了第十四章；任育新撰写了第十五章；姜占好撰写了第十六章。

教材出版之际，本人代表所有编者向提议编写本教材的暨南大学出版社杜小陆主任表示感谢，对为此教材付出辛勤汗水的李敏敏编辑致以敬意。同时，笔者感谢中国逻辑学会语用学专业委员会名誉会长何自然教授以及各位编委会专家对本教材给予的关心和指导，也感谢沈星辰、邱佳等博士生所做的校对工作。

由于能力有限，教材中难免存在各种讹误，敬请各位专家及读者批评指正。

陈新仁
2016 年 7 月

目　录

第一章　语用学概览

课前阅读

1. 语用学的来源是什么?
2. 语用学的研究对象是什么?
3. 语用学有哪些研究类型?
4. 语用学与一些相邻学科和研究领域之间有哪些异同和关联?

一、引言

语用学作为语言学的一门学科，起源于西方符号学、语言哲学、语言学等多个学科领域的研究，在 20 世纪 70 年代末至 80 年代中发展成为一门独立的学科。1977 年《语用学学刊》(*Journal of Pragmatics*) 的创刊以及 1986 年国际语用学协会 (International Pragmatics Association, IPrA) 的创立是其成为独立学科的主要标志。

“语用学”(pragmatics) 这一术语是由著名符号学家 Charles Morris (1938) 最先提出的。语用学作为符号学的三个分支之一，专门研究符号与其使用者之间的关系，而另两个分支句法学 (syntax) 和语义学 (semantics)，则分别研究符号与符号之间的关系以及符号与所指世界的关系。后来，著名语用学家、语言哲学家 Steven Davis (1991) 用“pragmatics”特指语言符号与其使用者之间的关系，语用学便更多地带有语言学独立学科的色彩了。

从学科的发展历程来看，语用学在某种意义上应该是由语言哲学发展而来。作为分析哲学的一个阵营，从事日常语言哲学研究的学者认为，语言并非总是用来谈论真与假的问题，不是所有的语句都是用来描述客观事态，并不总是涉及真值问题；语言使用本质上是为了达成某种交际目的的，言语行为是语言交际的基本单位，关注的是得体与适切问题，而非真假问题，这便是语用学的理论支柱之一——言语行为理论。另一理论支柱——会话含意理论，来自语言哲学家关于非自然意义尤其是会话含意的研究，该理论发现人们日常交际中传达的意义可能不同于语句的字面意义，甚至与之相反，解读这样的意义不仅需要解码，而且需要推理。

当然，语用学的发展也离不开语言学内部的推动力。言语交际中会经常出现一些貌似不合语法、不合逻辑、不含新信息的“问题”语句，但是它们能传达语言使用者的特定意图。例如：

（1）一些学生反映自己被就业了。

（2）咱们今天晚上吃食堂。

（3）专家毕竟是专家，做事较规范。

在例（1）中，“就业”不是及物动词，按语法规则是不能用于被动句的；在例（2）中，“食堂”不是食物，充当“吃”的宾语不合逻辑；在例（3）中，使用后一个“专家”来描述前一个“专家”，不传达任何关于“专家”的新信息。从语用学角度看，例（1）的说话人通过偏离语法规则意图传达“有人（不恰当地）刻意制造相关学生已经就业的信息”的意思；例（2）的说话人通过偏离语义规则意图达到简练传达“说话人今天晚上在食堂用餐”这一信息的效果；例（3）的说话人通过偏离信息准则（传达新信息的要求）或语义规则（述谓部分不得与话题论元部分发生语义重复），表达对专家的赞赏。可见，语用学能解释语法学、语义学难以解释的问题，一些学者由此将语用学揶揄为“杂物箱”（Leech，1983）、“废纸篓”（Bar－Hillel，1971），又由于它适用的范围甚广，一些学者将它戏称为“大帐篷”（Ariel，2010）、“宽敞的教堂”（Burton－Roberts，1987）。

对于语用学的学科性质界定，学界主要有两大观点：第一种观点认为语用学与语音学、音系学、形态学、语义学、句法学等并列，是语言学的一个分支或分相，持这种观点的学者主要来自英美国家，他们被称为“英美学派”（Anglo－American School）；第二种观点认为语用学是一种功能的视角或综观，可以从社会的、文化的、认知的角度探讨语言的使用维度以及语言的系统维度（后者指的是语言的语音、形态、语义、句法等层面都存在语用研究的必要性和可能性），持这种观点的学者主要来自欧洲大陆（如丹麦、比利时、荷兰等），他们被称为“欧洲大陆学派”（European Continental School）。最新的发展研究则趋向于两种观点的融合，淡化二者之间的对立，寻求二者之间的互补（Ariel，2010；Culpeper & Haugh，2014）。

二、语用学的界定

语用学研究什么？从 Charles Morris 的定义看，语用学研究的是语言符号与其使用者之间的关系。然而，这种关系是什么？具体涉及哪些方面？

人们既是语言符号的使用者也是其解读者。从前者看，语用学研究的是说话人在特定语境中通过使用语言符号所表达的意义，即说话人意义。从后者看，语用学研究的是听话人在特定语境中解读说话人使用的语言符号所传达的意义。一般情况下，听话人解读的语言符号的意义与说话人通过相关语言符号传递的意义是一致的，如例（4）中乙对甲说的“你会修电脑吗？”这一问题的理解，就与甲的表达意图是一致的，但也可能有出入，甚至相反，如例（5）中乙对甲说的“你会修电脑吗？”这一问题的理解。此外，从语言符号本身的角度看，语用学研究特定语言符号在语境中的意义，这种意义与语言符号的字面意义可能相同，如例（4）中的“你会修电脑吗？”；也可能不同，如例（5）中的“你会修电脑吗？”。

（4）甲：你会修电脑吗？
　　乙：你电脑坏了？我帮你修下。
　　甲：那就麻烦你了。
（5）甲：你会修电脑吗？
　　乙：你电脑坏了？我帮你修下。
　　甲：没有，我就是问下。

语用学同样研究特定语境下人们使用语言符号所实施的行为实质和类型，探究交际者实施特定言语行为所需要满足的适切条件（涉及特定行为本身能否成立的条件）和得体条件（涉及特定行为是否符合角色关系、交际场合等的条件），即其构成规则及调节规则。例如：

(6) a. 麻烦您把门关一下，好吗?

b. ××，请把门关上。

c. 关门!

上述三种说法都是在实施某种指令类行为（一方让另一方实施特定行为的行为)，但它们的得体条件是不一样的。通常情况下，如果说话人的身份低于听话人且二者之间的情感距离较大，则例（6a）是得体的；如果说话人的身份高于听话人且二者之间的情感距离较大，则例（6c）是可以接受的；如果说话人和听话人在社会地位方面是相当的且二者之间的情感距离较大，则例（6b）是得体的。

随着语用学的发展，人们逐渐意识到语言使用是一种社会行为，交际者往往是与其他交际参与者尤其是说话对象一起实施特定行为的，因此语用分析不能单方面关注说话人或听话人，而是要考察双方甚至多方是如何在话语中进行互动、协作，共同推进特定交际目标的实现的。例如：

(7) 甲：小王，明天去趟上海。

乙：老板，明天是周末，我要回老家一趟呢。

甲：要不跟家里协商一下，下周再回去?

乙：好吧。

在例（7）中，甲的行为实施的目的是让小王去上海。然而，该目的的达成并不是一蹴而就的，而是在经过与乙的磋商之后才实现的。只关心甲在第一次发话中意图实施的行为是不够的，还要关注该行为是如何在交际互动中展开、调整、完成或落空的。

除了关注语言使用中说话人表达的意义（主要是言外之意或会话含意）外，语用学还关注说话人交流背后的礼貌动因。例如：

(8) 甲：老师，不知道您觉得我的课程论文写得咋样啊?

乙：选题不错。

甲：您的意思是写得还不够好?

乙：一些概念还可以表述得更清楚些。

在例（8）中，学生（甲）向老师（乙）咨询其课程论文的质量如何，使用了“不知道”“您”以及疑问句式，表达了礼貌。老师回答学生的询问时没有就其论文进行总体评价，而是只说其选题不错，也是礼貌之举，给学生留了面子。

近年来，语用学发展带来的一个变化是，从关注面子需求对交际的影响过渡到关注语言使用对人际关系的影响，认为交际者会在交流过程中协调双方的权益，达到维持、巩固、发展人际关系的目的（相反的情况则可能是淡化、破坏甚至颠覆人际关系）。以例（8）为参考，老师之所以给学生留面子，其实也是为了维持彼此的良好关系，如果不顾学生的面子而给予彻底的消极评价，会影响学生对自己的看法，威胁彼此的人际关系。

为了分析特定话语的说话人意义、探讨语言使用的行为属性、揭示特定话语的礼貌内涵或人际价值，语用学需要研究说话人意义的推导机制（如会话合作原则，详见第五章）、言语行为的实施规约（如言语行为理论，详见第三章）、语言礼貌的描写机制（如礼貌原则、面子理论，详见第十二、十三章）等。

此外，如同理论语言学需要解释语言能力，语用学也需要研究语用能力的内涵和构成（详见第十六章）。

从语料的来源看，语用学关注的交际类型可以分为：社会个体之间进行的日常语言交际（如朋友、家庭成员之间的语言交往）、社会机构内部发生的机构性语言交际（如法庭或医疗机构背景下的语言交往）和公共空间中发生的公共语言交际（如公示语的使用）。从交际发生的方式看，语用学关注的交际类型可以分为面对面的、现实世界中的即时交际和非面对面的、虚拟世界中的即时或非即时交际。网络语用学（cyberpragmatics）（Yus，2011）就是关于后者的研究，目前已经成为本学科中的一个热门研究领域。

需要指出的是，按照定义，语用学研究语言符号与其使用者的关系，但实际上语言符号往往是与其他符号同时使用的，因此，语用学需要考虑其他符号在意义传达、言语行为实施、人际意义表达中的作用。多模态语用学（multimodal pragmatics）（O’Halloran，Tan & Marissa，2014）就是这样的研究，目前也是本学科中的一个热门研究方向。

三、研究类型

从研究类型看，语用学研究可以大致分为四大类：理论语用学、应用语用学、界面语用学和跨学科语用学。

理论语用学也可以称为纯语用学，探讨语言使用的一般规律、方式，主要包括下列话题：语境（详见第二章）、言语行为（详见第三章）、会话含意（详见第四章）、合作原则（详见第五章）、指示语（详见第六章）、预设（详见第七章）、会话组织（详见第八章）、称呼语（详见第九章）、语言模因（详见第十章）、元话语（详见第十一章）、礼貌原则（详见第十二章）、面子理论（详见第十三章）、身份话语（详见第十四章）、语用变异（详见第十五章）、语用能力（详见第十六章）等。相关理论探索可以区分为普通语用学与个别语言语用学，前者关注语言使用的普遍规律，后者关注具有特定语言及其社会文化特性的语言使用方式。对于二者，我们可以横向开展不同语言之间的对比语用研究和相同语言、不同变体之间的语用变异研究，也可以纵向开展同一语言在特定历史阶段的历史语用研究和同一语言不同历史阶段的历时（比较）语用研究，进而探讨特定语言形式的语用化历程。

应用语用学关注的是语用学理论在具体语言实践领域中的应用研究，这些领域可以包括：教学、翻译、临床、商务等。此类研究中，语用学是理论输出源，研究者探讨相关理论对特定领域下语言实践的指导意义，揭示一般性语用规律或原则在特定领域语言实践的具体呈现，提出相关语言实践的语用观，弥补甚至更正既往从纯语言系统层面进行的相关实践所获得的认识。以翻译为例，从语用学角度可以提出翻译的语用观，认为翻译的标准重在语用对等而非语言形式或语义层面上的对等。同样，从语用学角度看翻译实践，可以弥补此前翻译研究对语用意义翻译问题关注和处理方面的不足。

界面语用学关注的是语用学与语言学相邻学科之间的分工、互补、互动关系。这些相邻学科包括：语音学、词汇学、形态学、句法学、构式语法、语义学、篇章语言学。以语用学与语义学的界面研究为例，目前学界就语义与语用的关系方面存在激进语境论、最小语义论、默认语义论、互补论等观点。界面语用学需要研究语义加工和语用加工的各自对象以及二者之间可能存在的关系或相互影响。同样，就语用学与句法学而言，界面语用学需要理清语言使用中的句法问题和语用问题，需要弄清语法加工与语用加工之间的关系，从而避免原本属于句法性质的问题被当作语用问题来讨论、原本属于语用性质的问题被当作句法问题来探究。

跨学科语用学关注的是语言使用与心理过程的关系（相关研究可以称为心理语用学）、语言使用与社会心理的关系（相关研究可以称为社会心理语用学）、语言使用与人际关系建构、维持、发展等的关系（相关研究可以称为人际语用学）、语言使用与伦理之间的关系（相关研究可以称为伦理语用学）、语言使用与生态环境之间的关系（相关研究可以称为生态语用学）、语言与认知方式和过程等之间的关系（相关研究可以称为认知语用学）等。语用学可以从相关学科（如心理学、社会心理学、人际传播学、伦理学、生态学、认知科学等）吸取理论养分，借鉴概念、范畴、理论来阐释特定语言使用方式或规律的形成动因和工作机制，细化、丰富并完善语用学关于语言使用的理论表达和概括。以认知语用学为例，借鉴认知科学尤其是认知语言学中的转喻理论，我们可以更好地阐释说话人为什么可以使用转喻的方式进行指称以及听话人为什么能迅速地确定说话人使用的转喻所指称的对象。以人际语用学为例，借鉴人际传播学中的关系理论，我们可以更好地阐释说话人为什么有时会对亲近的人使用反语以及听话人为什么能正确理解说话人的交际意图。

四、与相邻学科或相关领域的关系

正如前文介绍的那样，语用学关注（特定社会、心理、物理语境下）语言与使用者之间的关系，而这必然会覆盖很多的研究领域，可谓“幅员辽阔”，因而会涉及很多相邻学科。

首先，语用学与社会语言学相邻。二者都研究语言使用与社会的关系（语言使用对社会的影响以及社会对语言使用的影响）。根据 Jenny Thomas（1995）的区分，二者的区别在于前者研究动态的语言使用，涉及具体场景的交际个体，考察可变的、临时的社会因素（如相对地位、社会角色）对特定交际事件的影响，以及说话人如何利用其社会语言资源实现特定的交际目标；而后者关注的是相对静态的语言使用，不涉及具体场景的交际个体，考察稳定的、固定的社会因素（如性别、年龄、社会阶层、种族等）在语言层面上的系统性反映。举例来说，语用学和社会语用学都关注性别对语言使用的影响，但前者往往聚焦特定女性交际者如何呈现、建构或利用女性这一身份属性进行交际以实现特定的交际意图，而后者则考察女性在交际中使用语言时一般具有的话语特征，如语速、句子完整性、语言间接性等。在一定意义上，“语用学‘寄生于’社会语言学：社会语言学告诉我们特定社会个体所拥有的社会语言资源，语用学则告诉我们个体如何利用这些资源”（Thomas，1995：185）。

其次，语用学与语义学相邻。二者都是关于意义的研究。Geoffrey Leech（1983）认为，二者是互补的关系，前者研究动态语境下的意义，尤其是说话人的意义（可能对应于话语的语言意义，也可能是言外之意，通过语用推理获得）或互动中的意义（Thomas，1995），而后者研究静态的语言意义、语句的真值意义，并不考虑交际语境及交际者意图对语句意义的影响。当然，最新的语义—语用界面研究表明，动态语境下语句的语言意义有时也涉及语用推理的参与，如此一来，语用学与语义学的边界就不是那么清晰了。以此类推，语用学与句法学、语音学、形态学等也存在类似的相邻关系。

再次，语用学与修辞学相邻。二者其实是一个非常复杂的关系，不同学者对二者之间的关系有不同的看法（Liu，2016）。如果修辞学研究的是语言使用中具有修辞效果、效应的部分，那么，修辞学似乎应该隶属于语用学，因为后者从定义上看就是研究所有语言的使用情况的。如果语用学只是被界定为研究特定的话题（包括言语行为、含意、预设、礼貌、会话组织等），那么修辞学自然不（完全）属于语用学。语用学也研究隐喻、转喻、夸张、反语、轭式搭配等，但关注的是这些修辞性话语的语用推理和传达的会话含意等，对修辞意图、效应和效果则关注不多，而后者是修辞学关注的焦点，从这个意义上讲，语用学与修辞学是互补关系。

最后，语用学与认知语言学、话语分析、会话分析等研究领域密切相关。认知语言学并非语言学的分支学科，它是一个新兴的研究领域，也是一种研究视角，结合语言使用者的认知方式、能力、经验来研究语言，因此语用学可以借鉴认知语言学的研究成果来分析具体语境下的语言使用。话语分析和会话分析都可以看作是研究方法，也都可以看作是话语或会话层面上的形式或功能分析，是具有独自研究主旨、目标、方法的研究领域。与其他学科（如心理学、传播学等）一样，语用学可以借鉴话语分析和会话分析的研究方法，进行语言使用的研究。

五、小结

本章扼要介绍了语用学的来源（主要包括符号学、语言哲学和语言学）及其研究对象（主要包括说话人意义的传达与理解）、言语行为的类型与实施规则、社会行为、制约语言使用的社交原则（如礼貌原则等）、社会心理需求（如面子）等。从研究类型出发，本章还简要分析了理论语用学、应用语用学、界面语用学和跨学科语用学等学科各自的特征。最后，本章陈述了语用学与社会语言学、语义学等相邻学科的异同和关联，讨论了语用学与认知语言学、话语分析、会话分析等相关研究领域的关系，指出语用学研究可以借鉴认知语言学的研究成果以及话语分析、会话分析的研究方法，更好地开展语言使用的研究。

课内讨论

1. 试问：以下对话中的“意思”分别是什么意思？你是如何理解它们的？

领导：你这是什么意思？
小明：没什么意思，意思意思。
领导：你这就不够意思了。
小明：小意思，小意思。
领导：你这人真有意思。
小明：其实也没有别的意思。
领导：那我就不好意思了。
小明：是我不好意思。

2. 试看下面一则笑话：

两个醉汉驾着汽车狂奔。
甲：小心点！前面是急转弯。

乙：什么？不是你在开车吗？

思考：

（1）甲说的“前面是急转弯”是什么意思？从语义和语用角度来分析“前面是急转弯”，分别会有什么不同的理解？是否体现了二者的互补性？

（2）乙说的“什么”是什么意思？从句法角度和语用角度来分析“什么？”，分别会有什么不同的理解？是否体现了二者的互补性？

（3）从语义、句法和语用角度分别讨论“不是你在开车吗？”所表达的意思。

3. 在我们熟知的自然语言交际中，往往都存在表达感谢的场合，也存在各种表达谢意的语言形式。汉语也不例外。如果让你研究汉语中的感谢行为，你将如何设计？你的研究目的是什么？研究问题是什么？研究方法有哪些？预期研究结果如何？

课后思考

1. 语用学的研究对象是什么？主要研究什么内容？

2. 语用学研究有哪些类别？举例说明。

3. 与相邻学科相比，语用学研究具有哪些特点或属性？

4. 语用学与语义学、句法学、语音学等如何做到互补性研究？举例说明。

推荐读物

1. 何自然，冉永平．新编语用学概论［M］．北京：北京大学出版社，2009.

2. 陈新仁．新编语用学教程［M］．北京：外语教学与研究出版社，2009.

3. 何自然，陈新仁．当代语用学［M］．北京：外语教学与研究出版社，2004.

4. THOMAS J. 1995. Meaning in interaction：an introduction to pragmatics［M］. London：Longman.

5. YULE G. 1996. Pragmatics［M］. Oxford：OUP.

6. GRUNDY P. 1995/2000. Doing pragmatics［M］. London：Edward Arnold.

7. LEECH G. 1983. Principles of pragmatics［M］. London：Longman.

8. CULPEPER J & HAUGH M. 2014. Pragmatics and the English language［M］. Hampshire：Palgrave.

9. ARIEL M. 2010. Defining pragmatics［M］. Cambridge：CUP.

10. HUANG Y. 2007. Pragmatics［M］. Oxford：OUP.

第二章　语境

课前阅读

1. 语境研究缘何而来？
2. 语用学是如何研究语境的？
3. 语境有何功能？

一、引言

语言的使用与语境息息相关，同样的语言在不同的语境下可能表达不同的意思。若不明白这一点就容易出错甚至闹笑话。且看下面例子：

（1）几位中国同学邀请刚来华学汉语的外国男生吃饭。其间，一名中国同学说“出去方便一下”。外国学生不懂其意，大家告知这是去上厕所。这名学生记住了。有一天，一名女生希望在他方便的时候去拜访他，这位留学生立即摆手，“你什么时候都可以来，但就是我方便的时候不能来”。①

这位留学生显然没有弄清楚在不同的语境下“方便”表达的不同意思。语境对于话语理解的重要性已经得到学界的共同关注，如西槙光正所言，“社会语言学、心理语言学、功能语言学、语用学、语义学、交际语言学、话语语言学、模糊语言学乃至电子计算机语言学等……都强调语境在该门研究中的重要性”（朱永生，2005：25）。语境这一概念对于语用学来说更是核心概念，甚至“语用学通常被看成语境学”（熊学亮，1999：113）。下文就语境这一概念的由来与发展以及其功能作简要介绍。

---

① 见糊糊．爆笑老外学汉语［EB/OL］．（2010－11－14）．http：//www.douban.com/group/topic/15638003/．

二、语境研究的由来

最早把语境看作语言学概念的是德国语言学家魏格纳（Wegner）。早在1885年，他就认为语言的意义只有根据语境才能确定，并认为语境因素大致包括说话时的客观情景，受话人能够直接联想到的话语相关因素，还有人的心态，特别是交际双方对各自身份的认知。然而，真正在学界引起热烈反响的当属人类学家马林诺夫斯基（Malinowski）所做的研究。他于1923年提出了"情境语境"概念，即与语言交际活动直接相关的客观环境，又于1935年提出"文化语境"的概念，即语言交际活动参与者所处的整个文化背景，将语境研究推向新的高度（见朱永生，2005：3）。下文将简要描述语用学之外的相关理论对语境的描写，概观语境研究的发展过程①。

（一）功能语言学下的语境观

马林洛夫斯基的语境思想得到功能语言学相关学者的关注，主要人物有弗斯（Firth）和韩礼德（Halliday）。弗斯对"情景语境"进行了语言学改造，将情景语境因素归纳为三种：参与者的有关特征，包括言语活动和非言语活动；相关事物；言语活动产生的影响。作为弗斯的学生，韩礼德对弗斯的情景语境理论作了进一步发展，他注意到语言的三大元功能即概念功能、人际功能以及语篇功能的实现会分别受到话语范围，即语言发生的具体环境；话语基调，即参与者之间的角色关系；话语方式，即语言本身所发挥的作用以及语言交际所采用的渠道或媒介等情景语境因素的制约。

（二）语义学下的语境观

语义学家之间存在两种极端看法：卡茨（Katz）和福多（Fodor）等学者认为语义学不应考虑语境中的句子义；而弗斯却认为语境甚至是他分析语言意义的"技术手段"，并把他的整个语义学理论都建立在语境这一概念的基础上：语境中又有语境，每个语境有不同的功能，整个语境网络就构成了文化语境（Lyons，1977：572－573）。由于语义学探讨的是相对静态的意义，主要是通过对词以及句子成分进行（逻辑）分析来研究词或句

---

① 由于不便将各派对语境的定义及构成的观点完全剥离开来，故本章不单列语境的定义及构成。

子（间）的意义，对语境的研究也通常是对影响语义的一些变量进行静态或宏观分析。譬如，Lyons（1977：574－585）大篇幅介绍了他的语境观，认为在具体情形下从语言系统中选取具体的音韵、语法以及词汇选项应具备六种知识或能力：

（1）每个参与者必须知道自己在整个语言活动中所起的作用和所处的地位。

（2）每个参与者必须知道语言活动的时间和空间。

（3）每个参与者必须能够辨别语言活动情景的正式程度。

（4）每个参与者必须知道对于这一情景来说，什么是合适的交际媒介。

（5）每个参与者必须知道如何使自己的话语与语言活动的主题相符合，以及主题对方言或语言（在多语社团中）的重要性。

（6）每个参与者必须知道如何使自己的话语与语言活动的情景所属的领域和范围相符合。

Leech（1981）在其著作《语义学》一书中表示，在基于分析法的语义研究中，语境意义应被看作而且只能被看作使用者所掌握的各种潜在的意义的可能范围及其程度。他以“put…on”为例进行了说明，假设“put…on”用于如下三种语言语境下：①put X on（把 X 的开关打开），②put X on oneself（把 X 穿在自己身上），③put X on（something else）（把 X 放在……上）。如果 X 是电热毯、收音机或者木头，将这三个变量都带入语境①②③中，它们在“put…on”这一结构的各种语境中的适用性是不一样的。

（三）社会语言学下的语境观

这方面的语境研究主要以海姆斯（Hymes）为代表，他把语境变量归纳为场合（setting）、参与者（participant）、目的（ends）、行为序列（act sequence）、基调（key）、交际工具（instrumentality）、交流和理解的规范（norms）以及话语类型或体裁（genre）8 类。这几个变量的首字母合写便是 SPEAKING（朱永生，2005：14）。

总之，社会语言学将语境看作相对静态的场景、上下文、参与者的知识成分等因素的汇合或相对宏观的文化背景，从而研究特定语境中的词汇或句子的特定含义。

三、语用学下的语境观

如今，语境这一概念已经与语用学联系起来了。众多哲学家——特别是处于研究初期的卡尔纳普（Carnap）——都认为语境是一个与语用学而不是语义学紧密相连的概念。由于早期的语用学在某种程度上可说是哲学的副产品，因此语用学中关于语境的研究一开始就与哲学有着紧密的联系。譬如，日常语言学派哲学家维特根斯坦（Wittgenstein）通过观察孩子的游戏，发现角色是在游戏中动态地体现出来的，从而推断语言的意义也是在特定语境中体现出来的。比如当我们问“5”这个数字是什么意思时，我们实际上是在关注它是如何使用的。奥斯汀（Austin，1962：100）指出说话的场合很重要，所使用的词的意义在某种程度上要结合原本设定好的或实际上已在语言交际中体现出的语境才能得到解释。格赖斯（Grice）等也都论及语言意义在具体情形（也就是语境）下的使用问题，在此不详细讨论。下面主要关注语用学家是如何论述语境的。

莱文森（Levinson）在语用学奠基之作《语用学》一书的前言里就明确指出，该书中的语境概念只包括一些基本参数，如参与者的身份、角色、居住地、对参与者拥有的知识或理应知道的内容的假设以及会话产生的地点等（1983），并声明有些语境因素，如社会交往原则以及许多具有文化差异性的原则等是被排除在外的，原因是为了遵循哲学语言学的传统（philosophico - linguistic tradition）（同上）。黄衍（Huang，2007：13，2012：65）总结了一个不囿于一家之言的关于语境的一般性定义：语境就是系统地使用一个语言单位的动态环境里的任何相关的东西。它包含不同的来源（source），如物理的、语言的、社会的以及共有知识的。当然，这并不意味着语用学家们对语境的本质有了一致的认识，“语境的复杂本质以及语境自身都具有语境敏感性，使得要给出一个学界共享和认可的定义甚或理论视角都是不可能的，通常都只能描述或捕捉语境的某一个小的方面”（Fetzer & Oishi，2011：1）。

无论语义学家还是语用学家都认识到语境的宏观与微观维度，而在另一个维度即静态与动态方面，语义学家主要关注的是语境的静态性，而语用学家们则逐渐强调语境的动态性、开放性和建构性。

斯波伯和威尔逊（Sperber & Wilson，1986：137）认为，语境的构成在整个话语进行过程中都是开放的，不断进行着选择和修正。语境不是事先设定好的，而是一个在话语中不断形成和变化的过程。根据关联理论，建构语境是以寻求最佳关联为指针的，当说话人发出话语后，听话人会将该话语所表达的假设以及话语本身当作一种给定的直接语境，这一语境是一种初始语境，如果在这一语境中不能找到最佳关联，听话人需要不断地扩充语境，直至获得最佳关联（何自然、陈新仁，2004：117）。语境可以通过三种方式不断扩展，一是调取已有的或推导出的假定加入语境，二是加入关于已经进入语境中的概念和假定的百科知识，三是关注周围环境的信息，能够产生关联的信息都可进入语境（Sperber & Wilson，1986：140－141）。维索尔伦（Verschueren）作为欧陆学派的代表之一，十分强调语境的动态性。他指出语境是个动态的而不是静态的概念。因为环境是持续变化的，所以参与者能够在交际过程中互动，语言表达能够变得可理解（1993：39）。维索尔伦（1999：76）用图表现了语境的动态建构：

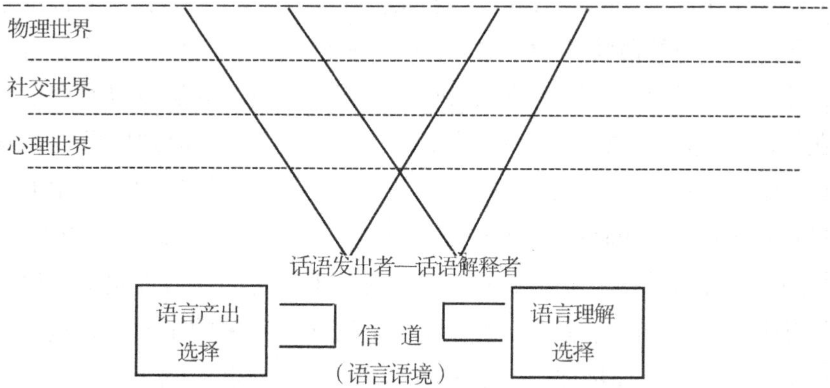

语境的相关因素

他指出，图中的三个世界不是截然分开的（因此用虚线表示），话语发出者和话语解释者也不是对立的，在实际的场景中常常相互换位。物理世界、社交世界和心理世界对说话人和听话人的话语产生与话语理解都会产生影响。说话人和听话人的视线（各由两条斜线构成）在物理世界、社交世界和心理世界的交汇处便是影响当前交际的语境因素，而这些因素会随着二者视线的变化而发生变化，各种世界中的因素若并未渗入到交际过程中也就不一定算是语境因素，因而语境是交际双方动态选择的结果。比如一只蚂蚁从说话人的脚边爬过去，其基本上不参与话语建构，就谈不上是语境因素。除非它以某种方式介入双方的交谈，便可成为语境的一部分。

四、语境的制约功能

语境对话语有制约作用。制约作用是指在特定的语境下应该说什么样的话，如早上问候别人通常说“早上好”，如果说成“晚上好”就不合语境了。再如下列对话：

（2）甲：坐过来一点，上次给你补药你不是要赶回家吗？补了几天药啊？到这边来一点。上一次给你调整药啊，你回家用了多长时间？

乙：没几天吧。四五天。

甲：四五天，那晚上睡觉怎么样？

乙：然后睡觉就觉得……白天醒的时候，就白天又想睡……

若设想这一会话最可能发生的场合，我们可能首先就想到是发生在医患之间的对话。这说明语境与会话内容有对应关系，在不同的语境下会话的内容和方式也相应不同。下面，我们具体介绍语境的几种主要功能。

（一）语境对词义的选择功能

1. 确定指示对象

一句话无论语法多么正确、字面意义多么清晰，离开语境的显影作用，很多内容可能让人无法理解。如列文森（Levinson，1983：55）所举的一个广为引述的例子，假设在海上捡到一个瓶子，里面有一张纸，上面写着如下一句话：

(3) 一周后带这么大一根棍子到这里来见我。[1]

由于没有语境，读者会感到很困惑。“一周后”是什么时候？是从写这句话的时候算起还是看到这句话的时间算起？“这么大”是多大？“这里”是哪里？是指写这句话的人的地点还是看到这句话的人的地点？“我”是谁？在这短短的一句话里，就涉及时间指示、地点指示和人称指示（详见本书第六章）。但是假如这是一位老师在某一特定的时间和地点对一位总是无法按时完成作业的小学生说的话，那么这位学生一定能够知道下次再见老师的时间和地点以及要带的棍子的大小。

2. 扩大词义

词汇的词典意义是稳定的，但是一旦进入到不同的语境中，词义就可能发生变化，通常不外乎词义的扩大与缩小。下面的例句就清晰呈现出词义的持续扩大（译自 Wilson，2003）：

(4) a. 这块烫衣板是平的。
b. 我家的花园是平的。
c. 我家周围是平的。
d. 我们国家是平的。
e. 大地是平的。

最接近“平”的词典义的应当是 a 句中的“平”的含义，通常指光滑的表面，b 句指粗糙的平整，c 句泛化到地形的平坦，再到 e 句的平坦已经大不同了。

3. 缩小词义

词义的缩小是指在具体的语境中词汇表达的意义比编码义更具体的情形。如下例：

(5) 有空咱们喝几杯？

① 原文是“Meet me here a week from now with a stick about this big”。

表示把流质的东西咽下去这一动作原则上都可以用“喝”。但本例中的喝实际上只指其中的一种，就是喝酒的意思。可见词义在语境中具体化了。再如：

(6) a. 抽屉里有钱。

b. 他有钱。

比较a，b两句中的“有钱”，前者是一般用法，抽屉里有一分钱也是有钱，但在b句中，词义明显缩小了，这里的有钱单指有很多钱。

(二) 语境对句义的选择功能

1. 消除歧义

歧义句是非常普遍的语言现象，脱离语境，通过语义分析，只能确定歧义句到底表达了几层含义，却无法消除歧义。如下例：

(7) 她是去年生的小孩。

这里的“她”可能是一位母亲，也可能是个婴儿。在具体的语境中，歧义的消除是很容易的。由于语言的线性特征（即人在处理语言时的线性模式），在交际中，言语的歧义必须能够在某种层面上得以消解，否则就会引起困惑。放到特殊的语境中歧义句还可表现出不凡的语用效果，尤其是在广告语篇中。如下例：

(8) 实不相瞒，天仙的名气是吹出来的。(天仙牌电风扇广告)

这里的“吹”似乎有三层含义，一是字面义“吹风”；二是“吹牛”；三是，对于广告，受众可能是根据“吹牛”的说法把做广告的行为也叫做“吹广告”。从语言交际上看，这条广告的效果是不错的，主要原因在于，在电风扇广告这一具体语境下，“吹”的三层意思都较为自然地表达出来，无牵强附会的感觉。然而，在上下文语境中，由于“实不相瞒”后面往往接带有否定性的、真实的内容，使得这条广告的自嘲意味（“吹牛、吹广告吹出来的”）似乎多于产品质量的宣传（“靠吹风质量好吹出名气来的”）。

2. 支持含意推导

说话人经常在交际中使用某些暗示性话语，要理解其中的含意更需要结合语境信息进行推导。如下例：

（9）一次同学聚会后，甲的好朋友乙发现甲在聚会上与他们的大学同学丙颇为暧昧。

乙：我发现丙还是那么帅气呢。

甲：是啊，我跟他今天挺聊得来的。

乙：听说他有家庭了？

甲：我要是看上谁，是不在乎他手指上是否有戒指的，有小朋友的更好。

不难看出，甲和乙的每句话都有含意。乙表面在说“听说他有家庭了？”但暗含着“但是他已经结婚了，你已经没有机会了”的意思。甲的回答则暗示“他即便结婚了我也愿意争取”。这些含意的推导首先是基于甲和丙在聚会上的表现，然后根据对话的上下文语境推导出来的。

还有含意与字面义不同甚至相反的情形，如：

（10）你穿的衣服真好看！

若某人穿的是新衣服，且得体，那么这句话就是夸奖。若某人穿的衣服很脏，不得体，比如在冬天的寒风中只穿一件衬衫，那么这句话就是讽刺或反语。

（三）语境对交际者关系的选择功能

话语本身可以传达一定的信息，如说话人对双方的熟悉程度、身份、话语权力等信息的认识和预设。然而，同样的话与不同的语境互动可能产生不一样的结果，不同的语境可能对会话双方的关系进行重构。下面对语境的这一功能进行简要分析。

1. 确定人物关系

称呼语（详见本书第九章）的使用可以显示出说话人与听话人的亲疏程度，但有时候同样的称呼语在不同的语境中会有不同的表达效果。如下例：

(11) 胡文玉见她那样，只好停下来，装出委屈的神情说：“许凤同志，这是怎么回事?”

许凤咬牙切齿地说：“谁跟你是同志，走!”

（电视剧《战斗的青春》）

在电视剧《战斗的青春》中，胡文玉与许凤一段时间既是上下级关系又是恋人关系，自然是非常熟悉的。“同志”这一称呼在抗战年代具有高度政治认同含义，胡文玉称许凤为同志不仅想表明他与许凤的熟人关系，还想说明自己与她是同一战线的战友，然而，胡文玉的变节使得许凤拒绝这一称呼，以此拉远彼此间的距离。

2. 确定话语身份

陈新仁（2014a）归纳了社会建构主义身份观的一些基本共识：身份既不是给定的，也不是一个产物，而是一个过程；身份不是简单地源自个体，而是来自磋商过程和具体语境等。既然身份是动态的、磋商的，那么一定是在具体的语境中反映出来的。反过来说就是语境对话语双方的身份进行了选择。例如，一般情况下，父亲与女儿间的对话通常是随意的、家常的、温馨的，但是事实不一定都如此，如下例：

(12) 元妃又向其父说道：“田舍之家，虽齑盐布帛，得遂天伦之乐；今虽富贵，骨肉分离，终无意趣。”贾政亦含泪启道：“臣草芥寒门，鸠群鸦属之中，岂意得征凤鸾之瑞。今贵人上锡天恩，下昭祖德，此皆山川日月之精华，祖宗之远德，钟于一人，幸及政夫妇。……贵妃切勿以政夫妇残年为念。更祈自加珍爱，惟勤慎肃恭以侍上，庶不负上眷顾隆恩也。”

（曹雪芹《红楼梦》第十八回）

贾政与元妃本是父女，但元妃却不称其为父亲，且言语简短，而贾政虽是父亲，却称女儿为贵妃，称自己为臣或“政”，且话语冗长、正式，完全不是常规意义下的父女对话，因为在该语境下，话语要构建的主要是贵妃与臣下的身份，而非父女身份。

3. 确定话语权势

相传明太祖朱元璋称帝后，一位多年前的同乡前来找他，希望能得到赏赐，在朝堂上讲起他们小时候的故事：

（13）从前，我们两个都替人家看牛，有一天，我们在芦花荡里，把偷来的豆子放在瓦罐里煮着。还没等煮熟，大家就抢着吃，罐子都被打破了，撒下一地的豆子，汤都泼在泥地里。你只顾从地下满把地抓豆子吃，不小心把红草叶子也一嘴吃进嘴里了，叶子梗在喉咙口，苦得你哭笑不得。还是我出的主意，叫你用青菜叶子放在手上一并吞下去，这样红草的叶子才一起下肚了。

（杜婷《细节决定一切》）

说话人本意是想通过叙旧向听话人描述自己的功劳从而得到赏赐，然而却被朱元璋一气之下赐了死罪。朝廷作为皇帝与文武百官商议天下大事的办公地点，在朝堂上君臣之别得到凸显，用语应该非常谨慎和正式。再则封建社会里皇帝常被认为是“天子”，生来即是万金之躯，超越众生，因此尤其忌讳外人知道自身的短处。然而说话人并没有注意语境，没有认识到他们虽然曾经是平等的小伙伴，如今的地位却是天壤之别，没有看到话语权势的不同，尊卑不分，以“我们”“你”“我”相称，在当时的社会语境下无疑会因此丢掉性命。

（四）语境对话语方式的选择功能

除了对词义、句义等微观层面的选择外，从更宏观的社会语用角度看，语境还对说话人的说话方式有制约作用。粗略地说，说话方式有直接与间接、礼貌与不礼貌、得体与不得体之分。这几个维度无法穷尽话语方式，但无疑是比较主要的方面。此外，这几个方面无法截然分开，如得体往往意味着礼貌以及间接，但也不是必然，间接不一定意味着礼貌，礼貌也不一定意味着得体，所以，为说明问题，作此区分仍有意义。

1. 选择直接与间接

所谓直接与间接，具体到言语行为，就是越不加修饰甚至粗鲁地表达个人意图，就越直接，反之就越间接。选择直接或间接的表达方式要看语境，并非越直接或越间接越好。例：

（14）点完名，刘大嘴高举着花名册，脸上露出了悲壮的神色，一字一顿地说：“除了炊事班，全连 141 个弟兄，都给我听清楚了——你们家里还有老爹老娘、老婆孩子，他们都眼巴巴盼着你们，谁要是死了，就是不孝之子乌龟王八蛋！我就是跑到阎王殿，也要把他抓回来！”

（天夫《一个都不许死》）

在即将投入一场有去无回的大战前，连长刘大嘴命令炊事班做战士们很久不曾吃的东北家乡菜等他们回来。出发前，刘大嘴用了极其直接甚至粗鲁的话语要求战士们都要活着回来，目的是为了体现他对生命的重视，对战士的不舍。如果换成儒雅、委婉的说话方式，那就不是铁血军人的气度了。一番话毕，战士们斗志激昂，141 人英勇决战，全部阵亡。但是，如果是在日常交往中，用语一般应当选择间接的表达方式，以体现文明、平等、礼貌等。

2. 判断礼貌与不礼貌

同样一句话，在不同的语境中，可能是礼貌的，也可能是不礼貌的。比如：

（15）麻烦你把这份文件打印出来一下，我马上要用。

“麻烦”是因为自己要求别人做事而表示歉意的表达。如果说话人是一位公司董事长，听话人是秘书，作为秘书，文件打印之类的事是分内事，那么这句话是很礼貌的。但是，若反过来，是秘书对董事长说的话，无论理由有多么充分，这句话都是欠礼貌的，因为秘书要求董事长为其做一件不是分内的事，措辞就应当更加委婉和礼貌。

3. 确定得体与不得体

得体与否还有一个同义词就是“合适”与否，做出一个合适的话语选择需要考虑多种因素，如社会的、认知的、人类学的、文化的以及个人的等等（Caffi，2015），简单地说就是交际应当基于人的情感达致一种平衡状态这一前提（同上）。那么，在特定的语境下就应当说特定类型的话，如果话语与语境不匹配，就会产生不好的效果。如下例：

（16）“兄弟们，姐妹们……晚上好。”

仅就这句话而言，本无所谓得体与否。但此句是一位现任教皇在向广大信徒介绍继任教皇时所说的一句话。我们知道，天主教皇的就任仪式对全世界的天主教徒来讲都是一件大事，上一任教皇向广大信众现场引荐新任教皇有一套隆重而固定的仪式和用语。Caffi 认为，上一任教皇一般情况下在说完称呼语后紧接着应该说诸如“上帝与你同在”之类的话，然而，教皇弗朗西斯在说出这句话之前不仅有一个极少有的较长停顿，后面竟然说的是“晚上好”。Caffi 认为这种与期望中的语言常规、语境以及互文语境（co－textual）的偏离是不合适的。因此，明白在什么情况下说什么话是十分必要的。

五、小结

本章简要介绍了语境这一概念的起源以及发展，概述了功能语言学、语义学以及语用学对语境的不同认识。语用学之外的学科大体只是在分析静态语句的意义时把语境作为其中一项参考因素，而语用学则是重点关注语境的动态性和建构性，并认为语境不是固定的，而是交际双方在会话过程中动态建构起来的。在语境的建构过程中，语境对话语的制约功能也得以显现：语境对于语言层面，如词义、句义，非语言层面，如语言使用者的关系、身份、话语权势以及话语方式等方面都具有制约和选择的作用。

课内讨论

1. 请为如下语句设想不同的合适语境。

（1）一个电话救了八条命。

（2）这本书我看过。

2. 高文秀《襄阳会》第一折刘琮设宴延刘备，伏刀斧手，刘琦举席上果子做机警，示意刘备曰：“叔父，你看桌上好枣、好桃、好梨也！”（钱钟书《管锥编》）

结合本章相关内容讨论：刘琦所说的话是什么意思？为何选择这种说话方式？

3. 读材料：二十二日黄昏，陈然忽然收到一封没有署名的短信：“近日江水暴涨，闻君欲买舟东下，谨祝一帆风顺，沿途平安。”（《挺进报》）

（1）这封信的意思是什么？请根据语境推测“买舟东下”的合理时间？

（2）写信人既然是匿名，为何不写得更直接以免造成误解？

4. 读鲁迅先生的《立论》片段：一家人家生了一个男孩，合家高兴透顶了。满月的时候，抱出来给客人看，——大概自然是想得一点好兆头。一个说：“这孩子将来要发财的。”他于是得到一番感谢。一个说：“这孩子将来要做官的。”他于是收回几句恭维。一个说：“这孩子将来是要死的。”他于是得到一顿大家合力的痛打。

文中第三个说话人的话语最为真实却为何遭到痛打？本段文字除了上下文语境外还涉及哪些语境因素？

5. 一位留学生应邀在中国同学家吃晚饭。同学妈妈（不断给留学生夹菜）：“多吃点，别客气，你们在学校吃的不好，回家来要多吃。”

留学生：“够了够了，我可以自己吃吗？”

留学生的回答合适吗？为什么？

6. 据《沈阳日报》2013年7月21日报道称，明太祖朱元璋听说沿海有倭寇来犯，怒而下诏：“告诉百姓每（们），准备好刀子，这帮家伙来了，杀了再说。钦此。”①

此则皇帝诏书与你所了解的诏书有何不同？你认为是否合适？为什么？

---

① 赵固仁. 朱元璋没文化用口语写圣旨，称对倭寇“杀了再说”［EB/OL］.（2013-01-24）. http://news.ifeng.com/history/zhongguogudaishi/detail_2013_07/24/27869692_0.shtml.

7. 读如下两段文字，结合本章内容讨论：五处“人家”分别指代什么？词义变化有何规律？

（1）大家散了学，金荣自己回到家中，越想越气，说：“秦钟不过是贾蓉的小舅子，又不是贾家的子孙……他素日又和宝玉鬼鬼祟祟的，只当人家都是瞎子看不见。今日他又去勾搭人，偏偏撞在我眼里，就是闹出事来，我还怕什么不成？”他母亲胡氏听见他咕咕唧唧的，说：“你又要管什么闲事？好容易我和你姑妈说了，你姑妈又千方百计的和他们西府里琏二奶奶跟前说了，你才得了这个念书的地方儿。若不是仗着人家，咱们家里还有力量请的起先生么？况且人家学里茶饭都是现成的，你这二年在那里念书，家里也省好大的嚼用呢！”

（曹雪芹《红楼梦》第十回）

（2）（黛玉）一面理鬓笑道：“我有奇香，你有‘暖香’没有？”宝玉见问，一时解不来，因问：“什么‘暖香’？”黛玉点头笑叹道：“蠢才，蠢才！你有玉，人家就有金来配你；人家有‘冷香’，你就没有‘暖香’去配他？”

（曹雪芹《红楼梦》第十九回）

课后思考

1. 语境的定义至今无定论，请结合自己的研究需要，给语境下一个定义。

2. 除了本章所介绍的功能外，语境还可能有哪些功能？

3. 请看一款丰田汽车（名为霸道）在中国市场所做的广告：

一辆霸道汽车停在两只石狮子之前，一只石狮子抬起右爪做敬礼状，另一只石狮子向下俯首，背景为高楼大厦，配图广告语为“霸道，你不得不尊敬”。这则广告引起中国人的极大反感，结合语境分析这则广告引起中国人反感的原因。

4. “你们杀死一个李公朴，会有千百万个李公朴站起来！”（闻一多《最后的演讲》）

思考：两个“李公朴”指谓有何不同？体现了语境对词汇的何种选择功能？

5. 《左传》襄公一五年：师慧过宋朝，将私焉。其相曰：“朝也！”慧曰：“无人焉。”相曰：“朝也，何故无人？”慧曰：“必无人焉。若犹有人，岂以千乘之相淫乐之矇？必无人焉故也。”（钱锺书《管锥编》）

思考：结合本章语境对词义的选择功能的相关内容，思考材料中的“有人”与“无人”分别指代什么？简述理由。

6. 看到下图你想到了什么？请给出合理的理由。

7. 研究小课题：查找中国古代典籍（如《文心雕龙》）中有关于语境的论述。

第三章　言语行为

课前阅读

1. 何谓言语行为？
2. 言语行为理论有哪些基本主张？
3. 言语行为三分法指什么？
4. 言语行为如何分类？
5. 何谓间接言语行为？
6. 言语行为是如何扩展的？

一、引言

言语行为（speech act）是语用学的核心话题之一，由语言哲学家约翰·奥斯汀（John Austin）1955—1962年在哈佛大学作系列讲座期间提出，由其学生约翰·塞尔（John Searle）进一步发展和完善。言语行为理论的核心思想为“说话就是做事”，说话人只要说出了有意义、可为听话人理解的话语，就可以说实施了某个行为，这个行为被称为“言语行为”。如：

（1）老板对员工：你被解雇了。

（2）老师对学生：下课了。

以上两例均表现了“宣告类”言语行为，当例句中的老板和老师说出以上两句话时，“解雇”“下课”的言语行为就发生了。

在此之前，“言”和“行”常常被看作是不同范畴的概念。汉语中有大量的成语，如“言行不一”“言行一致”“言多伤行”“言行不贰”“言行不符”“言行相悖”“言行相顾”等，都预设着“言”和“行”在本质上的区别。中国哲学强调“讷于言，敏于行”，遵循“言必行，行必果”的交际原则，不仅要“言行一致，表里如一”，而且重视“言与行”的质量。孔子曰：“言行，君子之枢机”，又云，“言行，君子之所以动天地，可不慎乎”（《周易·系辞上》）。意思是说，“言行”是君子立身的关键，是君子影响天地的要素。这表明，中国古代哲人早在两千多年前就意识到了“言”和“行”之间的密切联系，注意到“言行”在社会生活中发挥的重要作用，却将二者完全区分，在很大程度上忽略了“言”即“行”的本质。

本章介绍言语行为的基本思想、特点、分类、间接言语行为等，讨论汉语言语行为在具体语境中实施的特点。

二、言语行为理论的基本主张

由英国哲学家奥斯汀（1962）提出的言语行为理论是对20世纪30年代盛行的逻辑实证主义（logical positivism）的挑战和颠覆。依据逻辑实证主义，一个句子除非可以在理论上验证其真假，否则该语句就没有意义。针对这样的思潮，言语行为理论彻底推翻了真值条件（truth condition）在语言意义理解中的中心地位。该理论指出，不是所有的话语（如疑问句和祈使句）都可以进行真值条件的核查，有些话语不涉及真与假的问题，而是关涉合适与不合适的问题。事实上，说话人总是在通过说话来做事，即实施言语行为。言语行为是说话人通过话语表达意义的基本功能单位，也是研究语言使用的基本分析单位。

奥斯汀指出，很多陈述句只不过是“伪陈述”，根本不以记叙或传递有关事实的信息为目的，或仅是以此为部分目的。在此基础上，他区分了“施为句”（performatives）和“描述句”（constatives），典型的施为句如下例：

（3）我宣布会议开始。

（4）我答应你尽快回来。

说话人在说（3）或（4）的时候并不是在作陈述或描述客观世界，而是在实施某一行为——宣告和许诺。除此之外，人们在日常生活中还常常使用“我警告”“我道歉”来实施警告、威胁、道歉等言语行为。

典型的施为句无法区分真或假，只关涉适当与否，要受一定的适切条件（felicity conditions）的制约。首先，对于施为句而言，必须要有产生相应效力的一套规约性程序，相应的环境和参与者必须是恰当的；其次，程序必须得到完整而准确的执行；最后，执行者必须具有相应的想法、情感和意图，相关人必须按照程序规定的执行。以（3）为例，宣布会议开始的人应该具有相应的资格，必须遵循相应的程序。

塞尔提出的适切条件包括以下五个方面：一般条件（general conditions）、命题内容条件（propositional content condition）、预备条件（preparatory conditions）、真诚条件（sincerity condition）和本质条件（essential condition）。以“许诺”言语行为为例，一般条件是指双方能够互相理解彼此所使用的语言，并且不是在演戏或胡闹，比如文艺作品里的言语行为在现实世界里就有可能是无效的。命题内容条件涉及到言语行为的内容，比如“许诺”是关于未来发生的事情，“道歉”是关于过去发生的事情。预备条件是指说话人一般情况下不会做而且会对听话人有好处的情况。真诚条件是指说话人具备相应的诚意。本质条件则意味着，一旦说话人做出承诺，就有义务履行相应的承诺。

三、言语行为的三分法

奥斯汀的“施为假设”指出，典型的施为句的主语必须是第一人称单数，主语后面可以添加 hereby（兹），包含有施为动词。后来，奥斯汀发现“施为句”并非只是具有特殊的句法和语用特征的语句，而具有普遍性，包括显性施为和隐性施为句。试比较：

（5）整理一下房间！（隐性施为句）

（6）我命令你整理下房间！（显性施为句）

后来，奥斯汀放弃了施为句和表述句的区分，认为所有的语句除了表达自身的意义之外都实施特定的行为，具有特定的语力（force）。具体来说，一个人在说话的时候，同时实施三种行为：以言指事（locutionary act）、以言行事（illocutionary act）和以言成事（perlocutionary act）。例如：

(7) 今天这儿天气很冷。

以言指事指的是话语的表述方面，即说话人说出一句有确定意义和指称的、能让人理解的话语行为。上例中，听话人弄清楚“今天”“这儿”所指的时间和地点，“冷”的词义，整个语法结构的意义，就能明白该语句是如何以言指事的。以言行事指说话人通过话语实施某个交际目的或执行某个特定功能的行为，即“通过说 X，我在做 Y”。上例在特定的情况下，其实施的行为是“请听话人关上窗户”。以言成事指的是某句话说出之后在听话人身上产生的效果或结果，即“通过说 X、做 Y，我做了 Z”。上例的听话人在听到并理解了话语之后把窗户关上了，这一行为就是该言语行为所产生的效果（何自然、陈新仁，2004：63）。第一种行为可以联系语言的规约意义来理解，第三种行为并非直接产生于语言的规约意义，和很多社会、心理因素有关，具有不确定性。对 Austin 来说，第二种行为——“以言行事”是分析的重心，“言语行为”（speech act）这一术语也逐渐用来专指“以言行事”（Levinson，1983：236）。

四、言语行为的分类

奥斯汀早期的观点是依据施为动词来区分施为行为，他把英语的施为动词分成了五大类。

(1) 裁决类（verdictives）：表达裁决或评价，如法官或裁判的裁决，这类动词有颁布（decree）、判断（judge）、诊断（diagnose）等。

(2) 行使类（exercitives）：表达权力的实施，如提议（vote）、任命（appoint）、提名（nominate）等。

(3) 承诺类（commissives）：表达承诺或者宣布意图，如答应（promise）、保证（guarantee）、发誓（swear）等。

(4) 阐述类（expositives）：用于解释、阐述、论证，如确认（affirm）、声明（state）、赞同（agree）等。

(5) 表态类（behabitives）：表明态度，这类词与社交行为或者对社交行为的反应有关，如道歉（apologize）、感谢（thank）、祝贺（congratulate）等。

塞尔认为不应该将施为动词当作分类的标准，该标准不能贯穿始终，会导致各种类别之间重复过多。他确定了用来区分不同言语行为的12个要素，其中最主要的三个要素是：以言行事的要旨（illocutionary point）、适从向（direction of fit）和所表达的心理状态（expressed psychological state）。以言行事的要旨是指一类言语行为所具有的目的；适从向是指言语和客观世界之间的关系；所表达的心理状态指说话人对话语所包含的命题内容表现出的自己的态度和心理状态。在此基础上，塞尔把言外行为分成了五类。

（1）断言类（assertives）：指说话人对话语表达的命题内容做出或真或假的判断，如断言（asserting）、声称（claiming）、通知（informing）等。在这类言语行为中，语言与世界的关系为语言适应世界，这种关系的责任者为说话人，所表达的心理状态是相信。

（2）指令类（directives）：指说话人对听话人做出的某种命令、指使、吩咐等使役性行为，如建议（suggesting）、命令（commanding）、请求（requesting）等。在这类言语行为中，语言与世界的关系为世界适应语言，这种关系的责任者为听话人，所表达的心理状态为希望或愿望。

（3）承诺类（commissives）：指说话人对将来某个行为作出承诺的行为，如承诺（promising）、威胁（threatening）、宣誓（vowing）等。语言与世界的关系为世界适应语言，这种关系的责任者为说话人，所表达的心理状态为意欲。

（4）表达类（expressives）：指说话人在表达特定命题内容的同时还表达某种心态的行为，如道歉（apologizing）、祝贺（congratulating）、致谢（thanking）等。语言与世界的关系为语言适应（精神）世界，责任者为说话人，所表示的心理状态是特定情感。

（5）宣告类（declarations）：指说话人通过话语直接改变事物状况或条件的行为，如任命（appointing）、宣告（declaring）、命名（naming）、辞职（resigning）等。语言与世界的关系为话语带来现实的即刻变化，使客观现实符合所说的话语，话语的责任人为说话者，该话语不表达任何心理状态。宣告类言语行为的实施往往涉及到一些语言外的习俗和语言外的构成规则。

塞尔的分类具有一定的科学性，也是影响较大、广为人们接受和应用的一种，到现在为止，有关言语行为的理论和实证研究多以塞尔的分类为依据。

五、间接言语行为

人们在言语交际中经常使用间接方式表达自己的想法或意图。例如，人们很少用祈使句表示请求，而是经常使用疑问句或陈述句等间接方式提出要求。试看下例：

（8）能借支笔用一下吗？

（9）现在电脑降价了。

从句子的形式来看，上述两个例句的施为用意分别为“询问”和“断言”，但实际是“请求”（借笔和要求买电脑），这两种请求是分别通过询问可能性和描述客观事实的言语行为来完成的，属于间接言语行为。塞尔将该类语句中的“请求”称为“首要言外行为”（primary illocutionary act），“询问”和“断言”为“次要言外行为”（secondary illocutionary act）。当以上疑问句用来实施“询问”和“断言”行为时，语句结构和功能之间关系为直接的，就是直接言语行为；用来实施“请求”言语行为时，语句结构和功能之间的关系就是间接的，就是间接言语行为（Yule，1996：55）。

塞尔区分了两类间接言语行为：规约性间接言语行为（例8）和非规约性间接言语行为（例9）。前者指在特定的文化规约下，某些言语行为已经固化为另一种言语行为，可以通过特定的语言结构来识别，例如“能…吗?”已经固化为汉语的请求类言语行为程式。后者指的是间接言语行为没有固化为某一种言语行为，听话人无法从语言形式推断说话人想要表达的意义，只有借助语境才能确定。实施间接言语行为，说话人要考虑的因素很多，如说话人的愿望，听话人做某事的愿望和能力，听话人是否有做某一行为的理由等。

间接言语行为理论表明，语句结构和其施为用意之间并不存在一一对应的关系，无论是话语产出还是理解，语境都起着非常重要的作用，听话人要依据语境才能理解语句的施为用意。关于间接言语行为的使用动因，托马斯认为有以下几个方面的因素：增加或减少话语的趣味性；增加话语的信息力度；避免两个或多个目标相互冲突；出于礼貌或面子的考虑。

六、扩展的言语行为

传统的言语行为理论只关注单一的言语行为，没有意识到构成会话活动的往往是多个言语行为，忽视各个言语行为之间的关系，因而描写上具有不充分性（陈新仁，2004a）。费拉拉（Ferrara，1980）指出，人们通常不是孤立地、一个一个地执行言语行为。相反，言语行为是以序列形式出现的，各个言语行为之间是相互联系着的，一个言语行为会影响整个言语行为序列的合适性。其实塞尔（1992）后来也意识到了这一点，约尔（Yule，1996：56）认为，应该从较大的话语语境来分析，而不是完全通过用来实施单个言语行为的单个语句来判断。

(10) a. 你最好把车子锁上。
　　 b. 近来自行车失窃特别频繁。

在该例中，a 句是主导性言语行为，b 句是从属性言语行为。b 句是 a 句所发出的命令的理由，同样，a 句是否合适又以 b 句是否真实为前提。此外，如果没有 a 句，单独的 b 句看起来也很突兀，表达的用意不明确，但在一定的语境下，有时并不需要明确说出 a 句来表达相应的建议或请求。

说话人在言语行为序列中不仅传达特定的施为目的，而且为了增加这一施为目的成功的可能性，还会发出辅助性言语行为。常见的辅助方式有说明原因、扩展、解除戒备等。

(11) a. 能不能请你挪一挪？
　　 b. （火车上）太热了。

上例中，说话人之所以说出 b 部分的内容，是为此前发出的请求“让对方挪一挪”这一主要言语行为增加成功的机会。说话人可能预测到听话人会产生疑问，从而拒绝说话人的请求，因而提前给出相应的解释。如费拉拉所说的，提供这种解释会提高听话人对请求的接受度，从而提高说话人交际的成功率。

扩展类从属行为是针对对方潜在的反对或为难情绪而实施的，通过事先给对方提供较多的相关信息，以避免对方拒绝。

(12) a. 咱们去黄山吧！

b. 去那儿只需要两个时辰，又是很出名的景点。

说话人在发出建议之后，接着列举了两个理由：只要两个时辰，又很出名。和扩展类相似，解除戒备同样是为了避免听话人潜在的反对或拒绝而实施的，不同的是，解除戒备是事先打招呼，通过自我贬低、自我批评、事先道歉或感谢等方式来解除对方心理上可能出现的不满或敌意，如下例：

(13) 王进告道："小人母亲骑的头口，相烦寄养，草料望乞应付，一并拜酬。"

（施耐庵《水浒传》）

说话人王进希望对方不要拒绝照料马匹，说明"一并拜酬"，打消对方的顾虑。

七、小结

本章介绍了言语行为的基本思想——"说话就是做事"，任何语言的使用都可以表达一定的行为。说话者可以选择直接言语行为或间接言语行为，间接言语行为又分为规约性间接言语行为和非规约性间接言语行为。直接言语行为和规约性间接行为容易为听话人理解，非规约性间接言语行为往往需要听话人付出较多的认知努力。言语行为不是孤立的，总是出现在一定的言语事件中，与其他言语行为相互作用。受相应的社会文化因素的制约，交际双方的社会关系和言语行为的施为力度等都会影响说话人的语言选择和言语行为的效果。

课内讨论

1. 感谢是受惠方对他人的施惠行为表达谢意或感激之情的言语行为。

请分析下面 QQ 群里 J 的话语。

语境：一位同学 M 在同学群里上传了一批非常有价值的学术文件，大家轮流表示感谢，这时候，J 同学也上传了一批文件，上传的同时说出以下话语。

J：上传了 JOP 的全部文章，敬请惠存。不谢！大家对 M 的感激我刚才又复习了一遍，我也感动得哭了，所以不用再发啦！

感谢与对感谢的回应有哪些适宜条件？请分析上例中 J 同学的“不谢”是否合适，为什么？

2. 请分析以下“警示类”言语行为的特征，分别都使用了哪些语用策略？三幅图中警示力度有区别吗？以言成事的效果是否有区别？分别都适合张贴在什么场合？

3. 赞扬是说话人对他人，尤其是听话人所具有的某种双方都认可的优势，如财物、特征或技能等，明确或隐含地进行积极评价的言语行为（Holmes，1986）。明确赞扬有固定的模式，而隐性赞扬则没有固定的模式，往往通过间接的方式表达对他人的积极评价。

语境：姚大爷的女儿木兰非常聪慧，给大家提了一个谁也没想到的好主意。

姚大爷看了看木兰，露出得意的微笑，说道：“她倒有主意。那么最好是从端王爷那儿找到个安全护照。蒋太医认得端王爷。”

珊瑚说：“看这个孩子，才十岁，可不要小看她。她长大之后，我可不敢惹她。她得嫁个哑巴丈夫，两个人说的话，她一个人就说了。”

木兰是又高兴又羞惭。高兴的是表现成功，喜出望外；羞惭的是大人赞许，忸怩不安。……

“孩子就是想到什么说什么。她知道什么呀?”母亲抑制住心里的高兴这样说。做母亲的这样不放纵孩子是对的。

（林语堂《京华烟云》）

（1）请分析：上述例句中的赞扬类言语行为是属于显性赞扬还是隐性赞扬？是夸赞听话人还是第三方？

（2）听话人/第三方如何对赞扬言语行为进行回应？为什么？

（3）上例中的赞扬与对赞扬的回应是否是汉语文化的特色？与英语文化中的赞扬与对赞扬的回应是否不同？

4. 指令类言语行为常常会有被对方拒绝的风险，因而说话人要认真评估该指令类言语行为的面子威胁程度、双方之间的关系、特定的场合等。下面一段对话来自中央电视台春节晚会的一则小品，请分析其中的“请求类”言语行为。

语境：丈夫与妻子吵架（因为丈夫赌博输了很多钱），妻子离家出走，丈夫来接妻子回家，妻子避而不见，两个人隔门喊话。最后，妻子从门缝看不见丈夫，又赶紧开门出来找丈夫。

丈夫：哎，秀芳，你还是把门开一下吧，哎，秀芳，你还是要开放搞活了，哎，你开不开了，张秀芳，你再不开，再不开，老子要采取别的行动了。

妻子：随便你啥子行动，我就是不得给你开门嘞哦。

丈夫：秀芳，你还是把门开一下吧。

妻子：怕啥子嘛，你连我都要输出了，你还怕人家笑话啊。

丈夫：哎，秀芳，你开不开哟，你再不开，我回去了，我走了。

（1988 年中央电视台春节联欢晚会小品《接妻》）

（1）上例中，丈夫“请求”妻子开门，都采用了哪些策略？属于扩展的言语行为中的哪些辅助方式：原因、扩展或解除戒备？

（2）虚假拒绝是一种真假心理状态伴随，由提供、（虚假）拒绝和接受组成的一组言语行为，多见于汉语语境下的邀请、请求、送礼、帮忙等言语事件。说话人多坚持几次，听话人就会答应、接纳或接受（冉永平、赖会娣，2014）。上例中妻子对丈夫的回应是虚假拒绝吗？

5. 公益公告语可以采用多种方式来向公众传递某种理念，影响公众的言语行为。请分析下面广告语中的言语行为表达方式。

a. 1+1=2，1 棵树+1 棵树=1 片树林。

b. 愿君莫伸折枝手，鲜花亦自有泪滴。

c. 尊师重教，薪火相传。

d. 青青小草，踏之何忍！（爱护草坪）

e. 我的形象全在你的举手投足之间。（爱护墙壁）

f. 风流不在谈锋胜，袖手无言味最长。（保持肃静）

（1）以上哪些广告语属于直接言语行为，哪些属于间接言语行为？

（2）直接言语行为和间接言语行为的效果是否有区别？

（3）上述言语行为的实施是否带有中国文化特色？

6. 托马斯（Thomas，1983）将语用失误分为语用语言失误和社交语用失误，前者指学习者以一种本族语者不用的且与本族语不同的语言结构来表达某种语用功能，后者则指学习者用母语中的语用原则来理解和表达目标语中与母语相同语境下的言语活动。下面是外国留学生在用汉语进行交际的过程中出现的语用失误，请分析其中的语用失误和造成这种失误的原因。

（1）留学生赞美老师的大衣很漂亮。

a. “老师，您是真的好！”

b. “老师，您是漂亮！”

c. “老师，我太我喜欢你的大衣了！”

d. “它是令人印象深刻的！”

(2) 留学生拒绝朋友的邀请，说：

a. “朋友，不好意思，我不来。”

b. “不行，我今天有事。”

c. “对不起，我不去。”

d. “我很忙。”

课后思考

1. “欢迎”属于典型的施为言语行为，一般由说话者向听话者发出。在日常交际中，常常会出现针对第三方的欢迎辞。请分析下面的例子，讨论“欢迎”言语行为的特征。

学校的新年晚会上，主持人对观众说：“今天来参加我们晚会的还有老师、家长，欢迎他们！”（掌声）

2. 言语行为的使用者受相互之间权力、距离和言语行为本身的影响，会选择不同的语用策略。请分析下面例子中汉语使用者对夸奖的应答方式及使用这种方式的原因。

得到领导的夸奖之后，员工说：

a. “主要是领导给了我这个机会，我一定得努力做好，多谢领导的栽培。”

b. “谢谢领导夸奖，我会继续努力的。”

c. “谢谢，这都是大家共同努力的结果。”

d. “这是应该的，您过奖了，我还有许多地方要向您学习。”

3. 典型的邀请类言语行为应该提供时间、地点和事件，但汉语交际中常常会出现一种非真诚言语行为，请分析下例中“非真诚邀请”言语行为的适宜条件。

语境：小王搬新家了，路上碰见小李（邻居/同事）打招呼。

小李：小王搬到高尚社区了，都见不到人了，呵呵。

小王：哪里啊，有空到我家去玩啊。

小李：好啊好啊。

小王：寒假有空，带孩子一起来玩玩。

小李：好啊。

4. 请分析下面例子中的“感谢”语。说话人“丫头”转述二奶奶的感谢语在当前交际中是否有效？

……探春笑道：“也不敢惊动。只是今儿倒要替你过个生日，我心才过得去。”宝玉湘云等一齐都说：“很是。”探春便吩咐了丫头：“去告诉他奶奶，就说我们大家说了，今儿一日不放平儿出去，我们也大家凑了分子过生日呢。”丫头笑着去了，半日，回来说：“二奶奶说了，多谢姑娘们给他脸。不知过生日给他些什么吃，只别忘了二奶奶，就不来絮聒他了。”众人都笑了……

（曹雪芹《红楼梦》第六十二回）

5. 课堂汇报。

（1）有研究发现，与英语使用者不同，汉语母语者在向关系比较亲近的对象（如父母或者好朋友）表达感谢的时候，倾向于使用较多的间接策略（李丽娜，2004）。请收集十个家庭为期一周的感谢语，分析子女和父母相互之间感谢及其应答话语的语用特征。

（2）公示语的使用常常伴随着一些非语言符号，请收集公共场合中的各类警示语，分析其语用特征和语用效果。

第四章　会话含意

课前阅读

1. “自然意义”与“非自然意义”有什么不同?
2. 含意与蕴含的区别是什么?
3. 会话含意可以分为几类?
4. 会话含意的特征有哪些?

一、引言

在日常的言语交际中，很多信息不是直接传递的。说话人通过某一话语传递的信息不一定等同于该话语的字面意义或语义的组合，听话人有时需要根据相关语境进行推理，获取字面意义以外的交际信息。例如：

（1）男：小李，你考驾照了吗?

　　女：我自行车还没学会呢!

例（1）中隐含的非字面信息需要听话人通过推理去获取。在言语交际中，类似的字面意义或语义以外的隐含信息就是我们要讨论的会话含意。美国语言哲学家格赖斯（Grice）首先提出“会话含意”（conversational implicature）理论。1967 年，格赖斯在哈佛大学 William James 讲座第二讲“逻辑与会话”（Logic and Conversation）中，提出了“会话含意”理论和“合作原则”（cooperative principle）（详见第五章），着重论述了“合作原则”的具体内容以及如何利用其来推导“会话含意”。为了更好地理解格赖斯的“会话含意”概念，我们首先来了解他关于“意义”的基本学说。

二、自然意义与非自然意义

格赖斯于1957年在《哲学评论》(*Philosophical Review*)上发表了《意义》(Meaning)一文，正式提出了“非自然意义”理论。格赖斯把“意义”分为两类：“自然意义”(natural meaning)和“非自然意义”(non-natural meaning)。“自然意义”指“X means (meant) something”(X自然地意指某物)，讨论的是“mean”的内容，与说话人无关，具体例子如下：

(2)这些小点子意味着麻疹。

(3)乌云意味着下雨。

例(2)中从“这些小点子”可以自然地知道它意味着麻疹，例(3)中从“乌云”可以自然地知道它意味着下雨，这两例都不涉及也不需考虑说话人的意图，话语的意义可以自然地被理解，在这样的情况下，这类话语就只表达自然意义。

“非自然意义”是人为的意义，是说话人的意图。格赖斯的定义是“A meant_{NN}something by X”(A通过X非自然地意指某物)。也就是说，说话人发出话语，具有非自然意义，当且仅当：(a)说话人发出话语，试图在听话人那儿引起某种效果；(b)听话人识别到说话人的意图而使说话人的愿望得以实现。比如：

(4)Those three rings on the bell of bus mean that the bus is full.(车上响铃三声意指公共汽车坐满了。)

(5)假如哪天我死了，世界上发生什么事我都不知道了。

例(4)中说话人的意图可能包括两种：一种是提醒司机车上的铃声响了三下，意思是公共汽车坐满了，司机可以开车了；另外一种意思是提醒下面挤车的人，车上的铃声响了三下，公共汽车坐满了，不能再上人了，请他们等另一班车。例(5)中，说话人的真正意图也可能有两种：一种是，假如死了，就不用担心坏事情或灾难的发生，有庆幸之意；另外一种是，假如死了，未来要发生的好事就不知道了，有遗憾之意。这两个例子中，说话人的真正意图仅仅通过字面意思已经不能自然获得，听话人需要结合说话人说话的语境，才能真正预测和理解话语的意义。

格赖斯的“非自然意义理论”反映出言语交际行为一个非常重要的方面，即交际过程总是和交际意图分不开的。实际上，任何交际过程都涉及交际意图，任何成功的交际都取决于听话人对说话人交际意图的准确理解。格赖斯区分非自然意义与自然意义，是想运用“非自然意义”分析言语交际中话语的意义。格赖斯认定的“非自然意义”由字面意义和含意两部分共同组成。全面研究交际中话语的意义，既要研究话语的字面意义，又要研究话语的含意。

三、含意与蕴含

会话含意（conversational implicature）指在交际中说话者间接传达的话语意义，即言下之意或弦外之音。为了避免概念上的混淆，格赖斯引入术语“含意”（implicature）。会话含意理论不是从语言系统内部（即语音、语法、语义等角度）出发去研究语言形式本身所表达的意义，而是结合具体的语境来分析语言，解释话语的言下之意、弦外之音。例如：

（6）A：下午踢球吧？
　　 B：上午在换草皮。

例（6）的对话中，从语言形式本身所表达的意义来看，B 的回答并没有直接给出答案，似乎是答非所问；然而在实际的语言交际中，人们不难理解 B 的应答实际上已告诉了 A“下午踢不了球”。在这里，听话人需要透过话语的字面意义来获得说话人真正想表达的意思。

逻辑上的“蕴涵”（entailment）概念与含意不同，它主要用来分析词语之间的语义关系，有时把这种应用叫“语义蕴涵”。蕴涵可以用公式“甲→乙”来表达，就话语本身表达的意义来说，如果有甲就必然有乙，就说甲蕴涵乙。例如，从“他家买了一台洗衣机”就可推知“他家买了一台电器”，从“钢笔尖坏了”就可推知“钢笔坏了”。一个句子的意义相当于一组命题的集合，其中有些命题是离开语境从该语句推出来的命题，叫该语句的语义蕴涵命题：句 A 语义蕴涵句 B，当且仅当，根据句子成分之间的意义关系，从 A 能够逻辑地推出 B，即不会 A 真而 B 假。例如：

(7) 约翰拥有三头牛。

(7_1) 约翰拥有某些牛。

(7_2) 约翰拥有某些动物。

(7_3) 约翰拥有某些东西。

(7_4) 某人拥有三头牛。

(7_5) 某人拥有某些牛。

(7_6) 某人拥有某些动物。

(7_7) 某人拥有某些东西。

从 (7_1) 到 (7_7) 都是例 (7) 的蕴涵命题。一个语句的所有这些蕴涵命题的集合，就表达了该语句的意义。

利用蕴涵概念，可以定义句子之间的许多语义关系，比如同义关系、对立关系等。两个句子是同义的，当且仅当，它们具有完全相同的一组蕴涵命题；或者说，它们两者相互蕴涵，即一个为真，另一个必真。例如：

(8_1) 爱因斯坦和罗素是同时代人。

(8_2) 罗素和爱因斯坦是同时代人。

在任何时候，都不可能 (8_1) 真而 (8_2) 假，反之亦然，它们两者相互蕴涵，因此是同义句。蕴涵是句子表达的基本信息，在言语交际中起重要作用。

四、会话含意的类别

格赖斯认为非规约性含意（non - conventional implicature）就是会话含意，或者更确切地说，会话含意属非规约性含意。

（一）规约性含意（conventional implicature）与规约性意义（conventional meaning）

规约性意义是语句的字面意义，仅凭语言知识而无需语境知识就可以知道。这里所谓的字面意思，也包括因一词多义而形成的不同的话语意义。比如：

(9) 你不必想太多，随时可以把包袱丢掉。

(10) 我这会儿太忙，下次再找你算账。

例(9)(10)两例都是因同音同形异义而导致语句产生不同的话语意义。例(9)中的"包袱"基本意思指"用布包起来的包儿"，另外一个意思是"比喻某种负担"。由此听话人会理解出两种不同的字面意义："他把包了东西的包袱丢掉"或者"他把思想负担丢掉"。例(10)中"算账"的基本意义是"计算账目"，另外一个意义是"吃亏或失败后与人较量"，这样听话人也会理解出两种不同的字面意义。语词的规约性意义除了帮助确定语句所言(what is said)以外，在有些情况下也会帮助确定其所(隐)含(what is meant)。比如：

(11) 他是中国人，因此，他会打乒乓球。

此例说明说话人通过语词意义来表达"他会打乒乓球是由于他是一个中国人"这一层意思。此例中的"因此"对其隐含意义的产生及推导起了关键作用。它暗示着该语句隐含命题"中国人会打乒乓球"的存在。这样一来，话语的隐含意义就可以通过有据可依的逻辑推理而获得。格赖斯称这种含意为规约性含意(conventional implicature)。规约性含意由于借助前提和逻辑知识就可导出，因此它不在格赖斯论述的会话含意之列。

(二) 一般会话含意和特殊会话含意

格赖斯将会话含意分为一般会话含意(generalized conversational implicature)和特殊会话含意(particularized conversational implicature)。

一般会话含意指不需要特殊语境就能推导出来的含意。言语交际时，某种(形式的)语词除字面意义之外，通常还带着仅在语言使用过程中显现的某(类)隐含意义。对于具有语用常识的人来说是很容易获得的。例如：

（12）王三今晚要去见一个女人。

（13）张四昨天进了一幢房子，发现前门内有一只乌龟。

（14）我昨天弄断了一根手指。

格赖斯认为都这三例都指一般会话含意，但例（12）、例（13）与例（14）类型不同。例（12）的“一个女人”不是指王三的老婆、姐妹或母亲，而是其他的女人；例（13）的意思是“这幢房子不是自己的”；例（14）与前两例相反，指的是“我弄断的是我自己的一根手指，而不是别人的”。三个例子的含意都是依靠人们的语用常识得到的，这就是一般会话含意。

一般会话含意和规约性含意的相同点在于两者都和语句本身有关，都是上下文之中的含意，人们只要依据一般常识就可悟出。而两者的差异在于，前者和语言使用常识相关（具体涉及的是不定指名词在特定上下文中的指称），而后者却要通过逻辑常识来识别。

特殊会话含意指需要依赖特殊语境才能推导出来的含意。

（15）A：我爸爸的病究竟怎么样了？

B：我只能告诉你，你现在能做的就是尽快实现他的愿望。

（15i）你父亲的病很严重。

例（15）B的回答出人意料，没有直接告诉A病情严重与否，这就违反了说话时应该遵守的常规，不过结合特定语境，听话人最终能够得出例（15i）这种特殊会话含意。

五、会话含意的特征

格赖斯（1975）针对会话含意和规约性意义的区别，指出会话含意具有五个特点。

（一）可取消性（cancellability）

在具体情况下，一个会话含意可以通过附加一个分句而被取消或者通过上下文表明说话人放弃了那个会话含意。可取消性一般由两个因素引起：一是说话人在原先的话语上附加一个分句来表明（或暗示）自己要取消（或废除）原来说话的会话含意；二是话语在特定语境中表明（或暗示）说话人意欲取消（或废除）该话语中的会话含意。例如：

（16）甲：我车没油了。

乙：前面拐角处有一个修车铺。

“前面拐角处有一个修车铺”一句带有这样的含意：你也许可以从那里买到汽油。但若在该句之后加上“不过它这时已经关门了”，先前的含意（“你可以从那里买到汽油”）就被取消了。

（二）不可分离性（non - detachability）

会话含意是利用合作原则中的各项准则，让对方根据话语的语义内容推导出来的。因此，会话含意依附于话语的语义内容而非语言形式。一般说来，一个人不可能通过改变同一内容的不同讲法而改变会话含意。如果话语在特定语境中产生了会话含意，那么无论使用什么样的同义结构，含意始终存在。例如：

（17）A：你觉得讲座怎么样？

B：哦，我认为那个报告厅挺大。

例（17）B 句的会话含意是：“那个讲座没有什么意思”。如果将句中的“我认为那个报告厅挺大”换成“那个报告厅是不是挺大？”“那个报告厅挺大，你觉得呢？”等，说话人传达的会话含意仍然一样。

（三）可推导性（calculability）

所谓可推导性，指的是听话人一方面根据话语的字面意义，另一方面根据合作原则的各项准则，推导出相应的会话含意。例如“王军霞是东方神鹿”。这句话的含意可以通过推导获得。其推导过程包括：（S 指说话人，H 指听话人）

(i) S说："王军霞是东方神鹿"；

(ii) 但王军霞是长跑运动员，不是神鹿；

(iii) S偏要说"王军霞是东方神鹿"，且持合作态度，所以必定是想要表达会话含意；

(iv) S和H共知"鹿"是跑得最快的，"神鹿"当然跑得更快；

(v) S未阻止H做这样的理解；

(vi) 因此，S说"王军霞是东方神鹿"这句话的会话含意是"王军霞是跑得最快的长跑运动员"。

(四) 非规约性 (non-conventionality)

会话含意不是话语的规约意义，它是通过结合合作原则中的各项准则、话语的字面意义以及语境推导出来的。字面意义在话语中是不变的，会话含意则随着语境的不同而变化。例如：

(18) 这里很热。

在某一特定语境中例（18）可能产生"打开窗户"这个会话含意，而这个含意与"这里很热"的规约性意义或字面意义没有任何关联。另外，上述话语若在其他一些语境中则可能产生一些其他的会话含意，比如"到外边开会吧""换个房间吧"等。

(五) 不确定性 (indeterminacy)

推导会话含意就是推导交际双方在遵守合作原则前提下说出的话语的种种解释，而这种解释随语境不同又可以有无数个，因而会话含意是不确定的。例如：

(19) 老王是个老黄牛。

例（19）在不同的语境中可以表达"老王很辛苦""老王体弱多病""老王很老实"等会话含意。

六、小结

本章简要介绍了“会话含意”的定义、类别及主要特征。“会话含意理论”自20世纪60年代以来经历了两个阶段。从60年代到80年代中期为第一阶段，这一阶段主要研究“特殊会话含意”，有人称为“古典格赖斯会话含意理论”发展阶段。第二阶段从1987年列文森发表《语用学与前指的规则》（Pragmatics and the grammar of anaphora）一文开始至今，这一阶段主要研究“一般会话含意”，被称为“新格赖斯会话含意理论”发展阶段。本章介绍和讨论的主要是“古典格赖斯会话含意理论”。

课内讨论

1. 分析“意义”（meaning）和“蕴含”之间的关系，对研究句子与句子之间的语义关系很有帮助。有时，我们可以从某个句子的字面意义推导出多种潜在的意义。请分析下面句子蕴含的意义。

（1）我的儿子向窗户扔了个石头。
（2）我的大哥是个钻石王老五。

2. 词语的意义通常分为两个方面：内涵（connotation）和外延（denotation）。在言语交际中，如果没有确切掌握某个词语的内涵和外延，会闹出笑话。请阅读下面的故事，并思考下列问题。

《悲惨世界》的作者维克多·雨果，有一次出国旅行，走到了某国边境。宪兵要检查登记，问道：“姓名？”“雨果。”“干什么的？”“写东西的。”“以什么谋生？”“笔杆子。”于是，宪兵在登记本上写道：“姓名：雨果。职业：笔杆贩子。”堂堂的大作家竟然成了笔杆贩子！

（1）为什么会发生这样的笑话？
（2）内涵和含意是否有相同点？
（3）内涵和含意的不同点是什么？

3. 逻辑学三段论由三个命题构成，其中两个是前提，一个是结论。请以下面的三段论为例，比较交际中的会话含意推导与三段论推导的差异。

大前提：莎士比亚戏剧不是一天能读完的。
小前提：《哈姆雷特》是莎士比亚戏剧。
结论：所以，《哈姆雷特》不是一天能读完的。

4. 会话含意的特征之一是可取消性。请阅读下面的对话，思考通过附加什么样的信息可以取消原有的会话含意。

（1）A：你觉得张明的女朋友怎么样？
B：她戴帽子的时候很漂亮。
（2）A：新来的教授课上得好吗？
B：他唱歌的时候很有吸引力。

5. 请分析以下对话中的会话含意。

（1）某男和某女是朋友介绍的相亲对象。第一次见面快结束的时候：
男：明天我们还能见面吗？
女：对面那家饭馆的阳春面真好吃。
（2）国王请阿凡提评论自己的诗，阿凡提说国王的诗写得不好，被国王关进驴圈。后来国王又召见阿凡提欣赏其新作，阿凡提转身就走。
国王："阿凡提，你要到哪里去？"
阿凡提："到驴圈去，陛下！"
（3）南朝时，齐高帝曾与当时的书法家王僧虔一起研习书法。有一次，高帝突然问："你和我谁的字更好？"王僧虔想了想，说："我的字臣中最好，您的字君中最好。"

6. 交际中的话语是模糊的而且是不完整的。人们所说的不一定是真正想表达的，真正想表达的不一定说出来。阅读对话并问答问题。

孩子：妈妈，我想看电视。

妈妈：你的作业做完了吗？

过了一会儿，孩子准备打开电视。

妈妈：小刚，你不能看电视。

孩子：可我作业做完了。

妈妈：我并没有说作业做完就可以看电视。

孩子：但你刚才就是这个意思。

妈妈：我说的是你没做完作业之前不能看电视。

（1）对话中的妈妈利用了会话含意的什么特征？

（2）当孩子说“但你刚才就是这个意思”的时候，他的证据是什么？

课后思考

1. 请查阅并搜集 Paul Grice 的相关信息。

2. 汉语中同义反复句式“A 就是 A”，如果仅从字面去理解，只是简单而无意义的重复。事实上，从语用学的角度对其展开分析可知在句子表面结构之下隐藏的会话含意。比较下列三组对话。

（1）A：张老师这本专著真棒！

　　B：教授就是教授。

（2）A：想不到李老师这次申请教授却没评上！

　　B：教授就是教授。

（3）A：张老师真帅。

　　B：教授就是教授。

请补充具体的语境，分析三组对话中 B 的含意。你还能想出什么问题可以用“教授就是教授”来回答却有不同的含意的？

3. 汉语中的一些修辞手法，比如反问、反语、夸张、比喻、双关等，在具体的言语环境中，不能仅仅理解其表达的字面意义，有时还有会话含意。请在对外汉语口语教材中找出相关的例子（每类修辞方法至少 2 个例子），并思考帮助留学生理解会话含意的方法，以便提高他们的语用理解能力。

4. 会话含意是人们依据一定的语境从句子的字面意义中推导出来的语句的实际意义。说话人会依据一定的语境讲出某句话，听话人也许依据一定的语境去推理理解。但在实际会话中，说话人和听话人对某一话语的理解有时并不一致。请从听话人和说话人的角度来分析下列对话，思考交际双方的含意是否一致。

（1）法官：你为什么翻墙进入别人家？

小偷：大门、旁门都关死了，法官先生，您说说，不翻墙我从哪儿进去呀？

（2）警察：你为什么偷自行车？

小偷：因为我不会骑摩托！

5. 请阅读下面的对话，指出对话反映了会话含意的什么特征。为什么？

球员：你刚才看了我们和巴西的比赛，觉得大家表现如何？

观众：体育馆很漂亮，小罗的世界足球先生当之无愧。

6. 研究小课题：请搜集 20 条汉语表达拒绝的用语，并分析汉语表达拒绝用语的类别；在此基础上，再将表达了会话含意的拒绝用语单独归类。

第五章　合作原则

课前阅读

1. 什么是合作原则？
2. 违反合作原则但不传达含意的都有哪些情形？
3. 遵守合作原则但刻意、公开违反某一准则的有哪些不同的类别？
4. 如何推导会话含意？

一、引言

在上一章我们区分了语言使用的自然意义与非自然意义，并谈到了含意和会话含意。含意理论是由日常语言哲学学派哲学家格赖斯（Grice）1967 年在哈佛大学做的 William James 系列讲座中一次名为“Logic and Conversation”（“逻辑与会话”）的讲座中提出的。这一理论旨在区分“所言”（What is said）与“所含”（What is implicated），是语用学的经典理论。在该文中，为了推导会话含意，格赖斯提出了著名的“合作原则”（Cooperative Principle）理论。

二、合作原则的内容

语言使用是一种有目的的行为。为了达到某种目的，交际者本人会采用一定的策略，同时也会期待其交际对象理解该策略。这种对交际目标的共同追求就表现为交际者之间的相互合作（Chapman，2005：90），这种合作具体表现在四个方面，这就是格赖斯在区分“所言”与“所含”这两种意义类型时提出的合作原则及其四个准则。

（一）合作原则提出的背景

20 世纪的分析哲学可以分为对理想语言（ideal language）和对日常语

言（ordinary language）的研究。理想语言就是用逻辑符号和数学符号构成的人工语言，日常语言就是我们日常交流中所用的语言。主张研究理想语言的哲学家认为日常语言存在很多缺陷，是不完美的，所以没有研究的价值。把理想语言作为研究对象的哲学流派被称为逻辑实证主义，这一流派用语言所表达命题的真值来解释语言的意义。但是，逻辑实证主义的意义观对日常生活中常用的一些表达情感、道德判断、信念等命题的意义有时无法提供合理的解释。在这一背景下，以斯特劳森（Strawson）和奥斯汀（Austin）等为代表的哲学家倡导对日常语言进行哲学研究。其中，奥斯汀的言语行为理论具有深远影响。他指出，语言并不只是用来描述世界的，语言还可以做很多事情，比如请求、邀请、许诺等，这些语言的行为意义都无法用逻辑实证主义的真值条件意义来解释。尽管奥斯汀把语言哲学研究的视角从理想语言转向了日常语言，但言语行为理论依然未能区分语言的一般意义和语言在具体语境中的意义。在言语行为理论的基础上，格赖斯不仅要对“所言”和“所含”做出区分，更重要的是提出一个可以解释二者间区别的机制，含意理论以及用来推导会话含意的合作原则就是在这种背景下诞生的（Chapman，2013）。

（二）合作原则的具体内容

合作原则是关于人类交际的一种理论假设，包括一个原则和四个准则，具体内容（何自然、冉永平，2002：82）如下：

合作原则：

根据会话的目的或交流的方向，使自己讲出的话语是一定条件下交际所需的。

量准则：

（a）所说的话应包含交谈目的所需的信息；

（b）所说的话不应超出所需要的信息。

质准则：

（a）不要说自知是虚假的话；

（b）不要说缺乏足够证据的话。

关系准则：要有关联。

方式准则：要清楚明白。

（a）避免晦涩；

（b）避免歧义；

（c）要简练（避免啰唆）；

（d）要有条理。

这四条准则中前三条都与信息的内容或数量有关，而第四条与传达信息的形式有关。另外需要指出的是，格赖斯在提出的合作原则中所指的“合作”并不是指交际者人与人之间善意的迎合，而是在语言使用层面上都遵循同样的规范，即使谈话双方充满了敌意，他们的谈话在语言使用或交际互动层面上仍然是“合作”的。正是因为交际者信守同样的交际规范，语言交际才可能顺利进行，人与人之间才能够相互理解。因此，合作原则及准则就是人们不约而同、潜意识共同遵循的交际规范。

（三）合作原则的遵守

在我们的现实交际中，一部分言语交流在语言使用的表层就体现了语言使用层面的“合作”，或者说体现了交际双方对交际规约的遵循。例如：

（1）李：她是做了个啥手术？

陈：腰椎间盘突出的那个。

（2）张：还住妹子那儿？

王：呃，有可能住她那儿也有可能不住她那儿。

（3）燕青：喂，利荣？

利荣：燕青？

燕青：诶。

利荣：诶，你去食堂的时候给我带个饭吧？

燕青：噢，行。

在例（1）中李询问陈“她”所做手术的名称，陈给出了相应的回答（腰椎间盘突出）；例（2）中张的提问是对他所假设的信息进行确认，理论上期待的是一个“是”或“否”的回答，尽管王给出的回答既不是肯定也不是否定，但这一点正反映了王对“质准则”的遵守；例（3）是一个电话谈话的开始部分，在相互识别和确认身份后，利荣对燕青提出了一个请求（让燕青给自己从食堂带饭），交际常识告诉我们，对某种“请求”行为的回应结果要么是接受，要么是拒绝，这里燕青接受了利荣的请求。

从上面这三个例子可以看出，人们在言语交际中都明白交际系统运作所遵循的规约，用格赖斯的理论来讲，就是合作原则及四个准则。也就是说，人们都知道按照交际发展的方向，从提供信息的量、质、关联性以及呈现信息的语言表达方式等方面来设计自己的话语，从而共同完成交际任务。即使在话语的表层违背了合作原则及某个准则，交际双方仍然清楚说话人是在意图通过传递会话含意的方式间接地实现对交际规约的遵循。例如：

(4) 1 沈：那啥么，入党的那个表我不会写，帮我填下哇？
2 杨：呃，啥时候了？
3 沈：一会儿么。
4 杨：着急要了？
5 沈：明天就要了么。
6 杨：一会儿我要出去了，不行你找梁静哇，她今天好像在学校。
7 沈：噢，行，那我找她吧。

由于这个例子涉及多个话轮，为方便分析，我们参考会话分析研究中语料转写的方法，在每行话语前标注了行数。沈在1行对杨提出了一个请求（让杨帮自己填表），按照交际双方共知的交际规约，杨应该对沈的请求做出接受或拒绝的行为，但杨并没有这样做，而是对填表相关的时间提出了两个问题（2和4行），使得沈在得到接受或拒绝的回应前要先回答杨的这两个问题（3和5行），这样直到6行杨才对沈的请求给出了回应。作为言语交际者，我们都可以很容易把杨的回应理解为拒绝，但仅从语言表层看，杨在6行所说的话并没有直接对沈的请求给予拒绝，而是给出了不能满足沈的请求的原因（一会儿我要出去了），同时还给沈提出了建议（你找梁静哇，她今天好像在学校），从这两点得出杨的话语的含意即“拒绝”是需要经过语用推理的。所以，当面临语言使用的表层似乎“不合作”的状况时，交际者都会通过语用推理去寻找该话语的含意，因为交际者都明白“合作”是交际的前提，是交际者共同遵循的交际规约，当语言使用在表层“不合作”时，那么它在含意层面一定是合作的，这是交际者所共有的交际常识。

三、对合作原则的违反

对合作原则及其准则的遵守是交际双方相互间的一种心理期待，也是交际得以顺利展开的前提，但这并不意味着交际中没有不合作的情况发生。在实际交际中，对合作原则的不遵守主要表现为：①想误导对方而故意违反合作原则。②因语言能力有限而在无意中违反合作原则。③不愿合作而故意违反合作原则。④因文化习俗而故意违反合作原则（Thomas，1995）。

（一）为误导对方而故意违反合作原则

在一些特殊的言语事件中，说话人为了特定的交际目的，比如掩盖事实真相、误导听话人等，有意识地、不公开地违反会话合作原则（表现为对某个或多个准则的违反）。这种违反往往不被听话人识别。从命题的真假来讲，说话人说的话为真，但其会话含意为假，这样一来，就达到了说话人误导听话人或掩盖事实真相的目的。例如：

（5）某女，好网上聊天。因文笔极好，引众男网友倾慕。某日一男斗胆发问：“小姐年方几何？”答曰：“二十有余。”再问：“身高如何？”答：“不足一米七零。”问：“容貌可好？”答：“某公司曾力邀为其产品做广告，三次皆被吾婉拒。”某男遂拜服，邀可否相见。某女欣然答应。

待相见，某男发现某女极丑，且老而矮胖，大呼上当，要某女给其一说法。某女曰：“吾年近三十，但说二十有余，何错之有？吾身高一米五一，当然不足一米七零。某猪饲料公司邀吾做广告，一句台词曰：吾误认此饲料为麦片，误食一次竟出此效果。此种广告老太太亦会拒绝。”某男遂晕而倒地。

（广州日报，2001－12－04）

在上面这个例子中，“某女”对“某男”的三个问题的回答都是为误导对方而故意违反会话原则。其中“二十有余”和“不足一米七零”两个回答都是对合作原则下的量准则的违反，她本可以说出准确的年龄和身高，而故意提供不足量的信息，因为“二十有余”的常规含意是二十出头，或二十一二岁，“不足一米七零”的常规含意则是接近一米七零，即一米六八或一米六九。但相对“某女”的实际年龄（近三十）和实际身高（一米五一）来讲，上述两个含意都为假，这样“某女”就达到了掩藏事实和误导听话人的目的。这一类对合作原则的违反常出现在广告、政治辩论、法庭审讯等语域。

（二）因语言能力有限而在无意中违反合作原则

说话人语言能力有限或语言表现失误也会使其在无意中违反会话合作原则。与语言能力有限有关的违反情况多发生在儿童或外语学习者身上，而由于语言表现失误导致的对合作原则的违反多发生在语言能力正常的母语使用者身上。但无论是因为语言能力有限还是由于语言表现失误而违反合作原则，这种违反都是无意的。试看下例：

（6）办公室的小东在食堂捡到了一个钱包。他拾金不昧，把钱包还给了失主——外籍员工约翰。
约翰很受感动，写了一封感谢信贴到了宣传栏里。
结果，每个经过宣传栏的员工都忍不住笑了。原来感谢信的标题是：瞧小东干的好事！

“瞧某某干的好事！”在汉语中是一个反语，它的一般会话含意刚好与字面意义相反，但因为外籍员工约翰的汉语语言能力还没有达到正确使用反语的水平，以致使用了一个传达相反含意的话语。然而，这一结果是由于说话人语言能力有限而无意间造成的。

（三）无合作意愿或不能合作而故意违反合作原则

在一些特殊的场合，鉴于法律的、政治的或其他原因，说话人不允许透露相关信息，在这种情况下，说话人可以明确说出自己不能合作，不能提供相关信息的事实。例如：

(7)“……你们要住多久呢?”

“我们要住到应该走的时候!”

“那是什么时候呢?”

“那是军事秘密!”

(黎汝清《叶秋红》)

这个例子中听话者对第一个问题的回答违反了量准则，对第二个问题的回答违反了关系准则，这两处违反都是很直接的违反，但它们不是为产生会话含意而故意违反，而是因工作性质的需要，对于所涉及的问题不能提供合作才给予对方这样的回答。

(四) 因文化习俗而故意违反合作原则

另外还有一种对会话合作原则的违反属于说话人故意为之，原因是在该文化中的特定场合下，人们都约定俗成地违反某会话准则。比如，在马拉加斯（Malagasy）文化中，提供不足量信息是一种社会规约，即使说话人占有足量信息，也不会完全表达出来，而且听话人也不期望说话人提供足量信息，所以在这种情况下，说话人尽管违反了量准则，但不会产生会话含意。在中国文化中也有类似的语言用法。例如：

(8) 甲：你爷爷还在吗?

乙：不在了。

(9) (席间)

甲：你去哪儿?

乙：我出去一下。

在中国文化中，与“死”“排泄”等相关的词汇和话题都属于语言禁忌。所以在例（8）中，在甲的爷爷的年龄、身体状况等都属于交际双方的共有语境信息的情况下，“在”是“在世”的意思，“不在”则是“去世”的意思。同样，在例（9）中，在进餐的场合，人们离席去洗手间方便，也会有意违反量准则，不提供足量信息，不直接说出去厕所大小便。同样，这种情况下，尽管说话人故意违反了量准则，但也不会产生会话含意。诸如此类的由于语言禁忌而导致的违反会话合作原则的现象在不同的文化中都会或多或少地存在，这种情况并不是对格赖斯的合作原则及其准则的证伪，对话双方依然在更高的社会互动层面上合作，只不过是由于某一特定的社会规约、某一会话准则暂时被搁置了起来，这种不合作其实只是表层的不合作。

四、合作基础上对准则的刻意违反

格赖斯的含意理论讨论的重点并不是上面四种违反合作原则的情况，而是说话人如何在合作的基础上刻意地通过公开违反合作原则的一个或多个准则，来使得听话人识别自己的交际意图，推导出会话含意。因此，这种表面上的违反实质上是对各个会话准则的一种利用（Thomas，1995：67）。

（一）对质准则的刻意违反

根据格赖斯的含意理论，如果说话人刻意、公开地说出命题真值为假或缺少证据的话语，他并不是不合作，相反，他是通过语言表面的不合作，给听话人留下线索，让听话人意识到说话人要表达的不是字面意义，而是基于语境推理而得出的会话含意。例如：

(10)“小同志，你家住在哪儿，我们一定登门拜谢。”
“我家住在黄土高坡……拜拜了。”
（杨春霖、刘帆，1995：241）

当被问及具体住址时，说话人用一句流行歌曲的歌词来作答，交际双方都明白这不是真实的答案，说话人在故意说假话，但这里的假话不是为了欺骗对方，而是给对方以暗示和进行语用推理的线索，也就是传达“我不想告诉你我的住址”这一会话含意。

（二）对量准则的刻意违反

在言语交际中，交际者对交际对方提供信息的量也很敏感。说话人刻意提供多于或少于交际所需的量都会被看作是试图传达会话含意的信号。

例如：

(11)子兰：（起立）你不喜欢他！喜欢谁？

婵娟：我喜欢我喜欢的人。

（郭沫若《屈原》）

这个例子中子兰是楚国的公子，婵娟的话明显没有提供交际所需的信息，甚至可以说提供的信息量接近于零。通过故意、公开违反量准则，婵娟暗示子兰她喜欢的人不是他。

（三）对关系准则的刻意违反

无论是书面语篇还是口头语篇，连贯性都是语篇可理解的前提。从篇章角度谈的连贯性实际上就是从意义角度所说的关联。对于书面语篇来讲，由于作者生成语篇和读者理解语篇之间在时间和空间上都存在较大距离，作者和读者之间也不可能进行即时的互动，所以如果书面语篇的段落与段落之间不连贯，就直接造成意义上的不关联，读者就会很难理解。但在面对面的谈话中，如果说话人的话语与其之前的话语不关联，听话人一般不会认为说话人是不合作，而是会把表面的不合作看作深层合作，并会推导话语所表达的含意，来发现说话人的真正意图。例如：

(12)甲：你喝咖啡吗？

乙：忙。

甲用的是一个一般疑问句，执行的行为既可以理解为给予（对方一杯咖啡），也可以理解为邀请（去咖啡馆喝咖啡）。但无论理解为哪种行为，乙的回答都不相关，乙通过这个表面不相关的回答为甲提供了进一步推理的线索。根据我们的常识，如果一个人忙，那么他就可能没时间喝咖啡，更没时间去咖啡馆喝咖啡，所以乙的回答的含意就是自己不想（去）喝咖啡。这里，乙没有直接拒绝，而是通过给出拒绝的原因，让甲假定自己是合作的，进而推导出相关联的含意。

（四）对方式准则的刻意违反

人们参与言语交际都期望能够顺利达到交际目的，所以一般都会通过简单明了、符合逻辑、没有歧义的话语来直接表达自己的交际意图，但也不尽然。有时说话人也会故意使用意义模糊、顺序颠倒、不简洁的话语来引导听话人去推导会话含意，使听话人识别其交际意图。例如：

(13)……老孙头摔倒在地上，半晌起不来，调皮的人们围上来，七嘴八舌地打趣他。

“怎么下来了？地上比马上舒坦？”

“这屯子还是数老孙头能干，又会赶车，又会骑马，摔跤也摔得漂亮。吧嗒一响，掉下地来，又响亮又干脆！”

（周立波《暴风骤雨》）

这个例子中划线的部分对老孙头摔跤的细节进行了描述，正常情况下人们是不会这么“啰唆”的。说话人通过故意违反方式准则，给听话人（老孙头及在场的其他人）留下进一步推理的线索，听话人会根据其他语境信息，如老孙头的为人等，推导出说话人讽刺或调侃老孙头这一真实意图。

五、基于合作原则的会话含意推导

会话含意的特征之一是可推导性，而含意推导离不开对话双方都遵守合作原则这一假定前提。格赖斯在 Logic and Conversation 一文中明确给出了会话含意的推导步骤：

说话人说了 p；听话人没有理由认为说话人没有遵守会话准则，或者至少认为说话人是遵守合作原则的；在这一前提下，说话人通过说 p，肯定是意图传达 q；说话人知道（而且知道听话人知道他知道）听话人明白说话人要求听话人识别 q；而且说话人没有做任何事情来阻止听话人这么认为；所以说话人有让听话人识别他的这一意图，至少有让听话人这么认为的意愿；因此听话人可推导说话人通过说 p 暗含了 q（Grice，1989：31）。

我们可以通过下面的例子进一步展示语用推理的步骤：

（14）晚九点，甲、乙加班结束。

甲：我请你喝咖啡。

乙：我喝了咖啡会一晚上睡不着觉。

甲在晚上邀请乙喝咖啡，乙告诉甲咖啡会让他一晚上无法入睡，整晚不睡的结果是休息不好，休息不好就会影响第二天的工作和生活，所以可推断乙表面给出了一个陈述，实则执行了拒绝的行为。而且，乙知道（同时知道甲知道他知道）甲明白他要求甲识别他的这一意图，因此甲可推导出乙说“咖啡会使他一晚上睡不着觉”实则是在传达他不想喝咖啡这一含意。

六、小结

本章首先介绍了格赖斯提出合作原则时所处的语言哲学研究背景，目的是让读者更好地理解合作原则及准则实质上是有关语言意义的理论，而不是简单的用来指导人们交际的原则。接着介绍了合作原则及准则的内容。本章的重点是区分违反合作原则及准则的不同类别，表明并不是所有违反会话准则的情况都是为了产生会话含意。本章最后简单介绍了会话含意的推导过程，揭示了格赖斯的会话含意理论的理性特征。

课内讨论

1. 请判断下面划线部分是否遵循了合作原则及其准则，如果遵守，是语言层面的合作还是隐含意义层面的合作？

（1）安娜要换洗床单，让王贵去旁边看书。

安娜：哎，起来让一下，哎呦，起来呀，起来嘛，到一边去看，起来起来起来。

王贵：安娜，我给你提个意见，我对你这种做派很反感。

安娜：怎么啦？

王贵：我告诉你，你是瞧不起我啊，瞧不起俺们贫下中农！

安娜：你这话说的，我怎么瞧不起贫下中农啊？

王贵：三哥才在咱们家住了几天啊，前脚一走，你后脚到处擦，到处弄，到处消毒，你啥意思嘛！你弄啥了嘛！我告诉你啊，我对你这种做法啊，很反感，很讨厌！你看看，你看看，到处擦，到处消毒，你恨不得把这个床给擦得秃噜皮了，是不是啊，你明明知道咱嫂子有病，你还跟人分餐，啊，碗筷单独使，自己煮碗，自己煮筷子，还消毒，你啥意思，你这不是轰人走吗？

（电视剧《王贵与安娜》）

（2）佟志：你看你看，你这么损她，我就没什么不高兴，为什么，因为我们俩关系很清白，我们就是普普通通的同学关系。

文丽：什么清白啊，你清白怎么不敢告诉我呀？昨天是我爸60岁生日，我爸60年才有一次60岁生日，你都不当回事，说明这个女人在你心里有多重要。

佟志：行行行，你看你，那60岁的人过生日，可不就只过一次，未必60岁还得过三四次啊，我说你连基本算数道理都不懂，你还教学生。

文丽：你不要偷换概念，你跟她到底是怎么回事？

（电视剧《金婚》）

（3）甲：龙哥现在怎么样，还行？

乙：哎呀，他辞职了。

甲：他辞职了？他不干了？

乙：不干了。

甲：那他现在干什么？

乙：家里蹲休息着呢。

2. 请分析B为什么要在“他做了”之后补充“他爸爸做了”。

A：是不是正给孩子做饭了，又打搅你了哇？

B：哦，没有没有，还得等一会儿了，他做了，他爸爸做了。

A：哦，那你幸福的，我还说怕你正做饭，我说管儿快点儿，我一有事儿就得快点打，一放下就又忘了，那许音新结婚告你了哇？

3. 分析下面的例子中出现了哪种对合作原则及准则的违反。

（1）商店促销语：最后一天跳楼价清仓大甩卖。

（2）来就送，买即赠，购就返。

（3）“妈，我不能多带行李，所以没有带什么东西。这只钻戒送您，因为我实在想不出来买什么好，您戴戴看。”

他妈把嘴张着，又是喜欢儿子的孝心，又心痛儿子的用钱：“天磊，妈都老了，还戴这个？”

“那有什么关系，美国老太太年纪愈大，手上戴的愈多，好像把家当都戴在手上，才觉放心。啊！刚好，您喜欢吗？”

“喜欢，喜欢，花了不少钱吧？多少？”

“妈，问送礼的人花多少钱，是不礼貌的，没多少。”

（於梨华《又见棕榈，又见棕榈》）

（4）下面这两个人在谈朋友，前天曾在锦记面家吃过一次饭，而且给双方留下了美好的回忆。

男：今晚再见一次面好吗？

女：前晚“锦记面家”的云吞面真好吃，你说呢？

（徐盛桓，1996）

（5）A 是求卜者，B 是算卦先生

A：你能不能说一下我父母的情况，我先看你算得准不准。

B：父在母先亡！

（6）“你说，他值得爱吗？”

“要是不值得爱，我不会和他结婚；要是值得爱，我不会和他离婚。他不是坏人，也不是不坏的人。”

（陈村《当我二十二岁的时候》）

课后思考

1. 为什么说合作原则是一个关于语言意义的理论而不是一个指导人们

交际的理论？

2. 合作原则中的合作指的是哪种层面上的合作？

3. 合作原则的四个准则之间是否有重叠的地方？是否可修改为更少的准则？或者在现实交际中是否还有四个准则没有解释到的现象，需要补充某个或多个准则来使这一理论更有解释力？

4. 分析下面的语料（黎运汉《公关语言学》），指出划线的话语违反了合作原则中的哪条准则。说话人可能传达了什么含意？

（1）老马：小张，你的女儿已经有四岁了吧？

小张：是啊！

老马：打算领独生子女证吗？

小张：是啊，我身体不好，经济也不宽裕，孩子也大了，可是我爱人是独生子啊！

（2）某大学中文系同学与部队军人联欢，其间一位军人节目主持人向一个女大学生提出了一个问题："你会不会爱上一个军人？"该女大学生接过话筒说："我从小就很热爱人民解放军。"

（3）青年：为什么这些领导者不敢用开拓型的人才呢？

刘吉：俄国著名作家克雷洛夫有一篇寓言，说的是有一个人怕剃刀锋利损伤脸皮，结果改用镰刀刮胡子，刮得满脸是血。有些领导恐怕也是这种心理吧！

（4）甲：你和小张处了半年了，你觉得他人怎么样？

乙：他就是一台一刻不停运转的机器。

5. 研究小课题：在日常交往中，中国女性是否比男性更喜欢使用含意表达拒绝？

第六章 指示语

课前阅读

1. 指示语是什么？
2. 指示语有何特征？
3. 指示语有几类？
4. 汉语指示语有何使用特点？

一、引言

在语义学研究中，命题（proposition）是一个重要概念。命题的主要价值在于提供语义，作为真值判断（truth value judgment）的对象。我们将命题意义与现实世界进行对照，从而判断命题的真假。请看如下例子：

（1）今天这儿天很冷。

我们要判断以上命题是否为真，就需要确认现实中天气是否很冷。如果是，则该命题的值为真；如果否，则为假。命题意义似乎与语用学关系不大：命题意义的确立与会话含意无关，根据某些语用原则（如合作原则，见第五章）推导出来的意义并不构成命题意义的一部分。比如在特殊语境中，可能说话人想表达的会话含意是“请把窗关上”，这类隐含的意义是语用学关注的核心，但与命题意义无关。因此，命题意义似乎是纯粹的语义学范畴内的研究话题。但事实并非如此。我们仍以（1）为例。要判断这个命题是否为真，还需要依赖语境来确认如下信息：①时间副词“今天”所指的时间；②指示代词“这儿”所指的地方。如果语境信息显示说话时间是 2017 年 1 月 1 日，说话人身处南京鼓楼区，则该命题的意义是“2017 年 1 月 1 日南京鼓楼区的天气很冷”。像例（1）中的“今天”

和“这儿”这样的一方面具有语法功能（如时间副词和指示代词），一方面又需要结合语境来确定最终明确意义的语言形式，在语用学中被称为“指示语”（deictic expressions），交际中指示语的使用被称为“指示现象”或“指别”（deixis）。

二、指示语的定义

列文森（Levinson，1983：54）认为，指示语是编码话语事件或话语语境信息的各类语法方式，这些信息包括人称、方位、时间等。指示语本身并不是某一种特定的语法方式，任何对这些话语事件或语境信息进行编码的语法形式都属于指示语。我们看下面的例子：

（2）那栋房子真漂亮。

（3）我很喜欢语言学。

（4）John liked Mary.

在例（2）中，“那”是指示代词（demonstrative），例（3）中的“我”是人称代词，例（4）中“liked”的“ed”是表示过去时的词缀。这些表达属于不同的语法范畴，但都具有提供语言外的语境信息的功能：“那”指代的是语境中离说话人较远的物体，“我”指代的是语境中的说话人，而“liked”则表明事件发生在当前话语说出之前。

我们可以将指示语现象看作连接语言系统与语境的桥梁。大部分情况下，根据语法规则合成的句子并不涉及语言外的信息，但同时句子的主要功能是表征外部世界、在交际中传达信息。这个矛盾必然要求语法体系提供一些机制，从而给语言使用者提供线索，让他们能够快速定位语境中的一些重要信息。

三、指示语的特征

指示语的第一个特征是语义不完备。指示语一般只表达抽象的意义，这样的意义需要结合语境才能明确具体的信息，为交际提供基础。我们以人称代词“我”为例。“我”所带的语义信息如下：①第一人称（说话人）；②单数。仅依赖这样的语义信息，在交际中我们并不能确认“我”

指的究竟是哪个人，这就是我们所说的“语义不完备”。在实际交际中，我们要结合语境信息来进一步确认该代词所指代的具体对象。如果例（3）是张三对李四说的话，则在此交际语境中，“我”指代的是张三。但如果换一个语境，说话者是其他人，则“我”的指代也随之发生变化。这个例子也进一步例证了前一小节所说的内容，即指示语是连接语言系统与语境的桥梁。需要注意的是，虽然指示语的语义不完备，但语义信息在交际中必不可少。如果没有指示语提供的线索，单靠语境信息，交际者很难明确具体的指示内容。比如例（3）中，如果没有“我”这一指示语，即使语境信息非常明确，我们也很难确定指代对象。

指示语的第二个特征是“说话者中心导向”。我们现在已经了解到，解读指示语信息需要结合指示语所蕴含的抽象语义以及语境，其关键在于明确会话在大部分情况下是以说话人为中心的。具体来说，指示语的语义信息需要定位到特定语境中的某个点上，这些点都是以说话人为中心来确立的：

参照者是说话人

参照时间是说话人的说话时间

参照方位是说话人说话时所处的方位

参照社会地位是说话人的社会地位

语篇参照中心是说话者（或者作者）在生成语篇过程中所处的节点

（Levinson，1983：64）

以例（4）为例，过去时的语义在本句的解读必须以说话者的说话时间为中心，如果说话时间是 2017 年 1 月 1 日下午 5 点，那么 John 喜欢 Mary 的时间应该是 2017 年 1 月 1 日下午 5 点之前。社会地位与语篇问题后文将会涉及，这里暂不讨论。

四、指示语的分类

可以称为指示语的语言形式很多，对其进行分类有助于我们更好地了解指示语的各类特征。对指示语的分类存在不同的标准，下文从两个层面进行分类。

（一）指示语分类一

前文已经指出，指示语的特点是需要语境充实或者赋值来获得具体的意义。如果一个语言形式在任何情况下都需要外在的语境信息的赋值才能获得具体意义，这个语言形式就是内在指示语（inherently deictic expression）。典型的内在指示语包括第一与第二人称代词、时间与方位副词、动态动词、时态标记（不是所有语言中都有时态标记）等。

（5）<u>我</u>认识<u>你</u>。

（6）<u>明天</u>在<u>这里</u>开会。

（7）<u>你</u>明天<u>来</u>吧。

无论是英语还是汉语，第一人称与第二人称都需要结合语言外的语境信息，如例（5）所示：在任何情况下，“我”和“你”的具体指代对象必须结合语境才能明确。例（6）中的时间副词“明天”和方位副词“这里”也是如此，理解这两个副词需要了解会话进行的具体时间和地点。动态动词指的是动词指示的活动具有方向性，而具体的方向需要通过语境确立，如汉语中的“来”“去”等。以（7）为例，“来”的运动方向必须是趋向于说话人的方位的，如果不确定说话人的方位，则无法确定“来”的具体方向。

有些语言形式只是在某些特殊情况下才需要依赖语境确定具体的信息，这类语言形式我们称之为非内在指示语（non－inherent deictic expression）。我们可以用如下的例子来说明：

（8）<u>他</u>是我的朋友。

（9）张三说<u>他</u>是李四的朋友。

例（8）如果转换成例（9）的形式，其中的第三人称代词“他”的所指就不需要依靠语言外的语境信息来明确。

在例（9）中，“他”可以指代主句的主语“张三”，在这种情况下，句子本身而不是外部语境信息帮助“他”获得具体指代，因此“他”就不是一个指示语。但是，如果张三指着走进门的李四对人说例（8），则例（8）中的“他”需要通过这个具体语境确定指代（“李四”）。在这种情况下，“他”就是一个指示语。第三人称与第一和第二人称代词的不同之处在于，后者总是需要通过语境来确立指代，而前者则要视情况而定。因此第三人称代词是“非内在指示语”。

（二）指示语分类二

指示语从其涉及的指称内容看可以分为如下几类：人称指示语、时间指示语、方位指示语、社交指示语、语篇指示语。需要指出的是，社交指示语和语篇指示语与前三类的分类依据是不同的。前三类指示语的分类是基于指示的对象，而后两类则基于指示语的功能——社交指示语具备的是社会功能，而语篇指示语具备的是语篇功能。人称、时间与空间指示语都可以传达社会与语篇功能。下文将具体介绍每一类指示语，尤其要凸显汉语中这些指示语的具体体现方式，以及汉语与其他语言的差异。

1. 人称指示语

前文已指出，内在人称指示语主要是第一与第二人称代词，而第三人称代词则属于非内在人称指示语。与其他语言一样，汉语也有明确的人称代词：

第一人称：我，我们，咱，咱们

第二人称：你，你们，您

第三人称：他，她，他们，她们

与综合性语言（synthetic languages）（如英语、法语等）相比，汉语缺乏表达各类抽象语法特征的词素或词缀，但在人称代词上是有非常明确的标记的。

除了人称代词以外，呼语（vocatives）也用作指示语。呼语是说话人为引起听话人的注意而使用的称谓方式，从语法角度来看，与人称代词和其他名词相比，呼语的特点在于其不充当句子的论元（argument）。

（10）小王，你喜欢这本书吗？

例（10）中，“你”和“这本书”是动词“喜欢”的论元，“小王”不充当论元。其指代需要通过语境明确听话人是谁后才能确定。汉语中的呼语在社会层面与其他语言相比有很多特点，我们将在社交指示语部分具体介绍。

2. 时间指示语

时间指示语的功能是提供基本的语义提示，让语言使用者在具体语境中定位某个事件的时间点。语言系统对时间信息的表达涉及三个概念：说话时间（speech time）、事件时间或者情境时间（event time/situation time）以及参照时间（reference time）。这三个时间的组合带来时（tense）与体（aspect）的意义解读。按照 Smith（2008：231）的分析，时和体的意义解读如下：

现在时：参照时间 = 话语时间 = 情境时间

过去时：参照时间 < 话语时间，参照时间 = 情境时间

将来时：参照时间 > 话语时间，参照时间 = 情境时间

完成体：情境时间≠参照时间

我们先看下面的英语例子：

(11) a. John left.（过去时）

b. John has left.（现在完成体）

例（11a）中，话语时间是“现在”，情境时间是“过去”（因此 John 是在过去离开），参照时间与情境时间一致，因此得出过去时的解读。例（11b）中，话语时间也是“现在”，情境时间也是“过去”，但参照时间是“现在”，即与话语时间一致。因此该句得到的是传统上所说的“现在完成体”的解读，即 John 是在过去离开，但本句强调的是这个过去离开的事件对现在产生的某个影响（也就是说，参照时间是现在）。

通过上文的英语例子，我们已经可以发现，英语中有表达时和体的抽象语法方式。

而在时间信息的表达方式上，汉语与英语等印欧语言有巨大差异。首

先，汉语没有语法形式来表示时间概念，也就是说，汉语没有任何语法形式来提示“情境时间”。对于汉语来说，情境时间的指示语主要是时间状语（“以前”“昨天”“今天”“现在”“明天”等）。

(12) a. 张三以前是一个老师。
　　b. 张三现在是一个老师。

汉语的谓语没有任何形态变化，因此无法提供情境时间的信息，必须依靠状语副词充当时间指示语。假如去掉例（12）中的时间状语，我们很难确定情境时间。

通过本小节的介绍，我们可以了解到的是，各类语言都需要通过综合三类时间（话语时间、情境时间、参照时间）来反映事件的时间信息以及相关的视角（Smith，2008）。汉语没有明确表示过去时的语法标记，这类信息需要通过时间副词或者语境确定，但汉语有表达情境时间与参照时间先后的语法手段。

3. 方位指示语

与英语一样，汉语中与说话人距离相关的表方位的词“这儿/这里”“那儿/那里”属于方位指示语，这是因为我们需要通过语境确定说话人的位置才能获得这类表达的具体信息。

使用汉语方位词时，需要注意的是方位副词的语法位置，即方位副词（也包括时间副词）必须放在动词前。如：

(13) a. 在这儿张三遇到了李四。
　　b. 张三在这儿遇到了李四。

除了方位指示副词以外，汉语也可以通过将指示代词与方位名词合并的方法来指示方位。具体来说，这样的指示语的构成规则为：“这”/“那”＋量词＋名词＋方位词。例如：

(14) a. 在那棵树下有很多孩子在玩耍。
　　b. 张三的家就在那个湖边上。

c. 在你左手边的建筑就是图书馆。

在印欧语系中，副词的位置比汉语灵活，经常可以放在句末。因此，外国学生在使用汉语时，常常出现以下典型错误：

(15) a. ＊我们去看电影明天。
b. ＊我做作业在那个咖啡馆昨天。

例（15a）的问题在于将时间副词置于句末。例（15b）的错误不仅是将时间与地点指示语放到了句末，而且也将时间与方位指示语的先后次序放置错误。在汉语中，如果时间与方位同时出现，时间在前，方位在后。因此，例（15a）（15b）可以修改如下：

(16) a. 我们明天去看电影。
b. 我昨天在那个咖啡馆做作业。

4. 社交指示语

在交际中，指示语的选择常常受到社会因素的制约，我们将这类指示语称作社交指示语。一般情况下，最容易受社会因素影响的指示语主要是人称指示语。

在汉语中，影响指示语的因素主要包括说话人与听话人的社会关系以及说话人的方言背景。说话人与听话人的社会关系主要包括亲属关系和等级关系。汉语习惯于用亲属名词来称呼比自己辈分高或者平辈中的年长者，也习惯于用头衔指示对方：

(17) a. 姑妈今天有空来我们家吗？
b. 表哥的手机能不能借我用一下？
c. 李厂长您对我真好。

除了头衔和亲属名词，人称代词也常常被用作反映社会等级的指示语。在汉语中，指称社会等级高的听话人时，选用的人称代词一般是

“您”，而指称平辈或者等级较低的听话人则使用“你”。同时，“您”的使用在中国北方更为常见。

除了以上表达外，陌生人之间也有一些常用的指示语来指称对方。常用的指示语如下：

指称女士：女士、小姐、美女、老板娘

指称男士：先生、阁下、帅哥、老板

不分性别：同志（越来越不常用）

5. 语篇指示语

语篇指示语指的是提示语篇中命题信息的话语表达。这样的指示语可以直接指代上文的某个命题，也可以提示前后两个命题的逻辑关系。如需要指代前文命题内容，汉语常用的指示语是指示代词“这”。

(18) a. 每次他都会来这个酒吧，看来很喜欢这里的清静。有时，我会坐在他坐过的位子上，因为这样，我好像感觉和他在一起。

（电影《堕落天使》）

b. 去2046的乘客都只有一个目的地，就是找回失去的记忆。因为在2046，一切事物永不改变。没有人知道这是不是真的。

（电影《2046》）

以上例子中，“这”指代的都是前文出现的某个命题的内容。黄衍（Huang，2007：173）将语篇标记语（discourse marker）也归类于语篇指示语，这可能是因为这些语言表达提示了前后命题之间的逻辑关系。

(19) a. 尽管张三今天很累，但他还是坚持完成了健身计划。

b. 由于张三今天很累，他决定放弃今天的健身计划。

以上例子中，“尽管”和“但”展示了让步和转折逻辑，而“由于”则展示了因果关系。我们就不一一列举汉语中所有的语篇指示语了。

五、汉语指示语的使用特点

根据前文的介绍，我们可以发现：一方面，指示语的功能具有普遍性，每一种语言都需要这些指示语来实现信息传递，从而达到终极的交际目的；另一方面，不同的语言会采用不同的指示方式。这些差异的来源主要有两个：一是社会文化因素的差异；二是语法体系的差异。前文的分析中我们已经采用了一些汉语的例子来说明问题，本节我们将汉语指示语的特征根据这两类因素归纳如下：

汉语在很多场合注重“您”与“你”的区别使用，也更多地使用头衔来做指示语，如“张老师”“李部长”“王院士”等。虽然英语中也有这样的情况，但只局限在有限的一些头衔。前文介绍的亲属名词用作人称指示语也体现的是这个特征。学生面对老师、员工面对老板、职员面对上司、年轻人面对长者一般都需要使用“您”。

汉语更多地使用时间副词来完成时间指示。这是因为汉语语法体系不通过屈折变化来表达时态，因此常常需要借用时间副词如“过去”“以前”“明天”等。汉语还有一套不同于英语等语言的虚词来表达和时间指示相关的信息，如“了”“过”等。这些虚词并不是和时态具有一对一的关系（有时候可以不出现），这使得汉语时间指示的方式成为汉语学习中的一大难题。本书不是汉语语法书，因此不在这里列举汉语虚词的具体特征（可参考 Chao，1968；Lin，2003，2010；Smith，2008 的具体描述）。

六、小结

本章简要介绍了语用学中“指示语”这个概念的定义以及主要的分类。与语用学其他主要的概念相比，指示语是与语言本体（如语义和句法结构）最为相关的，它是语言体系中固有的表达方式，为我们在语境中定位信息提供线索。我们会发现，语境信息和语用推理决定了很多意义的生成，但语用意义的获得不是凭空的，而是常常要以语言系统提供的信息为依据。指示语很好地体现了这个特点。

指示语也能很好地体现语用学中的跨语言特征。前文的分析表明，这些跨语言特征主要源于两个因素：①语言体系的差异。比如汉语语言体系的特征决定了时间指示语的语法特征。②社会因素的差异。汉语指示词

“您”与“你”的区分、头衔和亲属名词的广泛使用都体现出汉语的文化特点。

课内讨论

1. “有+名词”（如“有人”）在汉语中表明说话者对所指示的实体（人、物）的具体指代是不明确的。比如“有人喜欢吃香蕉，有人爱吃苹果”中，“有人”泛指一部分人，在说话人的意识中并没有明确的指示对象。思考下面的例句，分析（a）“有人”在各例句中是否是指示语？（b）说话人是否确实对“有人”所指对象不明确？（c）如果所指对象对于说话人来说是明确的，使用“有人”而不是明确的指示代词或者名词的目的是什么？

（1）语境：张三和李四在房内进行秘密谈话。忽然外面有一些动静。
　　张三：好像有人来了。

（2）父亲：今天有没有上网打游戏？
　　儿子：没有。
　　父亲：有人说谎了哦。

（3）老师：有人告诉我，你昨天自习课没有来，是不是真的？
　　学生：是谁告诉您的？
　　老师：你别管是谁，就告诉我，你到底有没有逃课？

2. 归纳以下带下划线的指示语的语言规则，并通过指示语，分析说话人与听话人之间可能的社会关系。注意，指示语提示的信息可能会有多种可能性。

（1）告诉你一菲，今晚的电影可好看啦！

（2）经理，小王现在在哪儿？

（3）你家老张今天还去打球吗？

（4）哥们儿请让一让。

（5）叔叔，侄儿期待您的回信。

3. 如下指示语的语义与真正的所指是否存在偏差？为什么选择这些语义有偏差的指示语？

（1）饭店服务员对顾客说：今天咱们吃点什么菜？
（2）（学术论文内容，作者只有一个）我们因此提出如下假设。

4. 课堂展示话题：分析如下古汉语文本中的指示语。

（1）曾子曰："吾日三省吾身：为人谋而不忠乎？与朋友交而不信乎？传不习乎？"

（孔子《论语》）

（2）子曰："三人行，必有我师焉。择其善者而从之，其不善者而改之。"

（孔子《论语》）

（3）名之者谁？太守自谓也。太守与客来饮于此，饮少辄醉，而年又最高，故自号曰醉翁也。醉翁之意不在酒，在乎山水之间也。山水之乐，得之心而寓之酒也。

（欧阳修《醉翁亭记》）

（4）臣本布衣，躬耕于南阳，苟全性命于乱世，不求闻达于诸侯。先帝不以臣卑鄙，猥自枉屈，三顾臣于草庐之中，咨臣以当世之事，由是感激，遂许先帝以驱驰。……此臣所以报先帝而忠陛下之职分也。

（诸葛亮《出师表》）

5. 以下句子来自西方汉语学习者，试分析指示语使用存在的问题及原因。

（1）（John 和 Mary 是好朋友）John 对 Mary 说：您今天有空一起吃饭吗？
（2）学生对老师说：教授，咱们停课在明天吗？
（3）A：要不要和我们一起吃饭？
B：我已经吃饭。

课后思考

1. 分析内在指示语与非内在指示语的异同。

2. 以下的对话语篇来自小说或影视剧。找出每个例子中的指示语及其具体的指示对象。注意：以下例子中，有的指示语的选择反映了说话者的策略，有的反映了社会因素，有的则需要通过语境来判断同一个指示语在同一段话语中不同的指示对象。请具体分析。

（1）我道：“你先回去吧。她的事我会亲自来审。”

小连子躬身退下，“奴才已经把船停在荷丛深处，小主回来时应当不会惹人注意。”

我点点头，见他走了，方一把握住芳若的手臂道：“姑姑，多谢你。”

芳若眼中隐有泪光，“小主这样说岂不是要折杀奴婢了。奴婢自府邸起服侍小主，能为小主尽力也是应当的。”说着引我往内堂走。

（流潋紫《后宫甄嬛传》）

（2）宝玉道：“我心里的事也难对你说，日后自然明白。除了老太太、老爷、太太这三个人，第四个就是妹妹了。要有第五个人，我也说个誓。”

林黛玉道：“你也不用说誓，我很知道你心里有‘妹妹’，但只是见了‘姐姐’，就把‘妹妹’忘了。”宝玉道：“那是你多心，我再不的。”

（曹雪芹《红楼梦》）

（3）孩子的母亲有些觉得，抱歉地拉皮带道：“你这淘气的孩子，去跟苏小姐捣乱！快回来。——苏小姐，你真用功！学问那么好，还成天看书。孙先生常跟我说，女学生像苏小姐才算替中国争面子，人又美，又是博士，这样的人哪里去找呢？像我们白来了外国一次，没读过半句书，一辈子做管家婆子，在国内念的书，生小孩儿全忘了——吓！死讨厌！我叫你别去你不干好事，准弄脏了苏小姐的衣服。”

（钱锺书《围城》）

3. 根据下面的例子，分析英汉语篇指示语的差异。

（1） As it was very hot，John decided to stay at home.

（2） 今天天很热，张三决定待在家里不出门。

4. 英语与汉语都可以用某些头衔来作为指示语的一部分。根据下面的汉语例子，分析两类语言在这类指示语使用上的差别。（提示：英语文化中也会使用这样的指示语吗？）

（1） （张教授是李四的导师） 李四见到张教授后说：张老师您最近忙吗？

（2） （张三是大学的系主任） 大学员工见到张三后说：张主任您这是去哪儿？

5. 研究小课题：查找资料，归纳汉语中虚词“过”和“了”与时间指示之间的关系。

第七章　预设

课前阅读

1. 预设指什么？
2. 预设有哪些？
3. 预设触发语有哪些常见类型？
4. 预设有哪些类型？

一、引言

预设（presupposition）是语义学、语用学共同的重要课题。1892 年德国哲学家弗雷格（Frege）在《意义和指称》（*On Sense and Reference*）一书中首次提出“预设”的概念，一百多年来，罗素（Russell）、斯特劳森（Strawson）、塞勒斯（Sellars）等著名学者都曾在预设这一课题研究上作出了自己重要的贡献。

我国于 20 世纪 80 年代前后引进“预设”这一概念，早期曾将它译作“前提”（利奇，1987；何自然，1988）、“先设”（徐烈炯，1995），现在一般译作“预设”。虽然译名基本统一了，但是学者们在预设的许多相关问题的认识上意见却并不一致，例如在预设的定义、特征、分类等基本问题上就存在分歧，且研究方式以引进国外理论为主，与汉语实际结合不紧密，因而这一课题有待进一步深入研究。

二、预设的定义

总体来看，关于预设的定义可以区分为语义学性质的和语用学性质的。从语义学角度看，预设是一个语句为真的必要前提（Peccei，2000：19）；从语用学角度看，预设是说话人在发出特定话语前假定为真或存在的东西（Peccei，2000：19；Yule，1996：25），或者是说话人与其发出的特定语句能否在给定语境中具有得体性之间的关系（Levinson，1983：177）。相应地，前者隶属语义预设范畴，而后者隶属语用预设范畴。

从语用学角度看，“预设”的定义至少包括下面三个方面：

（一）预设不是话语断言而是话语暗含的内容

预设是话语暗含的内容，不是话语断言或明说的部分，不是话语的信息焦点所在。吕叔湘（1980）在《语文常谈》中说：“语言的表达意义，一部分是显示，一部分是暗示，有点儿像打仗，占据一点，控制一片。”这表明，预设是话语中“暗示”的一部分（但未必是全部，因为会话含意也是暗示的内容）。例如：

（1）老李的女儿是学生干部。

例（1）含有预设（2）：

（2）老李有女儿。

例（2）是例（1）暗含的意思，而不是例（1）断言的意思。例（1）断言的意思是“老李的女儿是学生干部”。

（二）预设是话语成立或合适的先决条件，是已知信息

预设是当前话语成立的先决条件，是前提（因此 presupposition 早期也曾被译作“前提”），是说话人发出当前话语的必要条件，如果预设的内容不成立、不存在、不为真，当前话语就无从谈起，没有意义。以（1）为例，如果（2）不成立，即“老李没有女儿”，那么例（1）“老李的女儿是学生干部”就无从说起，除非是刻意撒谎。因为预设是所在话语成立或合适的先决条件，所以驳斥预设是驳斥含有此预设的话语的一个有力做法。

因为预设是话语成立的先决条件，是说话人设定的在话语之前就已存在的事实，所以在语流中，预设出现在含有预设的句子之前是合适的，出

现在含有预设的句子之后是不合适的、荒谬的。例如：

（3）老李有女儿，老李的女儿是学生干部。

（4）老李的女儿是学生干部，老李有女儿。

例（3）的表达很自然，先说“老李有女儿”，然后以此为前提，在此基础上谈论“老李的女儿”的情况，前一句为后一句做了铺垫。后一例的表达则很不自然，因为在前一句子中已经知道了“老李有女儿”，后面再来重复一遍，就显得多此一举。

（三）预设往往以语言结构为依托，是言内之意

预设不是无中生有、主观臆造的，一般来说是有据可依的，它的依据就是它所在语句的语言结构。所谓“语句的语言结构”就是我们下面将要谈到的预设触发语，它有各种不同的形式，如词语、短语、句子等。预设是话语本身传达的，而非借助背景知识加以推理而产生的，因此是一种言内之意，而不是言外之意。

徐盛桓（1993）认为预设分为广义、狭义两种，广义的预设是指“交际双方预先设定的先知信息”，不一定需要依托特定的语言结构，而狭义的预设“是由言语片断而且唯一的也只由言语片断来确定的信息”。

王宗炎（1988）认为预设是“说话和写作时假定对方已知晓的信息”。例如：

（5）A：Are you going to the party tonight?

B：Yes，and I'll take Christina with me.

王宗炎认为“这个对话有如下几个预设：A 和 B 都知道晚会的地点、晚会开始的时间、晚会的性质，以及谁是 Christina”。何自然（1988）对“前提”（预设）的认识与王宗炎类似，认为“同一话语可能因语境不同而暗示不同的前提”，如话语“天下雨啦!”就可能有“久旱无雨”“连续阴雨天”“讨论旅行计划”等不同的前提。

可见，王宗炎、何自然等学者所讲的广义的预设其实是一种扩大化的

预设，实际上就是交际双方对于当前话语共同拥有的已知信息，是日常意义上的会话“前提”，随语境变化而变化，主观性很强。本章所说的预设只限于狭义的，也就是通过语言结构可以推断出来的已知信息。

综上所述，“预设”的完整定义可以表述为：预设不是话语断言，而是话语暗含的、可以根据当前话语的语言结构推断出的、影响话语成立或合适的先决条件。

三、预设的特征

狭义的预设具有下列特征：

（一）能通过否定测试法

预设最基本的特征就是能够通过否定测试法，也就是说，肯定句中含有的预设在其对应的否定句中依然成立或存在。例如，前面句（1）的否定形式“老李的女儿不是学生干部”依然含有（2）这个预设。预设的这个性质用公式表示则是：

A≫B

~A≫B（~表示否定，≫表示“以……为预设”）

能否通过否定测试法是区分预设和蕴含（entailment）的法宝。蕴含不能通过否定测试，也就是说，肯定句中含有的蕴含在其对应的否定句中不一定继续存在，即：

A≫C

~A≫C/~C

仍以例（1）为例：该句蕴含了“老李的女儿是学生”，但其否定形式“老李的女儿不是学生干部”就不一定有蕴含“老李的女儿是学生”，因为“不是学生干部”否定的可能是学生也可能是干部。预设与蕴含存在这种差别，原因在于否定句主要是对句中的焦点信息进行否定，而预设不是句子的焦点信息，所以否定语句不会影响到它，因而它能通过否定测试。而蕴含是句子焦点信息的一部分，蕴含的句义常常和原句句义之间存在着上下位关系[①]，对句子的否定可能正好落在蕴含上，所以它往往不能通过否定测试。

（二）具有可传递性

分为两种情况：

A. 如 X 以 Y 为预设，Y 又以 Z 为预设，则 X 以 Z 为预设。例如：

（6）∵ 我知道他又搬家了≫他又搬家了
他又搬家了≫他以前曾搬过家
∴ 我知道他又搬家了≫他以前曾搬过家

B. 如 X 以 Y 为预设，Y 又以 Z 为蕴含，则 X 以 Z 为预设。例如：

（7）∵ 低飞的自行车很危险≫有的自行车会低飞。
有的自行车会低飞≫有的自行车会飞。
∴ 低飞的自行车很危险≫有的自行车会飞。

这两种情况表明，话语的预设所包含的预设或蕴含也是本话语的预设。

四、预设的触发语

所谓预设的触发语，就是可能导致预设产生的语言结构，包括词语、短语结构和句型。前人多以英语为例进行分析，这里尝试结合汉语进行分析。

（一）词语

根据词语的语义特点，可以分为以下几类：

1）表示重复、反复的词，如："也""又""再""还""还是""仍然""依然"等。例如：

---

① 句义的上下位关系不同于词语的上下位关系，具体可参见石安石（1994：182－183）。

(8) 难道我也有什么“罗汉”“真人”给我些香不成?≫有人有“罗汉”“真人”给了些香。

(9) 二人站在廊檐下，蒋玉函又赔不是。≫蒋玉函已赔过不是。

(10) 我仍旧还服侍老太太去。≫我原本是服侍老太太的。

(11) 以后再顾三不顾四的混管闲事了? 以后还单听你叔叔的话，不听你婶婶的话了?≫以前顾三不顾四的混管闲事，单听你叔叔的话，不听你婶婶的话。

2）表示状态变化的词，分三类：

A. 表变化的动词，如：“开始”“停止”“继续”“失去”“痊愈”“改正”“戒”等。例如：

(12) 我们现在开始上课。≫ 之前我们没上课。

(13) 老李停止打老婆了。≫老李以前打老婆。

(14) 他已经戒烟了。≫他过去抽烟。

B. 表变化的句末语气助词“了”。例如：

(15) 现在他是大学生了。≫ 他以前不是大学生。

(16) 如今来回老祖宗，债主已去，不用躲着了。≫原先要躲着债主。

C. 表变化的副词，如：“越发”“越加”“越来越”“才”等。例如：

(17) 你越来越粗心了。≫ 你原本就粗心。

(18) 真真这凤丫头越发贫嘴了。≫ 这凤丫头原来就贫嘴。

(19) 宝玉见他才有汗意，不肯叫他起来。≫ 他以前一直没有汗意。

3）叙实谓词——以事实小句作宾语，说明描述跟这一事实相关的情况，分两类：

A. 知晓类：“知道”“明白”“明了”“清楚”“晓得”。例如：

（20）连官场中都知道我厉害吃醋。≫我厉害吃醋。

（21）这个孩子扮上活像一个人，你们再看不出来。≫这个孩子扮上活像一个人。

（22）大人既知他的底细，如何连他置买房舍这样的大事倒也不晓得了？≫他置买了房舍。

B. 评判类："遗憾""痛苦""骄傲""自豪"等。例如：

（23）可恨我为什么生在这侯门公府之家！≫我生在这侯门公府之家。

（24）怨不得我们宝姑娘不敢亲近，可见我不如宝姑娘远矣；怨不得林姑娘时常和他角口气，自然唐突他也是有的。≫我们宝姑娘不敢亲近他；林姑娘时常和他角口气。

（25）也不该拿我的东西给那起混账人去。≫拿我的东西给那起混账人。

（26）我倒是有话吩咐，只是可怜我一生没养个好儿子，却叫我和谁说去！≫我一生没养个好儿子。

（27）我这里好容易引得老祖宗笑了笑，吃了一点儿菜。≫我引得老祖宗笑了笑，吃了一点儿菜。

（二）短语结构

1）定语短语。定语所描述的内容常常成为预设。例如：

（28）我听这两句话，倒像是和姑娘的项圈上的两句话是一对儿。≫姑娘的项圈上有两句话。

（29）施主，你把这有命无运、累及爹娘之物，抱在怀里作甚？≫这孩子是有命无运、累及爹娘的。

（30）你瞧瞧这帕子，果然是你丢的那块，你就拿着。≫你丢了一块帕子。

2）表比较的短语。以被比对象具有所比特征为预设。例如：

（31）我这媳妇儿比儿子还强十倍。≫我儿子强。

（32）至二十二日，一齐进去，顿时园内花招绣带，柳拂春风，不似前番那等寂寞了。≫园内前番很寂寞。

（33）人人都说你婶子好，据我看哪里及你二姨一零儿呢。≫你二姨好。

（34）……其白腻不在袭人之下。≫袭人是白腻的。

3）表排除的短语。例如：

（35）你这病非药可医。≫你这病可医（但不是用药医）。

（36）除了怡红院，也更还有这么一个院落。≫怡红院是这么一个院落。

4）表原因的短语。例如：

（37）此时总不过为的是子嗣艰难起见，为的是二姨是见过的，亲上加亲，……≫子嗣艰难；二姨是见过的，是亲上加亲。

5）表时间的短语。例如：

（38）你前年那一次大病的时候，后来亏了一个疯和尚和一个瘸道士治好了的。≫你前年大病过一次。

（39）雨村革了职之后，那时还与我家并未相识，只因舍妹丈林如海林公在扬州巡盐的时候，请他在家做西席，……≫雨村曾革职，林如海曾在扬州巡盐。

（三）句型

1）特殊疑问句。以疑问部分以外的其他内容为预设。例如：

（40）谁把书包忘在教室了?≫有人把书包忘在教室了。

（41）你听了两出什么戏?≥你听了两出戏。

（42）他什么时候离家出走的?≥他离家出走了。

（43）你妈为什么不同意?≥你妈不同意。

2）强调句。以非强调部分为预设。汉语强调句分成两种：有标记强调句和无标记强调句。

A. 有标记强调句：指句中有专门表强调的句式或词语，如常见的“是”字强调句以及表示对最低限度者强调的“连……也/都”。例如：

（44）孩子也/都知道这件事。≥其他人知道这件事。

（45）是他不遵守纪律。≥有人不遵守纪律。

（46）昨天是四川发生了大地震。≥昨天某地发生了大地震。

（47）连水也/都没喝一口。≥其他更没喝（或吃）。

B. 无标记强调句：指句中没有专门表强调的句式或词语，通过强调重音来表示强调。重音位置的不同会有不同的预设。例如：

（48a）小李在图书馆丢了钱包≥某人在图书馆丢了钱包。

（48b）小李在图书馆丢了钱包≥小李在某地丢了钱包。

（48c）小李在图书馆丢了钱包≥小李在图书馆对钱包做了某种动作。

（48d）小李在图书馆丢了钱包≥小李在图书馆丢了东西。

3）虚拟句（非事实条件句）。以相反的事实为预设。例如：

（49）你还当是先呢，有银子放着不使。≥现在不是像先前那样有银子放着不使了。

（50）若论亲戚之间，原该不等上门来就有照应才是。≥现在等上门来才有照应。

（51）不亏你婆婆遇见，早已送到老太太跟前去了。≥你婆婆遇见了，没有送到老太太跟前去。

4）否定句。以否定范围内除否定焦点以外的其他内容为预设。例如：

（52）这里没有你要找的人。≫这里有人。/你在找人。

（53）这不是你的包。≫ 这是包。

五、预设的分类

从性质上讲，预设可以区分为逻辑预设、语义预设、语用预设。有人把这三个概念所指的预设看成是互不相容的三种不同类型的预设，其实是一种误解，准确地讲，这三个概念代表的是三种不同的研究视角，对应了预设研究的三个不同阶段：逻辑预设是指从逻辑学的角度来研究预设，这是预设研究的起始阶段；语义预设是指从语义学的角度来研究预设，是预设研究的拓展阶段；语用预设是指从语用学角度来研究预设，是预设研究的深入阶段。

这三个不同的研究视角及阶段分别有自己不同的侧重点和研究课题。逻辑学研究预设侧重于命题，主要研究命题的真值条件及命题之间的关系；语义学研究预设侧重于话语的语义结构，主要研究预设触发语、预设与焦点的关系等；语用学研究预设侧重于语境，研究具体语境中交际双方与话语的关系、说话者的意图、话语中的新旧信息等。逻辑预设、语义预设、语用预设之间不是互不相容的，而是存在着包含与被包含的关系，有时在一定条件下可以互相转换。

应该说，逻辑预设是最典型的预设，它的范围也最窄，仅限于命题。弗雷格等逻辑学家从逻辑学的角度揭示了预设的本质特征。这阶段的预设研究是最严谨、最理性、最富逻辑性、最整齐划一的，可惜的是涵盖面太窄了。

语义预设是对逻辑预设的拓展，包含了逻辑预设，但又不局限于逻辑预设，它把疑问句、祈使句、感叹句等非命题形式中的预设都囊括进来了，着重研究话语的语言结构与预设之间的关系。语义预设在拓展了研究范围的同时，也部分地丧失了逻辑预设研究的严谨性和逻辑性。譬如，我们知道，否定测试法是鉴别预设和蕴含的不二法宝，但是否定测试法却无法用于疑问句、祈使句、感叹句等非命题形式，这就给研究者提出了一个问题：语义预设研究中如何鉴别预设？难道人们只能根据从逻辑预设中获得的语感来进行主观判断吗？我们需要客观的标准和形式化的手段，这是保证研究科学性的必要条件。

语义预设和语用预设之间最大的区别在于研究预设时是否考虑了语境，是否在具体语境中考察预设。语义预设是在脱离语境的情况下，考察孤立的句子中的语言结构能否触发预设，语用预设则是在具体的语境中考察某一语句或话语实际具有的预设。语义预设研究的是脱离语境的预设，是语言的预设，是断言等的预设，是可能存在的预设，是预设的潜在可能性；语用预设研究的是语境中的预设，是言语的预设，是交际者的预设，是实际存在的预设，是预设的现实性。

语义预设可以转变为语用预设，这个变化的过程就是语境纳入的过程。语境在这个过程中作用重大，它可以：

A. 确定预设的真假。例如：

(54) 法国的国王是个秃头。≫法国有国王。

脱离语境来分析例（54），知道它预设了“法国有国王”，这是一个语义预设。这个预设是真还是假，要看在什么语境中说，如果是在君主时代说，那预设是真的，如果是在现代说，那预设是假的。

B. 确定预设在具体语境中是否依然存在。例如：

(55) 张三的妻子会不幸福。≫张三有妻子。

以上预设分析，是脱离语境的分析，分析出来的预设是语义预设，这个预设在语境中是否依然存在，要看例（55）进入一个什么样的语境。

(56) 张三的妻子会不幸福，如果张三吸毒的话。

(57) 张三的妻子会不幸福，如果张三结婚的话。

在例（56）对应的语境中原有的语义预设依然存在，而在例（57）对应的语境中原有的语义预设不再存在，因为前一句子的预设与后一分句的语义相矛盾，被取消了。这实际上就是较小的语言单位中的预设能否投射到较大的语言单位的问题。语境在预设的投射上起了很重要的作用。

C. 确定多选语义预设中的被选项。例如：

（58）我女儿也喜欢跳舞。≫我女儿还喜欢某事/还有某人喜欢跳舞。

例（58）有两个语义预设，也就是有两种预设的可能性。但是，一旦它进入具体的语境后，语境可以从这两种预设中选择一种作为实际的预设。例如：

（59）我女儿喜欢唱歌，我女儿也喜欢跳舞。（≫我女儿还喜欢某事）
（60）王洁喜欢跳舞，我女儿也喜欢跳舞。（≫还有某人喜欢跳舞）

从上面的分析中我们可以看到：同一个触发语可能会触发多个语义预设，而一般只会触发单一的语用预设（当然这并不妨碍整个语句有多个预设，如例（59）（60）中都还有另一个预设“我有女儿”）。

按照瑞典逻辑学家 Jens Allwood（1976）的观点，预设还可以区分为存在预设、事实预设和种类预设。这种分类主要着眼于预设本身的语义内容范畴，是预设研究初期常用的分类。

（一）存在预设

凡陈述某人某事具有一定性质的话语，一般以所讨论对象的存在为预设。存在预设常由主语位置和宾语位置的定指描述语引出。例如：

（61）法国国王是个秃头。≫法国有国王。
（62）她女儿已经五岁了。≫她有女儿。
（63）她很疼爱女儿。≫她有女儿。

不过，宾语中潜藏的存在预设更容易被上下文消除，谓语常常就能消除它，而主语引出的预设常常要在复句中才能消除。试比较：

（64）她很想要个女儿。~≫ 她有女儿。

（65）要是那年她生的是女儿，她女儿已经五岁了。~≫她有女儿。

之所以主语引出的预设比宾语引出的预设更不易消除，是因为主语一般是话题，是已知信息，而宾语则不是。另外，宾语是不是定指也和预设情况有关。含有预设的例（63）中“女儿”是定指，可以换成“她女儿”，而例（64）中则是不定指，不可以换成“她女儿”。也就是说，定指与预设成正相关：能推出预设的描述语一般是定指，定指的描述语引出的预设更不易被消除。

（二）事实预设

凡是对陈述事实的性质或特征用表态性谓语（参见前文中的“叙实谓词”）加以评述的话语，一般以所讨论对象是事实为预设。例如：

（66）小王无故旷课很不应该。≫小王无故旷课了。

（67）他反对中学生早恋。≫中学生有早恋现象。

（68）我佩服他敢作敢当。≫他敢作敢当。

其实，事实预设和存在预设差不多，也是以所讨论对象的存在为预设，只是它的讨论对象是一个事实。事实预设常常来自于充当主语或宾语的主谓结构。主谓结构充当定语时也会带来事实预设。例如：

（69）他偷的那本书很值钱。≫他偷了一本书。

（70）你新买的衣服好漂亮。≫你新买了衣服。

（三）种类预设

凡是其谓语含有的意义可以包含某个集合的属性的话语，一般以所讨论的对象属于这个范畴为预设。例如：

（71）笨笨听了这个消息后很高兴。≫笨笨属于有感情行为的一类。

可见，存在预设、事实预设和种类预设主要着眼于话语内各部分之间的语义关系及预设本身的语义特点，预设研究早期较多采用这种分类术语，后来逐渐少用。

六、小结

本章我们简要介绍了预设的定义、特征、预设触发语及预设的分类。针对前人研究中对预设的有关概念缺乏界定，使用较为混乱的情况，本章着重地对预设相关概念进行了梳理。与前人研究多以英语为例不同，本章主要以汉语为例对预设这一课题展开论述，如预设触发语的部分。关于预设的投射问题，考虑到学界争论较多，发现的规律性东西太少，本章没有专门论述，只在论述语义预设变为语用预设时谈及。总之，中国语言学界的预设研究尤其是和汉语事实相结合的预设研究依然是一个有待深入探索的课题。

课内讨论

1. 请指出下列句子的预设触发语。

（1）姐姐们，这里还有个宝玉？
（2）他妈几时没了？
（3）他昨天又彻夜未归。
（4）读研究生之后，她就没要过家里一分钱。
（5）海外的亲友给了他很多外国邮票。
（6）要不是下雨，我不会迟到的。
（7）你偷人家钱包被逮住过吗？
（8）难怪他没有按时来，原来堵车了。

2. 判断下列每组句子中的 B 句是不是 A 句的预设。

（1）A. 你什么时候弄丢身份证的？
B. 你弄丢了身份证。
（2）A. 他是极品男。

B. 他是男的。

（3）A. 他抢购了一批大米。

B. 他买了一批大米。

（4）A. 他最近开始学日语了。

B. 他以前没学日语。

3. 下列比较句哪些含有预设？它们有什么共同的特点？

（1）小李比小张高（矮）。

（2）小李没有小张高。

（3）小李比小张更高（矮）。

（4）小李不比小张高。

（5）小李比小张高（矮）多了。

（6）小李的美远胜过小张。

（7）小李的美和小张不相上下。

（8）小李的美不及小张。

（9）小李没有小张美。

4. 下列例句中的预设运用得当，为什么？试分析巧妙使用预设会有什么特别的表达效果。

（1）老板对老顾客说："您又来了！还是和以前一样来一份扬州炒饭？"

（2）老板问顾客："面条您要几个鸡蛋？"

5. 下列句子中的预设使用不当或至少表面上不当，为什么？

（1）当我们还不清楚对方有没有偷书时就问对方"你偷了几本书"。

（2）法官审嫌疑人，一开始就问："你什么时候杀的人？用什么工具杀的人？"

6. 在如下情景中如何巧妙利用预设进行提问？

（1）外界传闻名人 A 和 B 有矛盾，直接问 A 的话他一定会否认，记者采访 A 时应该如何提问才能让 A 下意识地道出实情？

（2）三月五日很多单位会组织大家上街学雷锋做好事，为了提高大家的积极性，有的单位会给参加者一些津贴，但这是不便让外人知道的秘密，你如何提问才能从知情者口中套出实情？

7. 中日两国在关于钓鱼岛的归属问题上产生了争端。中国人的口号是：“还我钓鱼岛！”这个口号反映了中国人关于钓鱼岛历史和现状的怎样的认识？

8. 前段时间微信朋友圈里疯传着如下短信，因为人们从中发现了不可告人的“秘密”。试从预设的角度进行分析。

“A 书记您好！本来不想打扰您，看来不打扰您又不行。今天发信息给您又要请您帮忙。因为旅游局 B 副局长马上退居二线，我想趁这次机会转岗为旅游局副局长，麻烦您跟 C 部长和 D 副部长讲一下好吗？谢谢关照。张三”

课后思考

1. 下列句子中的时间短语是否会触发预设？为什么？

（1）他们结婚之前签了财产协议。
（2）他们结婚之前分手了。
（3）他们结婚之后不会幸福。
（4）他们结婚之后生了一个女儿。
（5）他们结婚的时候什么电器都没有。
（6）他们结婚的时候我一定来参加婚礼。
（7）他死之前回了一趟老家。
（8）他死之前会安排这事的。

（9）他死之后没留骨灰。

（10）他死之后也不会有人记住他。

（11）他死的时候一点儿也不痛苦。

（12）他说他死的时候陪伴在身边的一定是他老伴儿。

（13）人死之后没有任何感觉。

2. 下面两组句子中 A 句和 B 句的预设情况有没有不同？为什么？

（1）A. 我听说他捡了一个钱包。

B. 我看见他捡了一个钱包。

（2）A. 我讨厌他不守信用。

B. 我担心他不守信用。

3. 从预设的角度解释下面两个句子的不同。

（1）他八点钟才来。

（2）他八点钟就来了。

4. 话语的预设在更大的语言组合中会消失吗？请举例说明。

5. 请收集留学生误用预设的例子。

6. 研究小课题：请结合语料找出更多的汉语预设触发语并试着对其进行归类。

第八章　会话组织

课前阅读

1. 会话由哪些基本单位构成？
2. 会话有哪些局部特征？
3. 会话有哪些宏观特征？
4. 汉语会话组织有何特点？

一、引言

会话（conversation）是人类最基本的交际形式，对人类的重要性不言而喻。但是，人们以会话为研究对象进行科学、系统的研究却始于20世纪60年代末70年代初，其标志性成果是美国著名语言学家萨克斯（Sacks）、谢格洛夫（Schegloff）和杰斐逊（Jefferson）于1974年在*Language*期刊上发表的A simplest systematics for the organization of turn - taking for conversation一文。经过半个多世纪的发展，会话分析（Conversation Analysis）已经成为一个比较成熟的学科，在研究对象、研究方法、分析视角等方面形成了自己的特色，并成为跨学科研究的热点之一。目前学界除对会话本体进行研究外，还包括会话与语音的界面研究、会话与社会的界面研究、会话与语用的界面研究、会话与礼貌的界面研究等等。限于篇幅，本章主要对会话本体进行分析，主要包括会话的基本结构、会话的局部特征、会话的宏观特征等，并在课内讨论、课后思考中适当探析交际场景对会话组织的影响。

会话分析有自己独特的语言转录系统，为行文方便，我们先简要介绍比较常见的转录符号及其含义。

符号	含义
[	同时说话开始
]	同时说话结束
(0.3)	停顿时间
.	降调
,	平调
?	升调
↑	语调突然升高
↓	语调突然降低
<u>突然</u>	强调
:	音节拖长
hhh	呼气
. hhh	吸气
((皱眉))	对副语言特征的描述
(?)	无法识别的话语
2	行号
→	讨论话语所在行

下面我们结合例（1）来看一下转录后的话语。下例的对话共有6行，为医生和孕妇之间的对话。孕妇在会话中有时会把某一单词的音节拖长，如第2行中的“是:”和“拜:”；医生和孕妇有同时说话的现象，如第5~6行中的“[那你]”和“[然后我]”；第2行前面的箭头表示研究者关注的内容在第2行（如日常会话中的音节拖长现象）。

(1) 1 医生：嗯，你说吧。

→ 2 孕妇：20周，然后就，嗯，第一次第一次感觉是：上礼拜：<u>六</u>，

3 然后走路嘛，

4 走着走着就突然觉得，哎呀，肚子发紧

5 医生：噢，[那你]

6 孕妇：　　[然后我] 就说不行不行得慢点走

（改编自于国栋，2008）

二、会话的基本单位

（一）话轮

日常会话看似杂乱无章，其实有着严格的组织规则，其中最基本的概念是话语权（floor）。所谓话语权，指说话人在某一时间内所被赋予的说话的权利。会话参与人在会话过程中利用会话规则所赋予的话语权、在单位时间内连续产出的话语，被称为话轮（turn）；话语权在不同的会话参与人之间轮换，话轮随之转换，称为话轮转换（turn - taking），如例（2）。

（2）1 孕妇：昨天我化验这个，回去我不太懂，
　　2 医生：噢：
　　3 孕妇：你告告我这个转氨酶高
　　4 　　　[一般是——]
　　5 医生：[转氨酶] 高是怕你肝功能有异常，
　　6 孕妇：嗯
　　7 医生：嗯

（于国栋，2009）

在上例中，第 1 行中孕妇说自己看不懂化验的结果，是第 1 个话轮。孕妇提出问题后，话语权转给医生，于是医生回应道“噢”，接受了话语权，产出了第 2 个话轮；之后，孕妇继续说出了第 3 行中的话轮“你告告我这个转氨酶高 [一般是]”，属于第 3 个话轮，以此类推。

在话轮转换过程中，有可能会存在两位或多位说话人同时说话的情况（如例 2 中的第 4 ~ 5 行括号中部分），这种情况称之为话语重叠（overlap）。日常会话中还存在一种与之相反的情况，即会话过程中交际双方都没有产出话语的情形，称之为会话沉默（silence），如例（3）中的第 2 行。

（3）1 女儿：爸爸，我不想吃菜。
→　2 爸爸：(0.5)

3 女儿：我想吃白肉肉。

4 爸爸：你刚刚已经吃完一根了。

5 女儿：我吃一口青菜，再吃一口好吧？

在上例中，女儿在第1行说自己不想吃爸爸夹给她的青菜，爸爸知道她想吃海鲜肠，但是因为女儿已经吃完一根了，所以对女儿第1行话语没有做出回应，而是用沉默来表示拒绝。

实际上，日常会话中的重叠和停顿并非总是出现，大部分会话都会很自然地实现话轮之间的转换，其主要原因在于合格的语言使用者都能根据直觉判断自己何时应该接过话轮，其依据便是话轮构成单位（turn constructional unit，简称 TCU）。简单来说，话轮构成单位指任何可以独立构成话轮的语言结构形式，可以是一个单词（如“嗯”“好”“噢”等），也可以是一个或多个短语（如“好的”“昨天”“语言学和文学”等），也可以是一个完整的句子（如“我想去南京大学读博士”）。话轮构成单位的判定需结合语调、句法和语义等特征综合考虑：首先，话轮构成单位必须是语调上提示说话人已经产出了一个相对完整的信息结构（如陈述句的末尾用降调就具有完备性；如果用升调则往往提示说话人还想继续说）；其次，话轮构成单位必须是一个句法结构上完整的成分（如“我喜”就不具备完整性，而“我喜欢”就可以）；最后，话轮构成单位还必须在语义上具备完整性（例如说话人说“对于这么做我有三点解释”，直到说话人把这三个原因解释完才算语义结构完整）。话轮构成单位的末尾，称之为转换关联位置（transition - relevance place，简称 TRP）。简单来说，转换关联位置即当前说话人可以结束自己话轮、听话人可以取得话语权从而接取话轮的位置，是某一话轮的（潜在）结束位置，如例（4）中的第1行。

（4）→ 1 刘星：叛徒，叛徒，你们都是叛徒。（0.6）你们真不够朋友。

2 键盘：谁让你当初不跑的。

3 刘星：是。我能跑。可是这球不能跑啊。

（电视剧《家有儿女》）

在例（4）中，刘星和键盘等踢足球打碎了别人家玻璃，除刘星外其他人都跑了，剩下刘星承担责任。再次见到键盘后，刘星直接说他们是叛徒（第1行）。当说完“你们都是叛徒”后，刘星已经产出了一个语音、句法和语义上完整的话语，即一个话轮构成单位，而且之后的0.6秒停顿也提示听话人可以接取话轮，所以“你们都是叛徒”的末尾就属于转换关联位置，即听话人键盘此时可以接取话轮了。

（二）毗邻语对

日常会话交际中经常会出现问候—问候、提问—回答、给予—接受/拒绝等相对比较固定的会话结构形式，这些有序的、相对固定的会话结构形式称为毗邻语对（adjacency pair），一般由前件（first pair part）和后件（second pair part）组成，如例（5）和例（6）。

（5）甲：早上好！
　　乙：早上好！
（6）老师：小刘，能把你们的普通语言学教材借我看几天吗？
　　学生：没问题，老师。我明天带给您。

例（5）属于寒暄类毗邻语对，该语对的前件由甲发起，乙按照社会规约同时也向甲进行了问候，其结构形式是问候—问候类毗邻语对。在例（6）中，老师提出了一个请求（借学生的教材看看），学生答应了老师的请求，其结构形式属于请求—应允类毗邻语对。Schegloff 和 Sacks（1973）指出，毗邻语对具有以下五个基本特征：

1）由两段话语构成；

2）这两段话语相邻；

3）这两段话语由不同说话人产出；

4）这两段话语有相对固定的次序，不能颠倒；

5）这两段话语类型固定，第一段话语决定了第二段话语的内容。

上面的前三个特征很容易理解。第四个特征则是指毗邻语对的前件和后件次序不能互换，否则就不符合人类的交际常规（如例6中的两段话语次序不可颠倒）。最后一个特征与话语的语义内容有关，如果毗邻语对的前件内容是关于问候的，则后件也须是问候类话语（如例5）；如果毗邻语对的前件内容是请求类话语，则其后件应属于应允/拒绝类话语。也就是说，毗邻语对中前件的语义内容类型决定了其后件的语义内容，不可违反。

在例（6）中，学生可以应允老师的请求，也可以拒绝老师的请求，但这两类话语的使用频次并不一致，说话人的心理预期也不一样。所以，毗邻语对的后件可以分为优选结构（preferred structure）和非优选结构（dispreferred structure）两类。就使用频次和心理预期而言，如果毗邻语对的前件是请求，则其后件往往是应允，请求行为的发出人也希望自己的请求得到应允，所以例（6）中的后件（学生的话语）就属于优选结构。如果说话人发出的请求被拒绝，则实施拒绝的话语就属于非优选结构。

（三）语列

上面提到的毗邻语对，也可称之为一个语列（sequence），即由两段语义内容相关、有先后顺序、由不同说话人产出的两段相邻的话语。上节中的例子比较简单，日常生活中的语列有的比较复杂，如例（7）。

（7）1 女儿：爸爸，我出去玩一会好吧？
　　2 爸爸：那今天出去不能买冰激凌。
　　3 女儿：好吧。
　　4 爸爸：出去吧，小心车啊。

在上例中，女儿问爸爸能不能出去玩一会（第1行），但因为女儿每次出去都会买冰激凌吃，对胃不好，所以爸爸先告诉女儿如果出去玩不能买冰激凌吃（第2行），女儿说今天可以不买冰激凌（第3行），于是爸爸在第4行中答应了女儿出去玩的要求（第4行）。从语义内容来看，第4行是对第1行的回应，属于一个语列；第3行是对第2行的回应，属于另外一个语列；从结构形式上看，由第2~3行组成的语列内嵌在由第1和第4行组成的语列中，这种内嵌式的语列称为插入语列（inserted sequence）。在条件允许的情况下，一个毗邻语对间可以嵌入多个插入语列，如例（8）中的第2~7行就包含3个插入语列。

(8) 1 甲：你今晚去舞会吗？
2 乙：我能够带个朋友去吗？
3 甲：男的女的？
4 乙：有什么区别吗？
5 甲：我们想舞会上男女比例尽量均衡些。
6 乙：女的。
7 甲：当然可以。
8 乙：我们准时到。

（改编自何自然、冉永平，2002：305）

另外一种常见的语列形式是预示语列（pre - sequences），指说话人在实施某一行为之前，通过话语的形式探测实施某一行为的可能性，如例（9）中第 1 ~2 行。

(9) 1 男：明天有空吗？
2 女：暂时没有安排。
3 男：我们去公园玩吧。
4 女：好啊。

在上例中，男生产出此段话语的真实意图是邀请女生到公园玩（第 3 行）；但在产出与之相关的话语前，男生首先询问女生明天有没有空（第 1 行），以决定自己是否产出第 3 行话语。因此，第 3 ~4 行是本次会话交际的核心，第 1 ~2 行是准备，起辅助性作用，属于预示语列。具体来说，第 1 ~2 行属于邀请预示语列（pre - invitation）。其他常见的预示语列有请求预示语列（pre - request，如例 10 中的第 1 ~2 行）、宣告预示语列（pre - announcement，如例 11 中的第 1 ~2 行）等。

(10) 1 甲：小张，你们研究所的打印机还有墨吗？
2 乙：有的，我们没怎么用。
3 甲：我到你们那里打印一下行吗，就 1 页，我们研究所的活动安排？
4 乙：没问题。

(11)1 甲：猜猜我刚才在楼下看到谁了？
　　2 乙：谁？
　　3 甲：小师妹。
　　4 乙：啊，老师要带小师妹来研究所玩啊？

三、会话组织的局部特征

日常会话具有一定的结构性特征。其中，有些特征可以在一个话轮内进行分析，有的则涉及两个或多个话轮。为叙述方便，我们把不涉及两个话轮的会话特征称为局部特征，将与多个话轮相关的特征称为宏观特征。

日常会话最典型的特征是具有轮换性，即话语权在不同的会话参与人之间变换，称为话轮转换。考虑到行文简洁，话轮转换已在前文讨论，此处不再赘述。

（一）会话重复

日常会话中的会话重复（conversational repetition）是一种比较常见的现象，可以分为自我重复和他人重复两种类型。自我重复指说话人在话语过程中出于种种原因（如紧张、思考等）而重复自己话语的会话现象，如例（12）中的划线部分。

（12）那个那个双方的这个鼓励奖金一样的吧？

（梁丹丹，2007）

他人重复指当听话人接取话轮时重复原说话人（部分）话语的现象，如例（13）第2行中的划线部分。在本例中，说话人乙重复了先前甲话语中的“海盗船”一词，证实了甲的猜测，属于确认型重复（许俊，2011）。

(13)1 甲：你也，(0.5) 今天，你要去海盗船，是吧？
　　2 乙：海盗船。你呢？
　　3 甲：我也想去。

（改编自许俊，2011）

（二）会话打断

会话打断（conversational interruption）指当前说话人话轮尚未结束、另一说话人就开始讲话的现象，从而出现两位或多位会话参与者争抢话轮的情况（李悦娥、申智奇，2003）。如在例（14）中，第1行甲的话语明显没有说完，乙便迫不及待地产出了第2行中的话语，致使甲的第1行话语没有完成，这种情况就称为会话打断。

(14)1 甲：……他们会不会采取一些措施让
→ 2 乙：不会，任何措施都没有。
3 甲：哦，那我就放心了。

（李悦娥、申智奇，2003）

从进程来看，会话打断可能会成功（如例14中第2行），也可能会失败（如例15）。在例（15）中，当甲说完“我俩去了”时，听话人乙的“从头站到尾”这一话语与甲话语的后续“本来有个学生”重复。因为话语权本属于甲，所以乙的话语属于会话打断。但乙的打断并不成功，甲继续产出了剩下的话语，即“给他递了条子，说……”，因此乙的话语因此属于不成功的会话打断。

(15)1 甲：我俩去了，[本来有个学生] 给他递了条子，说……
2 乙：　　　　　[从头站到尾]

（改编自李悦娥、申智奇，2003）

（三）会话修正

会话中另一种比较常见的现象是会话修正（conversational repair）。会话修正的实施是因为交际者认为会话过程中的某些内容存在这样或者那样的问题，这些问题“可能由交际者没有听清对方的话语造成，也可能是由交际者没有理解对方的话语造成，也可能由交际者在自己构建话轮的过程中发现了可以被修正的内容造成”（于国栋，2008：126）。

根据其执行者和发起者的不同，会话修正可以分为不同的类型。根据其执行者的不同，会话修正可以分为自我修正（self – repair）和他人修正（other – repair）；根据其发起者的不同，会话修正可以分为自我引发修正（self – initiated repair）和他人引发修正（other – initiated repair）。不同类型互相作用，就形成了我们日常生活中常见的自我引发—自我修正（self – initiated self – repair）、他人引发—自我修正（other – initiated self – repair）、自我引发—他人修正（self – initiated other repair）和他人引发—他人修正（other – initiated other – repair）四种类型。

自我引发—自我修正指说话人自己发现了问题源（trouble source），并紧接着对存在问题的话语进行了修正。如在例（16）中，外国留学生发现自己使用的“创造的”与广交会不是很搭配，于是将“创造的”改为“创立的”；前者属于问题源（即话语中存在问题的部分），后者属于会话修正。

（16）留学生：广交会是 1957 年创造的创立的，每年举行两次。

（刘峰，2014：46）

另一种自我修正是他人引发—自我修正。在这种修正中，问题源由听话人发现并指出，说话人知道自己话语有问题后进行修正，即他人引发—自我修正，如例（17）。

（17）1 甲：和外国人做生意，我觉得应该坦白一点。

2 乙：坦白？

3 甲：哦，坦率一点。

以此类推，他人修正也可分为自我引发—他人修正［如例（18）］和他人引发—他人修正［如例（19）］。

（18）1 学生：我挺喜欢语用学的，但是里面那个情境那个概念不太好理解。

2 老师：嗯，这个概念本来就有争议。

3 学生：情境?

4 老师：语境。你说的应该是语境。

(19) 1 甲：这局排球比赛中国队已经得了15分了，怎么还：打啊?

2 乙：弱智。现在是每局比赛25分，而且是每：球：得分!

（改编自于国栋，2008）

（四）会话反馈

会话反馈（conversational backchanneling）指会话过程中听话人发出的简短的言语反馈形式，一般具有以下3个主要特征：①简短，一般仅包含一个或几个单词；②辅助性，产出此类话语的目的不在于接取或者开始新的话轮；③无新信息内容，即会话反馈不提供新信息，仅仅是表达听话人在认真参与会话而已。例如在例（20）中，老师在第4行和第7行产出的两个“嗯”就属于会话反馈语。

(20) 1 老师：你觉得，

2 这个差距在哪儿?

3 学生：还是自己下的功夫。

→ 4 老师：嗯。

5 学生：比如说，

6 我的口语比较差。

→ 7 老师：嗯。

（改编自吴平，2001）

（五）话语标记语

话语标记语（discourse marker）指会话中对话语命题意义不产生影响，而仅仅起黏结作用的话语，可以是连词、短语或者小句，如例（21）中的“但是”。

(21) 英国队很有实力，但是他们小组赛就被淘汰了。

在本例中，“但是”连接了两个命题，它的存在对话语命题意义不会产生任何影响。不过，使用“但是”后，听话人更容易理清两个命题内容之间的关系，简化处理过程。因此，话语标记语的功能主要是语用性的。汉语中的话语标记语主要有对比标记语［如例（21）］、话题标记语［如例（22）］、来源标记语［如例（23）］、推理标记语［如例（24）］、换言标记语［如例（25）］、言说方式标记语［如例（26）］、评价标记语［如例（27）］、言语行为标记语（如例28）等（冯光武，2004）。

（22）顺便说一下，明天的会议要推迟50分钟。

（23）据报道，那个球越过了边线。

（24）一句话，小夏也是受害者。

（25）换句话说，电脑是你的科研助手。

（26）说白了，我就是不能离开广州。

（27）令人遗憾的是，这部小说的结尾不够新颖。

（28）他已经染上毒瘾了，我提醒你。

（冯光武，2004）

（六）会话增量

会话增量（conversational increment）指当前说话人产出了一个完整的话轮构成单位，并在转换关联位置出现后，自己又临时增加的、旨在进一步修饰之前话语的会话成分（详见李民，2012），如例（29）的第3行。

（29）1 甲：你有没有看到王哥啊？
2 　　（0.4）
→ 3 　　王宇山。
4 乙：噢，刚才还在宿舍呢。

在上例中，说话人甲在第1行问听话人有没有看到“王哥”，但听话人可能一时没有弄清楚甲说的“王哥”到底是谁，于是产生了0.4秒的停顿。甲看到乙没有回应，猜测可能是因为自己没有说清楚，于是对“王哥”做了进一步限定，是“王宇山”；甲对“王哥”的进一步说明终于引发了乙的回应（第 4 行）。从语义内容而言，第 3 行话语是对第 1 行中“王哥”的进一步修饰、说明，具有前指性；从语用功能而言，第 3 行话语起到了排除歧义、节省听话人处理时间的作用。诸如第 3 行中这种在前述话语已经完结的基础上，又进一步产出的旨在对前述话语进行修饰说明的话语，都可以称为会话增量。上例中的会话增量起到了调节命题内容的作用，此外，会话增量还具有调节话语人际功能的作用，如例（30）。

（30）→ 1 甲：你能帮我买个记事本吗？

2 如果你恰巧经过超市的话。

3 乙：没问题。

在本例中，第 2 行话语的使用，亦旨在进一步修饰第 1 行话语。但其使用主要是出于人际因素的考虑，使自己的话语显得礼貌，从而弱化自己的面子威胁行为。从这个方面来说，第 2 行中的会话增量所起的作用主要是人际性的。

四、会话组织的宏观特征

作为人类最基本的交际方式，会话在整体结构上也呈现出一定的规律和特点。比如，日常会话均包含启始（opening）和结束（closing）这两个部分，谈话过程中往往包含话题转移（topic shift）等。

（一）会话启始

对会话启始的研究源于著名会话分析大师 Schegloff 所做的电话会话研究。通过调查五百多次电话会话，Schegloff 发现电话会话中总是接电话的一方先说话，于是他提出了电话会话中的“召唤—回答”语列的概念，即电话铃声起到了召唤的作用，相当于一个话轮，而接电话的人所说的话，等于是对这一召唤的回应，如例（31）。

（31）1 美小护：((电话铃声))

2 刘晨曦：喂。

3 美小护：刘医生，你现在在哪儿呢？
4 刘晨曦：我带南南，
5 　　　　医院做透析呢。
6 美小护：发生特大车祸，
7 　　　　人手不够。
8 刘晨曦：你给小郑打电话，
9 　　　　我马上过来。

（电视剧《心术》）

在本例中，第 1 行的电话铃声相当于一个话语，属于“召唤”，第 2 行中刘晨曦的话语是对第 1 行电话铃声的回应，因此构成了日常生活中的“召唤—回答”语列。其实，电话会话的启始与其他语境下的会话没有本质差异，如例（32）属于面对面交谈，其第 1 ~2 行也属于“召唤—回答”语列。

（32）1 美小护：陈主任。
2 陈主任：嗯。
3 美小护：为什么要停谷超华的职？
4 陈主任：这是领导的决定。

（电视剧《心术》）

（二）话题转换

在会话过程中，交际双方往往会谈及多个话题，这难免会涉及话题转换问题。日常生活中的话题转换，可能会直接从一个话题进入下一个话题。如在例（33）中，护士长在第 2 ~4 行中讲到了医院窗户改造问题，第 5 行中讲到了探视时间的问题，第 6 ~7 行讲到了医院卫生问题，这三个话题之间没有任何过渡手段，都是直接从一个话题转到另外一个话题。

（33）1 护士长：大家安静一下，我来传达一下院办通知啊。
2 　　　　这两天呢，院里要集中改造一下窗户，

3 改造窗户势必会影响病人的休息，
4 你们要做好及时的沟通。
5 探视时间要严格执行。
6 这两天病房的卫生要做好，
7 院里要做大检查。

（电视剧《心术》）

但有些时候，在转换话题时，说话人会刻意提示新话题与原话题之间的关系。如在例（34）中，第1～3行的话题都是围绕华联超市展开。在第4～5行中，话题则转向欧尚超市的一百元代金券。为了使话题的转换显得比较自然，妻子在第4行中通过“说到欧尚，我想起来了”，凸显第4行话语与第3行话语之间的关系，使会话得以顺利转入下一话题。

（34）1 丈夫：据说华联超市马上搬到我们小区后面了。
2 妻子：是吗，那我们以后买菜方便了。
3 丈夫：嗯，不用去欧尚了。
4 妻子：说到欧尚，我想起来了，
5 我们还有一百的代金券没有用呢。

有时候，话题的转换还可能由诸如“对了”“顺便说一下”等话语标记语引出，如例（35）中的第4行，老师通过使用“对了”这一话语标记语，提示新话题的引入，引起听话人的注意。相对于直接转换话题的会话，带有转换标记的会话组织形式［如例（34）（35）］更连贯，更自然，更容易让听话人接受。

（35）1 老师：外教的成绩送过去了吗？
2 学生：送过去了，罗老师说没事了。
3 老师：噢，好的。
4 对了，下学期外教的课表我们排了吗？
5 学生：没呢，您上次说具体哪几门课给外教上还没有决定。
6 老师：哦，这样啊，我下次再去教务处问问。

（三）会话结束

日常会话的结束亦遵循一定的规则或者结构特征。谢格洛夫和萨克斯（Schegloff & Sacks，1973）指出，按照发生顺序，会话的结束部分通常包含如下三个语列：话题界限语列（topic bounding sequence）、前置结束语列（preclosing sequence）和结束语列（closing sequence），如例（36）。

（36）
1 学生：好，老师，那我就明天九点再来找您。
2 老师：好的。
3 学生：那还有什么事吗？
4 老师：没了。
5 学生：老师，再见！
6 老师：好，再见。

在上例中，第1～2行属于话题界限语列，学生首先重申了明天见面的时间，老师也再次确认。何兆熊（2000：327）指出，话题界限语列常因"话题内容、双方的关系的不同而异，常见的有问候对方的家人，安排活动，提醒对方约会的时间、地点等，也可以对所做的谈话作简洁的归纳"。前置结束语列指正式结束前的语列，通常涉及核实对方还有没有其他话题需要谈，如果还有其他话题，则话题发生转换；如果没有其他话题可谈，则此序列即变为前置结束语列。如上例中的第3～4行，学生在确认明天的见面时间后，在第3行询问老师还有没有别的事情，老师也确认没有其他事情了。从会话结构来看，第3～4行属于前置结束语列。最后两行（第5～6行）中两人正式结束对话，属于结束语列。

日常生活中的会话有时候并不会包含上面提到的所有语列，如例（37）就仅包含话题界限语列（第1～3行）和结束语列（第4～5行）。

（37）
1 老师：今天先这样吧，
2 　　　明天再写其他部分。
3 学生：好的，

┌4　　　　老师再见。
└5 老师：好的，再见。

五、汉语会话组织的特点

语言是文化的表征形式之一。文化不同，语言的构成亦不相同。就会话组织而言，尽管汉语与英语等语言在总体会话组织规则上同大于异，但汉语也有一些自己特有的规律与特点。本节主要从会话起始语列、会话行为语列、会话结束语列等层面，讨论汉语会话组织的特点。

（一）汉语会话起始的特点

1. 话题选择

受文化影响，在汉语会话交际中，双方的职业、年龄、籍贯、单位、薪酬等都可以谈及。虽然最近几年这类话题的可接受性越来越高，但在中国传统文化中，咨询对方的年龄、婚否、家庭等是关心对方的体现，一般不会被视作对对方隐私的侵犯，如例（38）。

（38）［年轻人小王第一次到刘处长家做客，双方也不是非常熟悉。］

1 刘处长：小王啊，来北京适应吗？

2 小王：适应，适应，很适应。我老家就是北方的。

3 刘处长：哦，那好。有困难就告诉我啊。

4 小王：谢谢王处长，有事一定麻烦您。

5 刘处长：哎，对了，你今年多大了啊？

6 小王：32 了。

7 刘处长：哦，正年轻。结婚了吗？

8 小王：结了，结婚好几年了。

9 刘处长：哦，那好。孩子多大了？

10 小王：4 岁了，刚上幼儿园。

11 刘处长：哦，男孩女孩？

12 小王：女孩。

13 刘处长：女孩好，老了有人陪说话。

14 小王：嗯，女孩子干不了活，可以陪着说话，哈哈！

在上面一段对话中，作为长辈，刘处长在谈话中问到了小刘的年龄、婚姻、孩子等。从西方文化看，这属于个人隐私，会话中一般不会涉及。但在汉语中，这类会话还是比较常见的，一般出现在长辈与晚辈之间，表示长辈对晚辈的一种关心与体贴。

2. 会话起始称谓

汉语会话起始阶段的称谓语也有其自身显著的特点。一般情况下，如果是陌生人之间，或者在较为正式的场合，又或是社交权势低的一方称呼社交权势高的一方时，汉语会话起始时一般先采用某种称谓，常用的称谓语有：姓＋职业（如“李老师”“王医生”）、姓＋官职（如“李院长”“王书记”）。在非正式场合，还可以直接称呼对方为“大哥”“大爷”“老师”“师傅”“阿姨”等，如例（39）（40）。汉语中的这类称呼语，一方面能够吸引对方注意，另一方面还向对方表达了尊重、礼貌等态度。

（39）大哥，请问北京火车站怎么走啊？

（40）老师，您明天几点在办公室，我去找您签字？

如果是朋友之间，或者上级称呼下级时，比较常见的称呼语有：“老/小”＋姓氏（如“老李”“小王”）、姓＋“兄”（如称呼“李卫京”为“李兄”），或者只称呼其名（如将“刘云松”称为“云松”），如例（41）。汉语中的这类称呼语，除了能够引起对方注意外，还能起到拉近社会距离、表达亲密关系的作用。

（41）哎哟，李兄啊，好久不见。听说你调到北京了？

（二）汉语会话行为的特点

1. 恭维及其回应语

汉语恭维以及恭维回应语也体现出一定的文化特异性。在英语等西方文化中，恭维回应语一般采用的是接受的形式。尽管时代在变，人们的交际习惯也在变，但总体而言，汉语中恭维回应语一般采用拒绝的形式，如例（42），也可能会采取比较间接的接受形式，如例（43）。

（42）小　林：刘姐，这件衣服真漂亮！

刘　姐：哎呀，有什么好看的吗，我都这个年龄了，哪有什么好看不好看的。

（43）小　李：刘老，这幅画真有意境。

刘教授：唉，画了好长时间呢。

在例（42）中，当小林恭维刘姐衣服漂亮时，刘姐遵循谦逊准则，没有接受甲的恭维，选择拒绝型（non - acceptance）恭维回应语。研究发现，在接受与不接受策略之间，还有一个中间策略，即间接（indirection）恭维回应语，它既不能完全归入接受型恭维回应语的范畴，也不能完全归入拒绝型恭维回应语的范畴，其常用的形式包括解释、询问、沉默、微笑等。如在例（43）中，小李称赞刘教授画得好，刘教授则说自己画了很长时间。从命题内容分析，刘教授既没有否认自己画得好，又坦诚自己花了很长时间。在接受恭维的同时，又通过陈述“花时间长”这一情况凸显自己的谦虚。这类会话策略就属于间接恭维回应语的范畴。

（二）抱怨及其回应语

面对不快时，不同文化的人群均会使用抱怨语且都倾向于选用不太直接的策略，体现了文化的普遍性。但不同文化中抱怨语的使用也有一定的独特性。研究发现，相对于英语，汉语对社会权势更加敏感。社交权势低的一方一般会维护社交权势高的一方的尊严，体现对对方的尊重（Chen *et al.*, 2011），如例（44）。

（44）雇员：晚上这么晚回家太危险，我家人不太放心。我希望能早点下班。

在上例中，雇员没有直接说自己不能加班，而是选用了更加隐晦的说法（晚上不安全），陈述自己不能加班的理由。通过陈述原因，能够维护社交权势高的一方的尊严、面子等，体现自己的尊重。而在类似的情况下，英语的表达则直接得多，如例（45）。

（45）I love working here at the gas station, and I took the established hours believing that is what I would be working. Is there any way that I can possibly get off exactly at 10?
（我喜欢在加油站工作，也按规定的时间上下班。我认为规定的时间是我应该工作的时间。所以，我想有没有可能十点准时下班？）

在例（45）中雇员直接说自己只希望在规定的时间内工作，不想加班。这种相对直接的方式在汉语会话交际中比较少见。

（三）汉语会话结束的特点

1. 事实性宣告语列

汉语会话的结束序列也有其自有的特点。前文提到，一般的会话结束包括话题界限语列、前置结束语列和结束语列三个语步。但研究发现，汉语会话结束语列往往还包含一个称之为事实性宣告（matter - of - fact announcement）的语列，是汉语会话中一个相对独特的会话结构成分（Sun，2005），见例（46）。

（46）1 接电话人：那没办法，碰到这种事没办法。
2 打电话人：嗳：
3 接电话人：好　好　好。
4　　　　　　[就这样哦。]
5 打电话人：[就这样哦。]
6 接电话人：好。
7 打电话人：好。
8 接电话人：再会。
9 打电话人：再会，谢谢你啊！
10 接电话人：不要紧不要紧。

11 打电话人：哦，再会。

(Sun，2005)

在例（46）中，第8～11行属于结束语列；第6～7行属于前置结束语列，直接引发了后面结束语列的产生；第1～2行可视作话题界限语列，接电话人对前面所谈论的话题做了总结、归纳，事实上起到了预示结束话题的作用。第4～5行属于事实性宣告类语列，说话人明确了自己结束话轮的意图。从命题内容来看，话题界限语列与前面讨论的话语存在较大的关联性，如例（36）中的“好，老师，那我就明天九点再来找您”语义内容具有前指性。而事实性宣告语列，其语义内容具有相对独立性，与之前谈及的话题没有直接关系，其作用主要是明示会话结束的意图，引发会话结束语列的产生。

2. 告别语列

英语中的告别语列（leave - taking）一般涉及两个话轮（Schegloff & Sacks，1973），但汉语中涉及三个或者更多话轮的情况也非常常见（Sun，2005）。例如在例（47）中，会话的结束语列包含第3～6行；也就是说，这段会话的告别语列就含有4个话轮。另外，例（46）中第8～11行也属于告别语列，也包含4个话轮。所以，有人提出汉语结束语列有两个主要特征：一是三个及以上话轮的使用，二是会话重叠和重复的频繁使用。这些结束语列特征，都可视作高度介入会话策略（high involvement strategies）的表征形式。

(47) 1 打电话人：哦哦哦好，别的没什么。

2 接电话人：好的，好，

3 再会哦：

4 打电话人：再会。

5 接电话人：再会。

6 打电话人：再会。

(Sun，2005)

六、小结

本章首先介绍了会话分析中的一些常见的基本概念，之后分析了会话组织的局部特征和宏观特征，并在此基础上指出了汉语会话组织的一些特点。会话分析已受到了国外语言学界的广泛关注，甚至有学者将其视作一个独立的语言学分支——互动社会语言学（interactional sociolinguistics）进行研究。无论是将其作为语用学的一个研究议题，还是作为一个独立的语言学分支，都不影响会话分析在揭示日常语言使用规律方面的独特作用。相对于国外的研究，会话分析在我国一直没有引起广泛关注，研究相对比较薄弱，汉语会话组织的研究更是凤毛麟角，相关研究有待进一步开展。

课内讨论

1. 沉默是一种比较常见的会话现象，指交际双方均没有产出话语的情况。请结合下面的例子以及自己的生活经历，分析为什么日常会话中会存在沉默现象。

（1）1 丈夫：麦力能算郎才？
2 妻子：现在的郎才包括才气和财气你知道不知道？
3 麦力研究生毕业，还敢于辞掉金饭碗，现在可以满世界转悠，
4 月薪八千元。如果麦力不能算谁能算？
5 (1.0)
6 妻子：当然你除外。
7 丈夫：不除外也无所谓，咱们这点心理承受能力还是有的。

（改编自彭艳虹，2007）

（2）1 父亲：我找人跟田青提亲，招他为上门女婿。
2 女儿：（沉默）
3 父亲：怎么，不愿意？那就算了。
4 女儿：（脸红）爹，看你。

（周树江、董传杰，2014）

(3) 1 甲：最近在公司怎么样？
2 乙：还行吧，每天都能学到新东西。
3 甲：工资满意吗？
4 乙：(1.5)
5 甲：哦，不说也罢。
6 乙：来，喝酒。

2. 总体来说，日常会话中交际双方话语发生重叠的频率很低，但它的确存在。请结合下面的例子以及生活经历，分析会话重叠多发生在什么位置。为什么会发生会话重叠？会话重叠最终以什么结束？

(1) 1 医生：吸气，嗯，一吸一呼，深呼吸啊，
2 　　这会儿么有听到那个吱吱的声音。
3 病人：这儿。
4 医生：根本没有。
5 病人：现在听不见，现在听不见。
6 医生：这会儿没有。[这会儿没有啊]。
7 病人：[现在听不见]，那个甚，睡了觉，晚上睡觉，
8 　　不用听诊器也能听见。

（改编自于国栋，2009）

(2) 1 销售：你好！
2 顾客：你好！
3 　　(0.6)
4 销售：[想买手机啊]，需要什么价位的？
5 顾客：[想买个手机]。
6 顾客：两千左右，够用就行。

3. 预示语列是说话人为实施主行为所使用的准备性话语，请将下面的预示语列归类，并分析这些预示语列使用的原因是什么。

(1) 1 女儿：爸爸。

2 爸爸：嗯。

3 女儿：我出去玩一会好吧？

4 爸爸：等一等，我马上就写完了。

（2）1 甲：忙吗？

2 乙：不忙，在看搜狐新闻呢。

3 甲：噢，那过来帮我核对一下成绩好吗？

4 乙：好的。

（3）1 妈妈：我真是老糊涂了。

2 儿子：怎么了？

3 妈妈：出门买菜又没带钱。

4 儿子：那怎么办？不买了？

5 妈妈：看看有没有认识的人，先借点。

4. 随着生活节奏的加快和通信技术的发展，电话营销已成为一种新兴的、发展潜力巨大的销售渠道。相对于传统营销模式，电话营销需要销售员有更好的讲话技巧、更清晰的表达能力以及完善的产品知识。下面是一段电话营销录音的转录材料，请分析电话营销中的话轮转换与日常生活中的会话言谈有何异同。

1 销售：（电话铃声）

2 顾客：喂。

3 销售：哎，您好！请问您是×××先生吗？

4 顾客：是的。您是哪位？

5 销售：您好，×先生！这里是平安车险总部，我是××。

6 顾客：嗯。

7 销售：×先生，这边记录显示啊，

8 　　　您在平安公司投保了一份汽车保险，车牌号苏E×××对吗。

9 顾客：嗯。

10 销售：哎，那平安公司呢非常感谢您在我们这里投保车险。

11 　　　当然也是对平安工作的支持和信任。

12 那今年呢，是平安公司第3次跻身为世界五百强的企业，

13 而且已经名列全球第87位了。

14 总部这边呢，也是特别的重视。

15 所以，我们为了特别答谢苏州地区的部分车险客户啊，

16 特别推出了一份短期（?）的活动计划。

17 活动非常简单，也特别珍贵，

18 通知到的车险客户呢，也都已经办理完毕了。

19 那我这边呢，也是赶快地通知您一下，

20 那×先生啊，像您的话啊，只要是苏州七大国有银行任选一家的储户，

21 大概您自己呢，平时攒点小零花钱的过程当中，

22 那在您未来的15年中呢，

23 平安公司就提供给您一份全方位的高额意外伤害保障额。

24 那这个活动啊，是专门针对目前市面上最高发，

25 大大小小的意外风险来推出的。

26 但是对于×先生您来说啊，从现在开始，

27 就再也不用花一分钱，去购买市面上那种高限制的意外保险了。

28 顾客：嗯。

（音频来源：http：//v. youku. com/v_ show/id_ XOTUzNTkzNDk2. html）

课后思考

1. 会话反馈指由听话人提供的、不旨在夺取话语权的会话成分。下面是湖北影视频道《健康会客室》栏目的一次热线电话录音的转录材料，请分析会话反馈在语音、词汇、句法和语义方面有何特征。会话反馈使用的原因是什么?

1 主持人：解答健康难题，收获快乐人生，欢迎大家走进《健康会

客室》。
2　我们来接听一下第一位观众的热线。
3　你好，这位朋友。
4 吴老师：喂，
5 听　众：你好。
6 吴老师：你好。
7 听　众：主持人好。
8 主持人：[你好]！
9 吴老师：[嗯]
10 听　众：吴老师，
11 吴老师：嗯。
12 听　众：我是常州的一个会员。
13 吴老师：啊。
14 听　众：今年62岁了。
15 吴老师：噢。
16 听　众：我叫李聪弟。
17 吴老师：哦，李聪弟。
18 听　众：哎，我上面有四个姐姐。
19 吴老师：噢。
20 听　众：我父母呢，就希望要一个聪明的弟弟。
21 吴老师：噢。
22 听　众：所以就给我取了这么一个名字。
23 吴老师：噢。
24 听　众：后来我父母真的有了一个弟弟。
25 吴老师：哦，你是第六个是弟弟，你是老五。
26　你是把他招来了。哈哈哈哈！
27 听　众：对，招了个弟弟。
28 吴老师：那你弟弟真的聪明吗？
29 听　众：聪明啊。
30 吴老师：哦，聪明，对吧。
31 听　众：哎，吴老师，我说说我自己加入这个健康大家庭的这个收获吧。

32 吴老师：噢，好的。

33 听　众：哎我先说说我的这个颈肩综合征吧。

34 吴老师：哎，好！

2. 会话增量指说话人产出一个完整的话轮之后，又临时附加的旨在对先前话语做进一步修饰、限定的会话成分。请结合下面的例子及你的生活经历，分析会话增量使用的原因是什么。

（1）顾客：来二斤橙子。赣南的。

老板：好嘞。

（2）甲：　你看见小王了吗？王志刚。

乙：　刚刚还在这儿呢。

（3）学生：老师，您能帮我打印一篇论文吗？

老师：（0.8）

学生：如果方便的话。

老师：行吧，多少页？

学生：就 11 页，打印店关门了。

3. 话轮转换是一种普遍的会话机制，但在不同语境中可能有不同的转换方式。请分别录制一段 3 分钟左右的老师和学生之间的对话以及学生和学生之间的对话，分析两者的话轮转换机制（如话题的引发与结束、话题选择与转换、话语标记语的使用、打断、沉默、修正等）的异同。

4. 就形式而言，会话修正有四种方式。你觉得它们在日常生活中的使用频次一样吗？人们倾向于选用哪种会话修正方式？你的依据是什么？

5. 在从事会话分析时，因涉及隐私等原因，研究者往往收集不到真实语境下的日常会话。于是，会话分析研究者转而研究涉及日常生活的电视剧中的会话，以此来揭示日常会话中的机制问题。你觉得通过研究电视剧中的对话来揭示日常会话机制问题可行吗？请录制一段 5 分钟左右的自然会话，然后再录制一段 5 分钟左右的电视剧会话，观察两者在诸如停顿、修正、沉默、打断、话语标记语、反馈语、语列等方面的异同，分析通过研究电视剧会话揭示日常会话机制的可行性。

第九章　称呼语

课前阅读

1. 称呼语是什么？具有哪些语用功能？
2. 汉语称呼语有几类？具有哪些系统特征？
3. 汉语称呼语有何使用特征？

一、引言

在任何一种语言中，只要人们彼此间产生交际，就不可避免地要使用称呼语。在语言交际过程中，恰当的称呼能使交际得以顺利进行；不恰当的称呼则会造成对方的不快，给交际设下障碍。称呼语的选择直接影响着交际效果。

为了保证交际的正常进行，说话者要根据对方的年龄、职业、地位、身份以及同对方关系的亲疏程度和谈话场合等一系列因素选择恰当的称呼。不同的称呼不仅反映了交际双方的角色身份、社会地位和亲疏程度的差异，而且表达了说话者对听话者的态度和思想感情，而听话者通过对方所选择的称呼语形式可以了解说话者的真实意图（曲婧华，1999）。

中国社会有着较为复杂的称呼语系统。对称呼语进行系统研究始于美国人类学家摩尔根（Lewis H. Morgan）。之后随着社会语言学的诞生，学者开始对汉语称呼语进行研究，赵元任（Chao，1956）早在20世纪50年代就对现代汉语称呼语进行了细致的研究。陈原（1983）在《社会语言学》一书中论及了新中国成立后出现的某些新的称呼形式以及产生的新的意义。进入80年代后，国内出现了称呼系统研究的高潮。诸学者对称呼的类型及使用规则进行了多方位的研究和探讨。祝畹瑾（1990）设计了一张汉语称呼系统流程图，并在图中增添了汉语中特有的制约称呼选择的因素。卫志强（1994）从社会文化视角探讨了汉语称呼语。

鉴于目前对称呼语的研究已有很多，且研究视角各不相同，这里特将汉语称呼语单立一章，试从语用学的视角对其进行阐释。

二、称呼语的定义与功能

称呼语（address terms；terms of address；address forms），用于称呼人物（一般为对方的名称），以明确说话对象，引起对方注意。在实际的语言交际中，称呼语的位置比较灵活，可位于句首、句中以及句末，书写时通常用标点符号将其与句子的其他成分间隔开来（陈新仁等，2013a：28）。例如：

（1）（某公司，散会后）
雇员：李总，您的杯子忘拿了！
总经理：谢谢你啊，小张！

在上例中，称呼语“李总”出现在了句首，以引起被称呼对象的注意。称呼语“小张”则出现在句末，表明答谢的对象。

（一）称谓语与称呼语

在称谓语（appellation terms）与称呼语的概念关系上，学者们至今尚未达成一致的认识，主要观点有以下几种：第一种把称谓语和称呼语等同起来，持一体说；第二种认为称谓语和称呼语意义等同，仅是广义与狭义之分，即称谓语为广义的用法，而称呼语为狭义的用法；第三种认为称谓语包含称呼语；第四种是称谓语和称呼语差异说。由于前两种观点易于理解，下文只着重介绍后两种。

1. 称谓语包含称呼语

在现代汉语的称谓系统中，“称谓语”包括面称语（具有自我描述功能的称谓语，称谓语的指称对象必须在现场）和背称语（被述者不是行为的直接参与者，不一定在行为现场），其中面称语根据指称对象的不同又可以分为自称语（指称话语发出者）和称呼语（指称话语倾听者）（李明洁，1997）。“称呼语”是一种动态的具有个人和区域文化特色的招呼语，它应该是整个汉语称谓系统的有机组成部分（李琼，2015）。我们来看下面的例子：

（2）语境：某公司例会

经理：这个项目很重要，小王、小张，交给你们来负责吧！

雇员王和张：谢谢李总！

经理：小李今天没来，你们会后把项目策划转告他。

雇员王和张：好的，李总！

在此例中，第一句中的“小王”和“小张”，以及第二句和第四句中的“李总”均属于面称，且是用来指称话语倾听者，所以是称呼语。而由于李姓雇员不在场，第三句中的“小李”则属于背称语。

2. 称谓语不同于称呼语

称谓语和称呼语存在交叉，但两者不同（马宏基、常庆丰，1998；曹炜，2005）。从语义和语用的视角对称谓语和称呼语的概念进行区分，称谓语表示人们相互间的各种社会关系以及所扮演的社会角色等的名称系统，称呼语则指在言语交际中，处在一个言语事件两端的讲话者和听话者，通过一定的渠道（口头、书面或电讯）交际时所使用的直接称呼对方的名称（曹炜，2005）。

称谓语属语义范畴，具有系统性和稳定性；称呼语属语用范畴，其使用随语境的变化而变化，具有高度的灵活性、特殊性和不可穷尽性（么孝颖，2008）。例如：

（3）语境：某住宅小区，两位老人散步偶遇。

甲：老何，你这件衣服新买的？穿着很精神嘛。

乙：是啊，我闺女刚给买的。

（这时，恰好乙的女儿路过）

乙：小薇，中午下班早点回来啊！

在此例中，“闺女”属称谓语，体现的是父女关系，具有稳定性。“小薇”则是称呼语，是父亲在直接称呼其女儿时所使用的，具有口头交际的特点，会随着语境的变化而变化，再如：

(4) 语境：老人乙有急事来到女儿的工作单位找她。

门卫：大爷，您找谁啊？

乙：你好啊，我找何薇。

门卫：噢，一车间的何薇啊！那您是何大爷吧？

乙：对，何薇是我闺女。

例（4）中，老人在面对门卫的询问时，不再用“小薇”称呼自己的女儿，但仍用“闺女”表达父女关系。同时值得注意的是，门卫所用的称呼语也在变化，先是用“大爷”作为泛称的称呼语，得知对方的身份后，随即改称老人为“何大爷”，也体现了称呼语的灵活性。

需要说明的是，本章采取广义的称呼语界定方式。

（二）社会指示语、人称指示语与称呼语

在交际中，受到社会因素制约的指示语即为社交指示语（social deixis）（详见本书第六章）。而一般情况下，最易受社会因素影响的指示语主要就是人称指示语（personal deixis）。人称指示语是指以人为指称对象的指示语，多由人称代词来充当，如第一人称代词“我”“咱们”，第二人称代词“您”“你们”，以及第三人称代词“他”“她们”等。除人称代词外，呼语（vocatives）也用作指示语（详见本书第六章）。

（三）汉语称呼语的语用功能

在一次言语行为过程中，某个称呼语可能具有一项或多项功能（祝畹瑾，1990）。称呼语具有三种通常同时体现的功能：呼唤或招呼功能、评价描述功能和话语提示功能。在扩展的陈述性话语里，称呼语往往是进入主题或转移话题的一个标志。

1. 呼唤或招呼功能

即引起对方注意或明确话语指向的功能（祝畹瑾，1990）。例如：

(5)“雷参谋！请坐。——是找苏甫罢，刚才出去。”“我看见他出去。吴夫人，他留我在府上吃过夜饭再走。”

（茅盾《子夜》）

“雷参谋”在这里就是招呼功能，而“吴夫人”则明确了话语指向。

2. 评价描述功能

即情感表达功能。在日常言语交往中，称呼语通常也用来表达说话人对听话人的态度，或抒发个人情感（祝畹瑾，1990）。例如：

（6）语境：大学一年级的小田寒假回到家，发现妈妈正独自一人在厨房背对着他专注地切菜。小田于是蹑手蹑脚地走过去。

小田：妈妈！

妈妈：死孩子！吓我一跳！

小田故意突然喊一声“妈妈”，表达了自己终于回家的兴奋和拿妈妈逗乐的调皮心情。而妈妈嗔怪地称儿子“死孩子”也是母爱的表现，体现了母子之间的亲密关系。

3. 话语提示功能

在言语交际中，为了分清话语的结构层次，同时为了提醒听话人话题已经转换，往往用一个称呼语来实现话语提示的功能（祝畹瑾，1990）。例如：

（7）“住惯了就好了。近来是乡下土匪太多，大家都搬到上海来。四妹，你看这一路的新房子，都是这两年内新盖起来的。随你盖多少新房子，总有那么多的人来住。”

（茅盾《子夜》）

通过唤一声“四妹”，说话人示意对方将注意力转移到“新房子”这个新的话题上去，自然地完成了话题的转换。

称呼语不仅能表达人与人之间的关系和思想情感，而且能表达某种施事行为。在一定的语境中，伴之以不同的语调，称呼语能表达规劝、安慰、允诺、威胁、讽刺、请求、祝贺、赞许、嘲笑等多种含义（祝畹瑾，1990）。交际双方往往在特定语境和特定心理下通过称呼语表达特殊含义，辅助实施特定的言语行为，传递某种特殊的“语力”。因此，称呼语也具有特殊的交际功能，需要结合语境进行推测。例如：

（8）狗子：（渐渐地）何苦呢！干吗不接着钱，大家来个井水不犯河水？

赵老：没那个事！

狗子：赵老头子，你行！

…………

狗子：姓赵的，你可别赶尽杀绝！惹急了我，我真……

（老舍《龙须沟》）

此例中，狗子先称呼对方“赵老头子”以示威胁，再换称“姓赵的”，向对方发出警告。

三、汉语称呼语的分类

如同对称呼语的定义一样，学者们对称呼语的分类也有着许多不同的观点。本书根据使用称呼语范围的不同，参照卫志强（1994）对称呼语分类的方法，将称呼语分为两大类：亲属称呼语和非亲属称呼语，并根据华辰（2013）对国家语委现代汉语语料库以及北京语言大学语料库中相关语料的研究，将这两类称呼语做了进一步的划分。

（一）亲属称呼语

亲属称呼是对现实中亲属之间关系的一种反映。由于汉语文化对亲属的分类比较详细系统，因而现代汉语中的亲属称呼语自然也形成了自己特有的体系。

1. 血亲称呼语

“血亲”是指与自己在血缘上有密切关系的亲属，是以具有共同祖先为特征的亲属关系。汉语中最常见的直系血亲称呼语有：父母与儿女、祖父母与孙子、外祖父母与外孙之间的称呼语等。

在汉语旁系血亲关系中，自己和兄弟姐妹与父母同源，自己和姨娘、舅舅与外祖父母同源，自己和叔叔、伯伯、姑姑与祖父母同源。

2. 姻亲称呼语

“姻亲”是指基于婚姻关系而形成的亲属关系，亲属之间没有血缘关系。汉语姻亲关系中尤以直系姻亲如儿媳、孙媳、女婿、孙女婿、岳父岳母、公公婆婆等之间的称呼语为典型代表。例如：

(9) 石中玉见了袁老爷子同安人之后，仍是一揖到地，道："见过袁大爷、袁大妈！"

老爷子一瞪眼道："到现在你小子还叫大爷、大妈吗?"

"老……"

"丈人，丈母娘！"

"是！岳父、岳母！"

（秋梦痕《索仇门》）

在例（9）中，石中玉对二老从"袁大爷、袁大妈"到"岳父、岳母"的称呼语变化，表明其对此姻亲关系的接纳和确认。

3. 干亲称呼语

认干亲，即一方父母认对方子女为义子、义女，这在我国是一种民间礼俗，除汉族以外，我国一些少数民族也有认干亲的习俗。认干亲之后的交往，大都比较频繁，而且都仿照真正亲属的交往方式，形成比较固定的亲戚关系。所以，现代汉语亲属称呼语中就产生了一类特殊的称呼方式，即干亲称呼语，例如"干爹""干妈""干女儿"等。

(10) 林桂生却拿帕子擦了擦眼睛，悲凄地说："可惜我从小就没有了爹妈，孤苦无依，没人亲没人疼的。老太太，如果您不嫌弃，我就认您做个干妈吧！"何老太太开始还有点推托，但林桂生一张甜嘴巴子，何妈妈长、何妈妈短的，叫得老太太满心欢喜，不出几个小时，老太太便认了这个干女儿。成了干亲，放人的事就好办多了。

（王俊《杜月笙野史》）

例（10）中，林桂生先是称呼对方"老太太"，表明认干亲的意愿后，便改口称对方"何妈妈"，待对方认可后，双方就建立了"干妈"和"干女儿"的干亲关系。

4. 拟亲

现代汉语亲属称呼语中另一类常见的称呼方式是拟亲属称呼，是指用亲属称呼方式来称呼没有亲属关系的人。受文化传统、习惯等的影响，师生之间、同学之间也会使用拟亲属称呼。例如，在一些特定的场合，会使用“师父”“师母”“师兄”“师姐”“学长”“学妹”等。

(11) 师母手脚利索，不一刻猪头已然下锅，虽然不像后世有诸多调料，只是白水加点盐巴，却也香气扑鼻，引得人食指大动。

“你们三个先喝着，一会就好，一会就好……”师母笑眯眯的，一迭声说道。

“师母，不急，我们就是找老师说说话……呀，有一阵子没来看老师了。”

“你周老师教了那么多学生，也就玉成你一个人讲仁义……”

（不信天上掉馅饼《重生之衙内》）

在例（11）中，学生与老师、老师的配偶并无亲属关系，但称呼语“师母”的使用既是出于习惯，亦是中华文化中尊师传统的体现。

朋友之间为了突出关系的亲密，经常会互相称兄道弟，常用的一类称呼有“姐们儿”“哥们儿”“兄弟”“小妹”等。

在日常生活中，邻里之间如“李大叔”“刘大爷”“张大妈”“王大婶”“孙大姐”等称呼表现了邻里间的亲密关系，是一种礼貌，也是一种文化传统。在职场上，在适当的时候使用“王姐”“李叔”“赵姨”“刘哥”等拟亲属称呼语可以拉近与对方的距离。甚至，陌生人之间也常常会用到一些拟亲属称呼语，例如：

(12) 更难能可贵的是她小小年纪居然如此有礼貌，陈晚荣一见之下很是喜欢，坐了下来：“谢谢你，小朋友。”“叔叔，不用谢。”

（殷扬《化工大唐》）

从礼貌的角度，我们一般称呼陌生老人“爷爷、奶奶”，称呼陌生长辈“叔叔、阿姨”等。这种称呼可以拉近人们之间的距离，显得亲热，显得礼貌又不失尊敬。这些称呼在陌生人之间广泛地被使用着，可以说，这是亲属称呼语泛化的一种现象，也是亲属称呼语的一种扩展用法，下文还将具体介绍。

（二）非亲属称呼语

现代汉语称呼语中，另外一个非常重要的部分是非亲属称呼语，常以三种形式存在：姓名称呼语、职衔称呼语、社交通用称呼语。

1. 姓名称呼语

作为称呼语的一种形式，姓名称呼语有着很强的符号性，表现为在称呼的过程当中出现姓氏或者名字中的某个成分。例如：

(13) 周卫国感激地说："谢谢团长！"

邱明沉声说："卫国，三连一直就是我们独立团的尖刀，希望你能够让这把尖刀变得更锋利！"

周卫国肃然说："团长，我保证，三连永远都是尖刀！"

（业余狙击手《抗日特种部队传奇：特战先驱》）

在例（13）中，团长对战友周卫国只称呼其名不称呼其姓，这种称呼的方式常见于父母与小孩、亲戚、恋人、夫妻或者亲密的朋友、战友之间，表达了一种亲密的感情。这样的称呼也起到了拉近距离的作用。

只呼名的情况中还有一个特点就是如果名只有一个字，通常会叠加一个相同的字，例如：亮亮（孙亮）、婷婷（李婷）、悦悦（张悦）等，这也是现代汉语的一个特点，与音韵学有关，叠加一个相同的字不仅符合人们说话的习惯而且也表达了一种亲密的情感。

此外，还有一种常见的姓名称呼语叫变异姓名称呼语，即称呼年纪大一些的叫"老王""老方""老钱"等，称呼年轻人为"小张""小陶""小唐"等。例如（陈新仁等，2013）：

(14)"季老，我提前给您祝寿了。"走进解放军总医院的病房，温家宝趋步向前，握住了季美林先生的手。

在例（14）中，温家宝总理称呼季先生为“季老”以示尊重。在学术界，人们对一些德高望重的老前辈，常常称“某老”或“某老先生”。“老”字没有贬义，而是含有尊敬和推崇的意思。

2. 职衔称呼语

另外一种非常普遍的称呼语就是职衔性称呼语，它又分为职业性称呼和头衔性称呼两类。常用的职业性称呼语有：经理、会计、教练、律师、护士、医生等。例如：

(15) 杜荣林不知靠着哪一种感觉来分辨出这里边的一个人，一个护士姑娘的存在。他说：“秦护士，你来。”秦护士惊讶不已：“我没出声啊！”

（杨少衡《海峡之痛》）

在例（15）中，杜荣林称呼对方“秦护士”，凸显了对方的职业身份。此类职衔性称呼语前都可加上对方的姓氏，如马会计、张老师、丁教练等。

头衔性称呼语一般附着在人名当中，用来表达对该人物的敬仰或标志该人物的某种身份、专业或学术资格，可以分为：官衔（如“省长”“科长”“主任”等)、军衔（如“上校”“元帅”等）和学衔（“教授”“院士”等)。

3. 社交通用称呼语

社交称呼又可以理解为礼貌称呼，主要被用于社交场合中，包括以下一些称呼的形式：“同志”“先生”“小姐”“女士”“师傅”等。这些词可以直接用作称呼，也可以附加一些成分，例如：上官小姐、马先生、刘师傅等。

（三）汉语称呼语系统中的缺位现象

汉语称呼语男女有别、长幼有序、地位分等，使得称呼语在不同年龄、性别、职衔等方面均有不对称性（姚亚平，1995；郭熙，1999）。

首先，男女对称称呼语的缺位。在汉语社会里，人们通常对老师或师父的妻子尊称为“师母”。但是，如果老师或师父是女性，她们的配偶就无法称呼了，因为我们很少会听到称呼女老师的丈夫为“师公”。此外，一些职务、职称的男性配偶都有相应的称呼语，而几乎没有对应女性的配偶的称呼语。

其次，长幼对称称呼语的缺位。现代汉语中长辈或年长称谓大多都可以直接作称呼语，而晚辈或者年幼的亲属称谓则相对较少直接用作称呼语，如“孙子”“侄子”“外甥”“儿媳”“弟媳妇”等。关系称谓中，下级称谓，如“徒弟”“学生”“雇员（下属）”等，一般也较少直接用作称呼语。

再次，地位称呼语的缺位。在现实的交际中，人们只选择在大众心目中有一定地位的名称，比如“老师”“医生”“教授”“局长”等，作为称呼语，而一些社会地位较低的阶层，如“司机”“理发员”“清洁工”“菜农”等，人们就不好用他们的职业作称呼语。

四、汉语称呼语使用的礼貌原则

这里讲的“礼貌原则”既不是指称呼语本身内涵上的礼貌，也不是指称呼语表达方式上的礼貌，而是指汉语称呼语在使用中大多遵循一定的礼貌规范，整体趋向礼貌，回避不礼貌。顾曰国（1990）提出了支配汉语交际的五个礼貌准则，其中反映在汉语称呼语的系统特征中的最富有中国特色的礼貌规范，归纳起来就是贬己尊人原则、社会等级原则及文雅委婉原则。

（一）贬己尊人原则

贬己尊人原则指的是，在我们称呼自己或与自己相关的事物时要“贬”“谦”，称呼对方或与对方有关联的事物时要“举”“尊”。例如：

(16) 语境：政府某部门两位新入职的同事第一天相互认识。

甲：敢问您贵姓？怎么称呼？

乙：免贵，姓章，立早章，文武斌，章斌。您尊姓大名？

甲：不敢，鄙姓李，李军。

（二）社会等级原则

在我国的称呼系统中，辈分和年龄（或年辈）以及职业地位起着至关重要的作用，尤其是对待亲属、邻里和师长，这些因素可以说是唯一的决定因素（祝畹瑾，1990）。中国古代“上下有义，贵贱有分，长幼有等”的传统礼制给现代的礼貌留下了深刻的印记（顾曰国，1990），而汉语称呼语的使用正反映了这一社会等级原则。

（三）文雅委婉原则

“教养”与“文雅”是礼貌的另一要素。礼貌的称呼语显示了说话人的教养。文雅委婉原则即选用雅言，禁用秽语；多用委婉语，少用直言（顾曰国，1990）。例如，我们一般不用“……的”结构称呼别人，如“教书的”“开车的”“穿白大褂的”“扎辫子的”“戴眼镜的”等，这些称呼语都不礼貌。

五、汉语称呼语使用的语境制约与策略取向

在交际过程中，说话人在使用称呼语时会受到语境的制约，其中包含多种语境因素，如角色关系、具体场合等。并且，随着语境的变化，说话人会动态选择不同的称呼语，以适应语境的要求。例如：

（17）语境：张某是某市交通局局长，王某是该局一个下属部门的老司机，两人既属同一单位，平时也是同住一个小区的老邻居。一日，王某来到张某办公室门前。

王：你好啊，张局长？

张：啊，是老王呀！快进来坐！找我有什么事吗？

王：老张啊，我跟你这么多年了，你能不能帮我换个岗位？

张：王师傅，这个需要在会上研究后再说。

在此例中，王某在对话开始时称呼对方“张局长”，因为对话发生在工作单位、张某的办公室门前，应以职衔称呼对方。随着对话进行，王某改称对方“老张”，一是对“老王”这一称呼的回应，二是因为已进入办

公室细谈，对话场所发生变化，通过改称“老张”恢复老邻居的亲密关系。张某先称对方“老王”以示自己不忘老邻居的情分，拉近距离。而后改称对方“王师傅”以适应工作场合“公事公办”的职业要求。

然而，汉语交际者有时会超越语境制约，策略性地使用称呼语，尤其表现在以下两个方面：

（一）亲属取向性

用亲属称呼语称呼不具有亲属关系的人是现代汉语口语中十分普遍的现象，这种现象就是汉语称呼语的亲属取向特点，也可称为亲属称呼语的“泛化”现象/用法（generalization）（潘攀，1998），或亲属称呼语的“扩展”（潘之欣、张迈曾，2001）、“外化”（extension）（马宏基、常庆丰，1998）。带有亲属取向性的称呼语即本章前文所谈“拟亲属称呼语”，也称为泛化的亲属称呼语。

言语主体称呼非亲属的交际对象时，采用亲属取向的称呼语的主要欲求之一是通过将非亲属成员纳入亲属关系网以表达亲近之意，因而在选择称呼语时根据被称呼对象的特点尽可能地选择亲属称呼语中关系最亲近的称呼语。

同时，由于称呼语的亲属取向主要是将交际对象当作长辈或同辈年长的亲属来称呼，因而泛化的亲属称呼语普遍都表示明显的尊敬意义，如例（12）中提及的情形。

当然，泛化现象不仅发生在汉语的亲属称呼语中，在头衔称呼语（如用“老总”称呼并非老总的人）、职业称呼语（如用“老师”称呼并非老师的人）中也存在泛化现象。另外，人称代词也存在泛化用法，如会议中某汇报人用“我们”自指，但其实“我们”包括了与其汇报工作无关的其他人。可见，泛化现象发生在多种汉语称呼语类型中。所谓称呼语的泛化，简单来说，是指用某种称呼语去称呼或指称不符合该称呼语描述特征的人。

（二）变异性

在言语交际过程中，说话人为实现特定的语用目的，会使用特定的称呼语去传达不同的语用信息，体现出称呼语使用的策略性。人与人之间的亲疏关系有相对的稳定性；但是，由于主客观种种因素的影响，人与人之间的这种亲疏关系又具有一定的变动性（卫志强，1994）。

如果说话人意欲缩小或拉大与听话人之间的距离，就可能会有意识地选用跟往常不同的称呼语形式，或故意违反角色、地位身份等社会心理因素而选用不符合常规的称呼语，体现出亲近或疏远的取向。

（18）这时那位曾被她讥为“三寸丁谷树皮”的副主任，正好排队排在她后面，为了支持她（詹丽颖）对食堂的批评，便站拢售菜的窗口，对那位炊事员说：“小詹的批评虽然态度急躁了一点，可你们食堂的工作确实……”话没说完，反倒被詹丽颖气呼呼地截断了：“我态度急躁吗？我倒犯错误了？我就该心平气和地把那条虫子吞进肚子去吗？”那位副主任开始还耐心地对她说：“小詹同志，你冷静一点好嘛。你对食堂的批评，我是支持的嘛……”可詹丽颖居然又截断了她的话，又气势汹汹地发泄了一通火气，弄得那位副主任也脸红气粗起来：“詹丽颖同志，我们饭后再谈好不好？后面的同志还等着打菜呢！”

（刘心武《钟鼓楼》）

这位副主任在这段话中对詹丽颖使用了三种称呼语，称呼“小詹”是为了表明两人都是进餐者，地位平等，拉近距离；称“小詹同志”时已用半领导的身份说话，开始保持与对方的距离；称“詹丽颖同志”则是以副主任的身份提高谈话的正式程度，拉大与对方的距离。

六、小结

本章简要介绍了语用学视角下“称呼语”的定义、分类、特征及语用功能。与社会语言学等其他理论视角相比，语用学更关注称呼语在交际中的运用，它与特定交际者、交际目标、交际效果等因素相关，并会随着语境的变化而呈现互动性、动态性。

课内讨论

1. 请分析下列话语中的称呼语，并回答问题。

(1) 赵老：善心的姑娘，行行好吧！……

二春：(倒了碗开水，送到病人跟前) 您喝吧，赵大爷！

赵老：好姑娘！好姑娘！这碗热水救了老命喽！

(老舍《龙须沟》)

此例中的称呼语辅助实施了哪些特定言语行为？

(2) 他急忙走出指挥所，找到了高军谊，老远就喊了起来："高师长，高师长，演习要结束了。"

高军谊嗔怒道："要叫高副师长，这样称呼别人听见会误解的。"

王科长赔笑道："这些年和地方同志接触多，叫习惯了。地方上职务不分正副，叫起来都是书记、市长、县长的。"

(柳建伟《突出重围》)

请分析例中高军谊为什么说别人听见会误解。称呼语"高师长"在此例中具有什么语用功能？

(3) 贵：……(得意地咳嗽起来) 他妈的！(向四凤) 茶呢？

凤：爸，你真是喝醉了么？刚才不给你放在桌子上了么？

贵：(端起杯子，对四凤) 这是白水，小姐！(泼在地上)

(曹禺《雷雨》)

问题：鲁贵如何通过"小姐"这一称呼语表达出对女儿四凤的讥讽？这种讥讽的特殊语用功能是如何产生的？

2. 请分析下列话语中称呼语的变换传达了说话人的什么交际目的，传递了什么不同的语用信息，并判断各例分别体现了称呼语的什么特征。

(1) 袁志成：(热情地) 到了我这儿用不着客气。老李，给倪科长倒茶。

倪科长：(坐下) 李主任坐，都坐。

袁志成：倪科长，我这个人是直肠子。开门见山吧，我这 9 000 锭车间下边就全靠你们啦！

…………

倪科长：我们刘经理那话都说了：就是电力公司的机关楼里头点上洋蜡办公，也得先支援9 000锭按时投产。

袁志成：（感动地）老倪啊，你今天算是解除了我们一个最大的后顾之忧。

（《现代戏剧选》）

（2）我这时很兴奋，但不知道怎么说才好，只是说："啊！闰土哥——你来了？……"

…………

他站住了，脸上现出欢喜和凄凉的神情；动着嘴唇，却没有做声。他的态度终于恭敬起来了，分明的叫到："老爷……"

（鲁迅《闰土》）

3. 在称呼语中，网络称呼语也是不容忽视的组成部分。虽然大部分人认为"淘宝体"中的新称呼语"亲"是泛化以后的"亲爱的"的省略，但是两者之间还存在着很大的区别。试对比以下例子中，"亲"与"亲爱的"两种称呼语在适用对象范围及受语境制约程度等方面有何不同，并分析例中体现了网络称呼语"亲"的什么使用特征。

关于"亲"：

（1）（淘宝网双十一促销季，各商家推送大量促销信息）

亲，双十一特惠季与您不见不散！全场两件包邮，购满399元再返99元折扣券！别犹豫啦，亲！提前将宝贝放入购物车吧！收藏本店更有好礼相送！

（2）（某人在参加某公司面试后，收到秘书的祝贺）

亲，恭喜你哦，你已被我们公司录取啦！以后我们就是同事啦！下周一来办理入职手续哦！

（3）（新浪微博上一条招聘信息）

亲，你是大学本科毕业不？办公软件操作熟练不？英语交流顺溜不？驾照拿到了不？如果你都点头了，那么，亲，就是你啦！快来加入我们吧！

(4)（苏州热线，2012－05－24）

亲们，这两天出门时也得带把伞了，因为受偏东气流的影响，今明两天，苏州皆是阴雨绵绵。

关于“亲爱的”：

(5) 她起身走到丈夫身边，弯下腰，在他的前额上吻了吻：“亲爱的，别担心，让我出去应付一下。”

（卜恒亮《青春梦》）

(6) 夫人诧异地看着丈夫：“亲爱的，告诉我，这是怎么回事？”

（刘耘《周到的服务》）

(7)（某大学女生寝室，两个室友准备出门，一起去逛街）

甲：亲爱的，你好了没啊？不用再化啦，已经很美啦！

乙：好了好了，马上！乖，再给我两分钟就好！

甲：不要太美哈，亲爱的，不然你被人拐走了我肿么办！

4. 外国留学生也存在汉语称呼语使用不当的问题。请看下列外国汉语学习者所使用的汉语称呼语，试分析其中存在的问题及问题产生的原因。

(1) 语境：一位中国学生与一位美国留学生开学初次见面时互相介绍自己。

中国学生：你好，我叫王一鸣。

留学生：你好！我叫亚伦·丹格，来自美国。叫我亚伦就行。王，我可以这样叫你吗？

(2) 语境：一位外国留学生暑假在中国西部骑行旅游时，途经一个偏僻村庄，碰巧一位村民经过他身边。

太太，请问这附近有商店吗？我骑行经过这，需要买块电池。

(3) 语境：一位大二的外国留学生在中国某市区街角的一家修车铺前停下。

留学生：老爷爷，麻烦您帮我修一下车，我的车胎爆了。

修车铺师傅："老爷爷"？孩子，我还没有五十呢。

6. 分析如下自称类与他称类称呼语所体现出的礼貌原则，试用无礼貌标记的中性称呼语替代：

	自称类	中性称呼语	他称类	中性称呼语
人	鄙人、小弟		您、您老、阁下	
姓	鄙姓、贱姓		尊姓、贵姓	
妻室	内助、内人		夫人、太太	
子女	小儿、犬子、小女		令郎、令爱	
亲属	舍弟、舍妹		令弟、令妹	
工作	卑职		尊职	
意见	愚见、拙见		高见、尊意	
作品	拙作、拙著		大作、佳作、杰作	
家	寒舍、舍下、陋室		贵府、府上	
处所	敝处		贵处	

7. 日常生活中，人们仿照"外交部—部长""学校—校长""派出所—所长"等称呼语形式，往往会出现"宿舍—舍长""公寓楼—楼长"等不太常见的称呼语形式。又如，随着2005年"凤姐""犀利哥"等网络红人的出现，"××哥/姐"的称呼语形式大量出现，如"大衣哥""托举哥""淡定姐""神曲姐"等。根据以上两组例子，试回答：这反映了汉语称呼语使用中的什么现象？请另举一例解释说明。

课后思考

1. "美女"不知从何时起变成了对女性的一种通称。虽然不少年轻女性喜欢这个称呼语，可也有不少人对此称呼语并不认同。例如：

(1)（某公交车站，一位20来岁的年轻女性甲向另一位50岁上下的女

性乙问路）

甲：哎，美女，麻烦问下，去西关可以坐哪趟车？

乙：叫谁美女呢？你说你一个小姑娘，怎么可以这样称呼一个比你大好几轮的人呢？

（2）（某单位一位刚参加工作不久的姑娘领着男朋友来玩，小伙子一进来就向旁边的刘女士打招呼）

小伙子：美女好！

刘女士：怎么这么没大没小的！谁是美女？我孙子都会打酱油了！

根据上述语料，试分析称呼语在泛化过程中存在的问题。

2. 试根据下面的表格，对比并总结英语与汉语亲属称呼语的差别。

<table>
<tr><td>汉语血亲称呼语</td><td>Blood Kin Terms</td><td>汉语姻亲称呼语</td><td>In - law Kin Terms</td></tr>
<tr><td>爷爷、外公</td><td>grandpa</td><td>公公、岳父</td><td>father - in - law</td></tr>
<tr><td>奶奶、外婆</td><td>grandma</td><td>婆婆、岳母</td><td>mother - in - law</td></tr>
<tr><td>孙子、外孙</td><td>grandson</td><td>儿媳</td><td>daughter - in - law</td></tr>
<tr><td>孙女、外孙女</td><td>granddaughter</td><td>女婿</td><td>son - in - law</td></tr>
<tr><td>伯伯、叔叔、舅舅</td><td>uncle</td><td>嫂子、弟媳、妯娌</td><td>sister - in - law</td></tr>
<tr><td>姑妈、姨妈</td><td>aunt</td><td>姐夫、妹夫、连襟</td><td>brother - in - law</td></tr>
<tr><td>哥哥、弟弟</td><td>brother</td><td>姑父、姨父</td><td>uncle</td></tr>
<tr><td>姐姐、妹妹</td><td>sister</td><td>伯母、婶婶、舅妈</td><td>aunt</td></tr>
<tr><td>堂哥/弟/姐/妹、
表哥/弟/姐/妹</td><td>cousins</td><td rowspan="3">大伯、小叔子、
大/小舅子、
大/小姑子、
大/小姨子</td><td rowspan="3">cousins</td></tr>
<tr><td>侄子、外甥</td><td>nephew</td></tr>
<tr><td>侄女、外甥女</td><td>niece</td></tr>
</table>

3. 随着网络媒体的快速发展，越来越多的网络称呼语进入日常交际中，如微博中的谐音称呼语“歪果仁”“童鞋们”“小公举”等。试从语用学视角分析网络称呼语的使用特征及其语用功能。

4. 梁玉绳《瞥记》卷二考“尔汝”为贱简之称，亦为忘形亲密之称。呼人既然，呼物亦犹是也。

（钱锺书《管锥编·毛诗正义 二一》）

结合本章相关内容，思考以下问题：

（1）称呼语系统是否应包括以人称代词为主的人称指示语？

（2）人称代词是否一定比名词性的称呼语更能表达亲密和喜好？为什么？

5. 试从历史语用学视角分析“先生”“同志”“小姐”三个称呼语的语用变迁。

6. 查找相关资料，归纳汉语称呼语中“老”与“小”的使用规律及语用功能。

7. 汉语称呼语在实际交际中的使用受诸多因素的影响，尤其为适应称呼对象的不同和交际场合的不同，同一称呼语会出现泛化的使用现象。试以称呼语“老师”为例，结合两至三个例子阐释它在使用中的泛化表现。

第十章　语言模因

课前阅读

1. 模因是什么？
2. 语言模因有几类？
3. 语言模因的形成与传播过程是怎样的？
4. 语言模因有哪些特征？
5. 汉语模因有何使用特点？

一、引言

在日常生活中我们常常会接触到一些有趣的语言形式，比如“不要不要的”，表示“非常”“很”。如果说一个人帅得“不要不要的”，就是说那个人很帅；而如果说一个人丑得“不要不要的”，就是说那个人很丑，而且丑到一定程度了。另外还有“躲猫猫”“亲”等，这些表达方式新颖独特，大量出现于广播、电视、网络和报刊杂志中，具有鲜明的时代特征。

这些语言形式并非凭空出现，而是在言语交际过程中以原有语言结构为基础经过加工改造而成，或者在不同语境下直接套用原有的格式和内容，并赋予其全新的意义。比如“范跑跑”原指汶川大地震中不顾其他师生安危，只顾自己逃命的某位范姓老师，网友冠以“范跑跑”的绰号对其进行嘲讽和谴责。由于该词的广泛使用，这个本来属于个人的称呼开始泛化，演变成“姓氏＋××”的三字格短语，如“郭跳跳”“刘闪闪”等词。该三字格进一步发展出“人物/事件＋××”格式，出现了“楼脆脆”等ABB式新三字格。类似的还有“高铁体”“淘宝体”“甄嬛体”“咆哮体”等“××体”的表达方式。

这些语言形式通过复制、传播和进化而形成，能够诠释事物之间的普遍联系以及文化中出现的诸多一脉相承的现象，在语用学上被称为语言模因，新媒体的介入为大量网络新语和新词发展成语言模因提供了条件。

二、模因的定义

在达尔文进化论及基因概念基础上，英国牛津大学著名动物学家和行为生态学家理查德·道金斯（Richard Dawkins，1976）提出模因（meme）概念和模因论（memetics）的基本思想，并用其来解释文化进化规律。根据模因论的观点，模因是文化传递的单位，是文化复制因子，它通过模仿完成人际传播。

模因的核心是模仿，任何一个信息，譬如大脑中的观念和想法、神话故事、风俗礼仪、宗教信仰、歌曲、图像、服饰、建筑、手势、表情、乐谱、书籍等，“任何一个信息，只要能够通过广义上称为‘模仿’的过程而被‘复制’，就可以成为模因了”（何自然、陈新仁等，2014：6）。“对于语言而言，那些被大量模仿、复制和传播的语言单位也就成为一种模因，即语言模因”（陈新仁等，2013b：207）。如流行语“××门”，源自于1972年导致尼克松被迫辞职的政治丑闻“水门事件”。后来“××门”成为一个构词成分，表示类似“水门事件”这样的丑闻，被广泛传播和运用于不同情境，如“葡萄酒门”（1974年法国著名葡萄酒之都波尔多的一种红酒里掺了很多白酒但仍然挂上合格的质量标签以高价售出的假酒丑闻）、“拉链门”（美国前总统克林顿和莱温斯基的丑闻事件）、“论文造假门”（韩国副总理金秉准的论文舞弊丑闻）等。这些通过模仿而传播的表达方式都是语言模因。

三、语言模因的分类

语言模因的分类是多维度的，依据其传播力度、复制和传播方式、社会影响等可以进行不同分类。

首先，语言模因的传播力度（包括传播广度和时间长度）决定其生命力的长短，因而有强势语言模因和弱势语言模因之分。有的语言模因虽然在一段时期内流传甚广，但延续时间不长，终究成不了强势模因，而有的语言模因则在传播过程中被广泛使用，经久不衰，显示出极强的生命力。

模因的自我复制能力各不相同，模因之间存在着激烈的生存竞争，遵循自然选择、适者生存的规律。“模因在进化的过程中存在着巨大的选择压力。所以在数量极大的潜在的模因中，能够生存下来的模因为数并不是很多”（Blackmore，1999：65）。

我们在网络上聊天、发帖、浏览网页时和日常生活中交谈接触的东西大都是成功的模因，即强势模因；语言模因也是如此，能够被接受、被复制和传播的必然是强势模因。弱势模因指被人们忽视而得不到使用和传播，只能在小范围内存在，随着时间与环境的发展变化，逐渐或很快就消失的模因因子。当然，强势模因和弱势模因没有绝对界限，只是程度不同，而且它们之间的区别并非严格固化的。随着社会大环境的改变或大众关注焦点的转移，两者可以互相转化。

其次，按照模因复制和传播的方式，模因可以分为基因型模因和表现型模因两大类型（何自然，2005）。前者指大脑里的信息内容保持不变但以不同的形式复制传播，后者指不改变信息的形式但填入不同的内容来实现复制和传播。网络流行语模因中的“伤不起”“hold 住”“蒜你狠”“至于你信不信，反正我信了”等，在传播过程中都是原封不动的被网友复制并传播，是典型的基因型模因；而表现型模因则在传播过程中根据表达，在保持相同语言形式的前提下嵌入不同的信息内容。比如：

（1）你在北京的寒夜里大雪纷飞，我在南京的艳阳里四季如春。

（2）如果天黑之前来得及，我会记住这跨越南北的美丽。

例（1）和例（2）所构成的有趣的“对话”是由当红流行歌曲“南山南”这个语言模因延伸出来的（原歌词为：“你在南方的艳阳里大雪纷飞，我在北方的寒夜里四季如春。如果天黑之前来得及，我要忘了你的眼睛”）。

再次，汉语语素以单音节为基本形式，在此基础上构成单音词和双音词，然后再组成短语或句子等不同语法单位，因而从构式上来看，汉语模因可分为词、句、段、篇章等不同类型的语言模因。引言中所提及的“范跑跑”等“姓氏 + × ×”的三字格语言模因及其进一步泛化形成的“人物/事件 + × ×”格式，就是典型的既高产又极富表现力的词语模因。

句子层面上的汉语模因现象通常表现为在一句话的基础上形成一大批

含有相同成分的句子。我们可以参照全球最大的裸钻供应商戴比尔斯的广告宣传：

（3）a. 钻石恒久远，一颗永流传

b. 钻石恒久远，一颗就破产

c. 经典恒久远，一套永流传

d. 股票恒久远，一支永流传

e. 瞬间恒久远，照片永流传

例（3a）这句话塑造了钻石永恒珍贵的形象，是钻石最经典和传神的广告用语。而例（3b）~（3e）则套用了“X 恒久远，Y 永流传”的模因框架。这样的例子在文学作品中也颇为多见，比如美国知名的思想先锋和畅销书作家斯宾塞·约翰逊博士的著作《谁动了我的奶酪》自问世并畅销全球后，“谁动了我的 X”很快成为语言模因构式，很多作家相继仿制出类似的标题，如“谁动了我的时间”“谁动了我的生活”“谁动了我的梦想”等，利用人们熟识的信息，既简明扼要、新颖生动地归纳出主题，又轻易地抓住读者的眼球。①

段落模因在结构上包含了两个或两个以上的句子。网络《戏说高考》的“琼瑶版”“甄嬛版”“鲁迅版”“仓央嘉措版”“金庸版”“赵忠祥版”“最炫民族风版”等不同版本的语言模因就是典型的例子。比如：

（4）老师，我一直在晕耶！进了考场，我晕，见了监考老师，我还晕，拿到试卷，我更晕了。我真的觉得我好无用，好无能，好脆弱，好对不起大家……

（百度搜索《戏说高考》之“琼瑶版”）

另外，还有电影《大话西游之大圣娶亲》中经典台词的北京话、南京话、四川话等不同方言版本，网络盛传的寒冬起床王世虎版、TVB 版、

① 参见百度百科，http：//baike. baidu. com/search/none？word = % E8% B0% 81% E5% 8A% A8% E4% BA% 86% E6% 88% 91% E7% 9A% 84 × ×&pn = 0&rn = 10&enc = utf8.

360版、QQ版等不同版本，这些都是段落层面的语言模因。

篇章语言模因现象也很普遍，如我们平常接触到的工作表格、申请文书等，都是细节内容不同，但主题一致且格式相当的复制因子。

最后，从信息对人类和社会的影响上来看，模因又可以分为积极语言模因和消极语言模因。不文明的表达方式、虚假信息、使用不当的语言模因都是属于后者，汉语流行语中就有很多这样的例子。如流行语“然并卵”，是“然而并没有什么卵用”的简略说法，表示某种事实、观点或做法等并不能带来积极的影响。该表达方式虽然新颖简练，终因粗俗而不能被大众广泛接受。虚假信息尤其是谣言的传播更是会打破人们平静的生活方式、扰乱正常社会秩序，因此有效识别消极语言模因无疑具有重要的现实意义。

当然，依据不同的划分标准，模因还可以分成很多其他类别，如从表征信息内容和表征形式角度可以将语言模因区分为形义复合、语形派生、语义派生三类；根据其组成可以分为模因复合体和单个模因；根据模因之间的互动关系可分为共生模因和寄生模因等，此处不进行展开。

四、模因的传播过程和传播方式

弗朗西斯·赫里根（Francis Heylighen，1998）提出模因传播复制的生命周期经历四个阶段。①同化（assimilation）：这是模因寻找其载体即新宿主的过程。成功的模因必须能够“感染”新宿主，进入他的记忆。这样的模因必须具备三个要素：可注意性（noticed）、可理解性（understood）和可接受性（accepted）。也就是说该模因必须具有足够的凸显性以吸引新宿主的注意力、能够适应潜在宿主的认知结构，并且新宿主愿意接受该模因。②保持（retention）：模因在宿主的记忆里保留的时间越长，传播和影响其他个体的可能性越大。③表达（expression）：指模因不再局限于记忆模式，通常以能被别人所感知的话语、文本、图片和行为等物质形式转换和释放出来。④传播（transmission）：通过具有一定稳定性的物质载体或媒介如音频、书本、照片、光盘等实现模因的表达需要。完成并不断重复这四阶段就形成了模因传播复制的周期。作为一种文化现象，语言模因也会遵循事物发展的周期性规律逐渐衰退并消亡，只不过周期长短不一，而且有些语言模因在短暂消亡后还可能重现。

汉语拥有世界上最庞大的使用人口基数，当前我国又处于社会转型时期，新兴事物不断涌现，再加上网络成为信息传播的主流载体，从大同小异的新闻报道、妇孺皆知的热门广告词，到网络流行语和节假婚庆祝福语，汉语模因传播达到了空前的速度和广度。需要特别强调的是，模因的传播过程是相互竞争和淘汰的过程。作为文化传承的单位和信息传播的单位，在模因生命周期的每一阶段，都存在着某些模因被淘汰或被保存的现象。人们的观念、行为和语言会不断进化，有些表达在一定的时间内被渐渐替换而慢慢消失，如汉语称呼经历了从“同志”“先生”和“小姐”到“亲”等的变化；问候的语言模因也从以前的“你吃了吗?”变成“早上好!”等。

何自然（2005）认为不管语言模因的形式和内容如何，其复制和传播方式基本上是重复与类推两种。其中，模因以重复的方式复制和传播，很大程度上是受相似语境的诱发，表现为语言结构形式的直接套用或近似复制。引经据典、转述他者话语等都是语言模因的直接套用。语言模因的直接套用非常方便也很容易让人理解，自然容易为宿主接受并广为传播。模因的近似复制指以不同形式反复指称相同信息。这种传播方式的典型例子就是我们日常交际中不同时期、不同地方对同一事物的不同说法（何自然，2005）。比如，中国女子对其配偶的称呼经历了从古代的“良人”“官人”“相公”“爱人”“老板”，再到现在的“老公”等多种变化，当然一些称呼方式会在一定时期内共存。

语言模因复制和传播的第二种方式是依据相同或类似的音或形、以类推的方式创造出新的模因变体来传播，具有更强的灵活性和语境适应性，因此这种方式更为普遍。同音类推是模仿词语发音而形成的新模因变体，常见于广告语中。而同构类推的模因变体是在保持语言结构不变的前提下传播新的内容和信息。例如，浙江卫视强力推出的大型励志专业音乐评论节目《中国好声音》，得到观众的普遍欢迎和好评，“中国好声音”很快成为强势模因而被复制和传播，继而出现“中国好剧本”“中国好舞蹈”“中国好学霸”“中国好爸爸”等“中国好××”的模因变体。何自然（2008）认为，同构类推中充当模因母体的语言结构一般都具有独特的语用效果和明显的修辞色彩特征，因而经典话语、诗词名篇等更容易受到人们关注和模仿。

五、语言模因的特征

道金斯（1976）用长寿性（longevity）、复制忠诚性（copying – fidelity）、多产性（fecundity）这三个指标来衡量复制因子质量的高低，在这三方面表现值均比较高的模因才有可能在竞争中获胜，这也是强势模因的特点。长寿性（longevity），指模因的复制结构存在越久，制造出的产品数量就越大，该模因越能在大家的使用和传播过程中确定稳固的地位，最终成为语言模因系统中的一员；多产性（fecundity），指模因能够以较快的速度进行大量复制，并且传播的范围比较广；模因的复制忠诚性（copying – fidelity），也称保真度，指模因被复制的越真实，就越能得到保留，像语言文字、传统文化、风俗习惯、宗教信仰之所以能够代代相传而不消失，就是因为保持了较高的保真度。

语言模因的进化与语言模因宿主密切相关，表现出高度主体性。语言模因首先必须产生并储存于宿主的大脑里，然后通过该宿主传递到下一位宿主，完成复制和传播的过程。而这一过程中语言宿主会持有自己的语用态度并顺应特定的社会语境，发挥主观能动作用。语言模因不只是语言信息的简单复制和传播，还会发生不同程度的变异。其中一个重要的原因就是“模因的复制过程中还携带着宿主的主体性因素，例如情感、偏好、立场、情绪、评判、意图等，体现出某种语用态度。这些因素与语用意图密切相关”（何自然、陈新仁等，2014）。宿主倾向于表达那些他认为有趣和重要的、需要重复的模因。值得注意的是，凭借新媒体的强大力量，网络互动的及时性与便利性，语言模因的宿主在数量上远远超过传统媒的传播对象，因而体现出更明显的主体性。

语言模因的传播与语境有着密不可分的关系，表现为语境依赖性和语境延展性两个方面。

（一）语境依赖性

语境依赖性表现为语言模因的传播需要相关语境的触发，包括时间、地点、事件、认知等因素。歌曲《祝你生日快乐》和《小芳》都是强势语言模因，作为流行歌曲走入千家万户，但前者的生命力显然更为强劲，发行100多年以来，被翻译成了多国语言，为全世界各国男女老少所熟知并在各种庆生场合传唱，在《吉尼斯世界纪录》中列为英语中最流行的三首歌曲之一；后者琅琅上口、旋律亲切，并因特殊的创作背景（上山下乡的独特历史时期）而引发了中国一代人的共鸣，迅速成为当年最为火爆的单曲。相比之下，后者的受众规模和流传广度明显不及前者。这样的不同显然是与其触发语境密切相关的。

（二）语境延展性

语言模因的语境延展性主要体现于语言模因的模仿过程中。比如词语“安利”，本来指的是美国的一家直销公司（Amway），是一个专名，用来指称该公司或该公司的产品。因其是全球最大的直销公司，旗下有畅销保健品纽崔莱，逐渐成为“传销”和“保健品”的代名词。后来又因为“安利式销售”特点突出，该词在游戏圈、动漫圈早已突破原意，引申出了另外新的意思：“强烈推荐”，并成为网络热词，一般在说话者想要推荐某样自己认为非常好的东西时使用。比如“这款 App 超好用，我来安利一下”；“我来安利一下这款零食”；“‘双十一’那天我被各种安利后在淘宝下了很多单”等，在模仿与传播的过程中，“安利”这个语言模因的使用语境不断得到拓展，也因此获得更多衍生意义。

语言模因中包括很多新词、新语和流行语，体现出浓烈的时代气息。当然，并非所有新兴表达方式都是语言模因。只有那些被宿主注意和接受，并且通过模仿的方式进入传播渠道的才能成为模因。时代的发展变化必然会在语言中留下烙印，语言模因来自于生活并运用于生活之中，与时代发展密切相关，客观上反映了特定时代的政治、经济和文化状况。从语言模因中我们可以看出当前的社会热点、大众审美观和流行文化等。如“抗美援朝”“一切反动派都是纸老虎”等语言模因反映了建国初期中国政府的决策和信心；“平反”“万元户”“下海”“下岗”“股份制”“一国两制”等反映了改革开放三十年中国社会的变迁和进程；而“傻白甜”“土豪，我们做朋友吧”“世界那么大，我想去看看”“伐开心，要包包”等从流行语中我们能够发现社会流行趋势，尤其是年轻人的情绪和人生观、价值观。

六、汉语模因的使用特点

汉语模因的使用受到多方面因素的影响，灵活多样的语言方式反映出人们对现实世界的感知。

首先，中国社会日新月异的发展变化为汉语模因的大量涌现和频繁使用提供了不竭的源泉，后者也成为前者在语言上的折射与反映。政治、经济、文化等各个领域的发展都引发了语言上的变化，大量新词新语涌现并承载了时事新闻、文化娱乐等多元信息。例如，与老百姓生活息息相关的高考、住房等具体的政策和制度，是汉语模因产生的土壤。

其次，中国人是一个特别喜爱模仿与创新的民族，加上现代技术尤其是互联网普及的助力，使得汉语模因具备了产生和传播的内外部条件。中华儿女乐于接受并模仿新兴事物，并在模仿的同时积极探索创新。例如，2015 年暑期热播剧《花千骨》中主角花千骨拥有无敌的复仇资本——“洪荒之力”。我国游泳小将傅园慧在 2016 年里约奥运会上接受采访时引用该词，表示对于比赛自己没有保留实力，已经用了“洪荒之力”。其幽默风趣的说话方式得到了广泛好评，并且凭借互联网突破时空局限性的强大力量，在一夜之间传遍大江南北，使得“洪荒之力”成为当红语言模因，频频出现在各媒体的标题之中，比如：

（5）a. 村主任贪腐过亿有洪荒之力相助？（中国日报）
b. 外观内饰对比，用尽洪荒之力，配置决定高低。（易车网）
c. 有洪荒之力也没用！因为要开学了。（中国教育在线）
d. 东晋才女洪荒之力文能咏雪武能杀敌。（21CN 手机网）
e. 为财务教育使出洪荒之力。（新浪新闻）

最后，从语言本体上来看，汉语的构词特点，特别是缩略法、类推法的大量运用，为汉语模因的形成提供了便利。汉语是一门开放的语言，构词方法灵活多样。其中，缩略法省时省力，适应高效率、快节奏的现代社会对语言精练性的要求。汉语中有大量由缩略法构成的语言模因。比如“减负”是减轻负担的缩略语，指减轻中小学生过重的课业和心理负担；“人大”“青奥会”“台胞”分别表示“人民代表大会”“青年奥林匹克运动会”和“台湾同胞”。2013 年网络流行词大部分为缩略语，比如“何弃疗”（为何放弃治疗）、“我伙呆”（我和我的小伙伴们都惊呆了）、“不明觉厉”（虽然不明白对方在干什么但觉得很厉害的样子）等全部是由语句或多个词组缩略而成。

另外，随着新生事物和观念的不断涌现，人们必须不断创造新词来丰富词汇，但是语言发展的过程性与规律性决定了不可能在短时间内产生大量新词语，而运用类推构词法能在已有的语言单位基础上迅速生产大量新词，能够有效解决这种表达需求与语言发展规律之间的矛盾。类推就是以一个或几个其他形式为模型，按照一定规则构成新的形式，在汉语模因的形成过程中起到重要的推动作用。比如由年龄类推出“工龄”“网龄”“骨龄”“酒龄”等；由电影《阿甘正传》类推出具有“××+正传”格式的《阿飞正传》《阿Q正传》《辣妈正传》《英雄正传》等影视剧作品名称，它们都是典型的以类推法构成的汉语模因，通过对现有语言单位的改造及时反映社会变迁，满足表达的需要。

七、小结

本单元通过汉语中的现象和实例介绍了语言模因的概念、分类、传播过程与方式，语言模因的特点以及汉语模因的使用特点。模因在语用学中是一个较为年轻的研究领域，但是模因现象的广泛存在已经引起了众多学者的关注，并有很多相关研究。理论方面包括对语言模因的定义、表征、类别，语言模因的形成与传播，语言模因的修辞功能、语境制约等一系列问题的探讨；应用方面，语言模因现象大量存在于广告、新闻标题、流行语和网络交际中。语言模因研究可以帮助我们对交际现象进行解读，对社会现状展开分析，也能为翻译理论与实践、外语教学和对外汉语教学等提供有益的探索路径。

课内讨论

1. 2015 年 12 月 15 日，《咬文嚼字》杂志官方微博发布了 2015 年十大流行语榜单，分别是：“获得感”“互联网+”“颜值”“宝宝”“创客”“脑洞大开”“任性”“剁手党”“网红”“主要看气质”。另外一些流行语，如“然并卵”、“重要的事情说三遍”等，则被排除在外。

问题：

（1）从模因的角度来看，这些词语成为流行语的原因有哪些？

（2）为什么有些流行语未能入榜？

（3）从流行语的传播规律来看，我们对待新词新语应该持什么样的态度？

2. “中国梦”如今在中国是一个重要话题，请从语言与社会发展的相互关系出发，结合中国的发展背景和现状讨论以下问题。

（1）从模因的角度来看，“中国梦”的缘起是什么？

（2）“中国梦”模因的话语构成方式是什么？

（3）“中国梦”话语模因的传播在主题和主体上都有哪些特征？

（4）“中国梦”话语模因产生了什么样的社会语用效应？

3. 下面为媒体发布的2015年十大网络谣言：

a. 荔枝泡药水引起手足口病；

b. 植物油做饭可致癌；

c. 软黄金黑枸杞保健效果极佳；

d. 氰化物使京津降雨变成剧毒、污染物7小时吹到北京（天津“8.12”爆炸后）；

e. 孕妇模式路由器保护健康；

f. 珍珠奶茶导致肠梗阻；

g. 掌上设备危害视力；

h. 草莓乙草胺超标7倍可致癌；

i. 喂养婴儿需要无菌水；

j. 55度杯采用纳米级相变材料，具有神奇的控温效果。

问题：

（1）这些谣言的模因特征是什么？

（2）为什么这些谣言能够广为流传？

（3）如何有效辨别语言模因传达的信息是真是假？

4. 我们每天都会接触到很多广告信息。在这些广告中充斥着各种各样互相竞争的模因，争夺受众的注意力。下面是一些较为成功的商品广告语：

a. 海尔，中国造。（海尔）

b. 情系中国结，联通四海心。（中国联通）

c. 新飞广告做得好，不如新飞冰箱好。（新飞冰箱）

d. 农夫山泉有点甜。（农夫山泉）

e. 人类失去联想，世界将会怎样？（联想）

f. 0℃不结冰，长久保持第一天的新鲜（西门子冰箱）

问题：

（1）从模因的角度看上述广告成为经典的原因是什么？

（2）分组活动：为新款电脑/化妆品/手机设计一句广告词，并从模因论的角度解释你的创作理由。

5. 新闻报道作为一种成熟的叙事方式，在结构和内容上通常是有一定范式可循的。有网友戏称 CCTV 每晚 7 点整的新闻联播就像一道填空题："今天______年______月______日，农历____，距离____还有______天。今天节目的主要内容有：______；______；______。下面请看详细内容。"

问题：

（1）你是否赞成上述网友的看法？为什么？

（2）所谓新闻报道就是对新近发生的事实的报道。但是客观事实本身不是新闻，因为新闻是在报道者对客观事实进行主观反映之后形成的观念性的信息。你同意这一观点吗？请用模因传播过程特点来论证。

（3）新闻报道是否应当打破范式？能否长期保持创新？

6. 流行歌曲既是流行音乐文化现象，也是一种社会现象。韩国歌手 PSY 的歌曲《江南 Style》一度红遍大江南北，一下子也出现了大量的"××Style"。请从模因论视角出发，讨论下列问题。

（1）该模因具有什么样的语言特点？

（2）该歌名能成为一个强势语言模因还具有哪些原因？

课后思考

1. 在语言模因论的指导下，人们开始重新评价过去一些被丢弃了的、被认为不合理或不可取的传统教学模式和教学主张。

（1）你认为"背诵教学法"和"模仿教学法"是否合理？为什么？

（2）如何用语言模因论指导课堂教学，如写作教学、翻译教学？

（3）模因的复制、传播规律对课堂语言学习中的文化介入有何启发？

2. 我国传统语言类节目—相声也吸纳了大量老百姓喜闻乐见的成语、谚语、俗语、诗词以及名言、名句等，如：

a. 说自己的路，让别人乐去吧。

（《婚礼》，2004）。

b. 它坚定了自己的信念，下自己的蛋，让别人说去吧。

（《策划》，2007）。

思考：

（1）相声小品中的哪些地方体现了模因的运用？

（2）相声小品中使用模因达到了什么样的效果？该效果是怎样达到的？

3. “被××”是一种新的语言现象，一度风靡网络和主流媒体，请从模因论的角度开展讨论。

（1）“被××”的语言特征有哪些？

（2）为什么“被××”会成为一种现象？

（3）“被××”的传播机制是什么，反映了语言发展变化的什么规律？

4. 模因依赖复制而生存，新闻标题也遵循着一种复制的传播方式。从模因论的角度来看，新闻标题其实也是一种模因形式。新闻标题的质量直接影响新闻本身对于受众的吸引力和信息传达效果。请看下面与“网红”有关的新闻标题并思考相关问题。

a. 原来都是“照骗”！揭秘“网红女神”真面目。

b. 网红嫩模整容上位　黄晓明王思聪罗志祥就爱这一口。

c. 网红萌娃崛起炒热童装市场。

d. 战火升级！王思聪遭网红起诉。

（1）上述新闻标题反映了模因哪种复制和传播方式？

（2）请以本题中列举的新闻标题为例，说明语言模因为新闻标题带来的“优势”，以及可能产生的负面效应。

（3）有些新闻标题比其他新闻标题更容易记忆和识别，拥有更高的出现频次，并可能在某段时期成为流行语，影响人们的表达方式，为什么会出现这种现象？

5. 语言模因通常会经历一个生命周期，包括其生成、复制、传播以及意义演变的过程。请选择一个流行语作为关键词，通过谷歌或百度等搜索引擎进行搜索和统计，并开展讨论。

（1）搜索结果反映了该语言模因怎样的生命周期？

（2）该词成为强势模因的动因和内在生成机制是什么？

（3）该词反映出什么样的语言发展规律？

第十一章　元话语

课前阅读

1. 何谓元话语？
2. 元语用意识是什么？
3. 元话语有哪些类别？各自的功能是什么？
4. 汉语元话语有何使用特点？

一、引言

言语交际的主要目的是向对方传递话语信息，使对方领会自己的交际意图。但是同一个命题信息，如果通过不同的言语方式来传递，就会具有动态的语用特征，体现出作者/说话人潜在的语用目的和意图，从而也影响读者/听话人对信息内容的理解和接受。请看下面两个例子：

（1）a. 有目击者称，火灾是焰火引起的。

b. 据说，火灾是焰火引起的。

（2）a. 你听我说，我会尽力想办法的。

b. 我会尽力想办法的。

例（1）中的两句话 a 和 b 传递的是相同的命题信息“火灾是焰火引起的。”但是“有目击者称”和“据说”为该命题信息的真实性提供了不同程度上的证据支持。如果把它们去掉，话语的命题意义不会发生改变，但是却影响了信息的可信度。在例（2），句子 a 中“你听我说”表达说话人的态度和主观性，向听话人表明自己的话语意图，增加协商的语气，以此来安抚听话人的情绪。句子 b 就是说话人在陈述自己的想法，不包含说话人的情感态度和主体间意识。

例（1）和例（2）中“有目击者称”“据说”和“你听我说”这些标记语的使用并不增加或者减少话语的命题意义，它们是说话人在语言使用过程中有意识选择的话语表达式，为听话人准确理解和把握话语信息提供了依据，这些标记语就被称为“元话语”（metadiscourse）。元话语在口语语篇和书面语语篇中都大量存在，因此本章所选取的例子既有口语语料也有书面语语料。

二、元话语的定义

在言语交际中，作者/说话人为了使读者/听话人更好地领会自己的交际意图，除了要把主要信息清晰地传递给对方外，还要考虑如何有效地组织语篇、在言语交际中表明自己的立场和态度、调控自己的言语方式、实现人际交流与协商等。这就需要考虑两个层面上的话语结构，一个是传递主要信息的篇章层次，我们把它称之为基础话语（primary discourse）；另一个是“关于话语的话语”，是为了更好地传递基本话语信息，我们把它称之为元话语（metadiscourse）。

元话语这个概念最初是由 Zellig Harris 于 1959 年提出，为研究语言使用和引导受众理解语篇而提供的一种方法。随后威廉姆斯（Williams，1981）、范德·考普尔（Vande Kopple，1985）、克里斯莫尔（Crismore，1989）、海兰德（Hyland 1998，2005）等进一步发展了这个概念，把体现作者/说话人介入语篇来引导读者/听话人去组织、分类、解释、评价和理解语篇的词汇、短语和小句都归入元话语范畴。海兰德是从广义的角度定义元话语，他不但强调其组织功能，同时还关注交际双方的互动交流。虽然学界对元话语的内涵没有统一的认识，但是学界普遍认同的是：元话语是表达命题态度、语篇意义和人际意义的话语。也就是说，元话语能够用来组织话语、表达作者/说话人对话语和读者/听话人的态度，并与他们进行人际互动协商。它是作者/说话人对自身言语行为的一种自反体现，以此来反映话语的对话性和主体间性。具有自反特征的元话语是人类所有语言共有的，是一种有意识的和有标记性的言语行为。

三、元话语与元语用意识

自反性（reflexivity）是人类语言的一个典型特征，是对自己使用的话语表达具有反思、调控和评价的自我意识。如果没有自反性，就不可能有第一语言层次的存在（Taylor，2003）。元话语标记具有很强的自反性，是作者/说话人在语言使用时有意识的话语选择。这种自反意识也就是维索尔伦（Verschueren）所提出的元语用意识（metapragmatic awareness），元话语标记的使用就是元语用意识的直接体现。请看下面例句：

（3）坦率地说，我对语言学的了解是非常少的。

（4）我们经过前期文本观察，发现语篇中实际上大量存在归属于其他型的标示名词，有必要对其进行细化。

（5）大家知道，紫外线是有很强的杀菌能力的。

在上述例句中，“坦率地说”“我们”“实际上”“有必要”“大家知道”就是我们所说的元话语标记，它们突出了作者/说话人不同的元语用意识。“坦率地说”“实际上”“有必要”都表明了作者/说话人对命题信息的态度。“我们”突出了作者的自我再现和自己作为研究者的身份特征。“大家知道”一方面用“大家”来呼唤听话人，意在拉近和听话人之间的距离，同时假设交际双方有相同的背景知识，使听话人更容易理解说话人的话语内容。

这些标记语的使用，是读者/说话人在元语用意识的调控下有意识选择的结果，凸显了隐藏在话语深层的语用效果和意义，是言语交际成功不可缺少的手段之一。

四、元话语的分类和元语用功能

由于元话语概念的模糊性，关于它的分类目前还没有统一的标准。迄今为止，被国内外学者普遍接受的元话语分类包括以克里斯莫尔（1989）为代表提出的语篇—人际元话语分类和海兰德（1998）提出的人际—互动模式元话语。海兰德（1998）认为元话语在本质上是一个由开放性的语言单位集合而成的意义系统。通过进一步研究，海兰德（2005）发现元话语从本质上来讲都是人际的，因为作者/说话人必须要考虑读者/听话人的知识背景、语篇和信息处理的能力，要考虑与读者/听话人之间的互动。用于组织语篇的元话语其实是建立在对读者/听话人的背景知识、语篇处理经验和能力基础上的，因此暗含着与读者/听话人之间一种无形的互动。海兰德（2005）认为元话语与语篇功能和人际功能是共生关系，不可分割。因此，海兰德（2005）提出了元话语的人际—互动模式，将语篇元话语改为交互式元话语（interactive metadiscourse），将人际元话语改为互动式元话语（interactional metadiscourse）。

海兰德元话语分类模式（2005）

元话语类别	功能	例子
交互式元话语		
过渡标记	表达各个句子之间逻辑关系	thus，in addition，however
言据语	表示语篇中信息来源	according to，X states
框架标记	指示语篇行为、语篇序列和语篇段的表达方式	to conclude，in sum，then
内指标记	指语篇中其他部分信息	noted above，in section X
语码注释语	帮助读者理解语篇中概念	namely，for example
互动式元话语		
模糊限制语	降低作者对命题内容确信态度	may，perhaps，likely
增强语	增强作者对命题内容确信程度	certainly，definite，must
态度标记	表达作者对命题内容态度	surprisingly，unfortunately
自称语	指作者自己	I，we，me，us
介入标记	将读者引入语篇	note that，let us，you

目前对于元话语的分类大多集中在英语元话语研究，汉语元话语研究还刚刚起步，国内对汉语元话语分类较为系统的是李秀明（2011）。他在海兰德（2005）的分类基础上，对汉语元话语标记进行了如下分类：

第一类：语篇功能元话语

语篇功能元话语	功能	实例
话题结构标记语	标识话题的开始、变换、结束、结构的分层以及为了展开后面的话题	话说、上回说到、其次、最后
衔接连贯标记语	反映语篇中各语段的连接，表达语篇中的程序意义	无独有偶、推而广之、由此可见、顺便说一句
证据来源标记语	说明话语判断的证据，指出本文信息与其他信息之间的关系	据悉、正如……说得好
注释说明标记语	对话语中的某个词语进行解释	也就是说、换句话说

第二类：人际功能元话语

人际功能元话语	功能	实例
含糊表达标记语	对说话人所做的论述表示有所保留，表现协商性	在某种意义上、甚至可以说、在某种程度上
明确表达标记语	加强说话人所作论述的肯定性，表现权威性	说到底、归根到底、很显然
评价态度标记语	表现作者对话语的评价、情感和态度	很遗憾、令人兴奋的是
交际主体标记语	承认读者的存在，召唤读者对话语的积极反应	请注意、我们看到、大家知道

综合海兰德（2005）和李秀明（2011）对元话语的分类以及海兰德对元话语的人际—互动模式的论述，下面将汉语元话语分为交互式和互动式元话语，每个大类下面又分为具体几个小类。具体分类如下：

（一）交互式元话语

交互式元话语是指语篇中标识话语命题之间的逻辑关系、话题组织结构、命题信息来源等的语言表达式，可以帮助读者/听话人理解语篇组织结构和命题信息之间的逻辑关系，种类包括话题结构标记语、衔接连贯标记语、证据来源标记语和注释说明标记语。

1. 话题结构标记语

话题结构标记语的使用是指读者/说话人通过使用诸如“对于”“关于”“顺便说一下”“总之”等标记语来体现要发起、转换或者结束话题的元语用意识。话题结构标记语包括表示话题转换的标记形式，如“对于”“关于”“就……而言”“话又说回来了”“顺便说一下”等；表示话题开始的标记，如“众所周知”“无须赘言”“事情是这样的”等；表示话题结束的标记，如“就这样”“到此为止”“归根结底”“总之”等；表示话题序列的标记，如“首先”“下一个”“第一”“第二”等。标记语的使用，不仅可以使话语整体更加连贯，而且还可以减轻读者/听话人的信息处理压力，帮助他们理清话语信息之间的顺序和话题的变化，从而促进信息的有效传递。请看下面的例子：

（6）值得注意的是，此新闻一出，立即有网友贴出了引用原文，力证标题失实；转载媒体发现标题不妥，也及时修改。这一方面说明，网友对待新闻的审慎和理性程度在不断提高，另一方面也映照出，公众对于专车改革方案调整、完善的强烈期待。

（人民网，2015－11－11）

（7）总而言之，此次巴黎恐怖袭击如果是一次加强版的独狼式恐怖袭击，全球社会将面临非常严峻的反恐形势。

（腾讯网，2015－11－13）

（8）其实我们不小了，但话又说回来，黄忠60岁投靠刘备，姜子牙80岁当丞相，年轻轻的着什么急啊！

在例（6）中，“值得注意的是”是一个话题选择标记，选择“新闻标题不妥”作为推进话题。读者看到这个标记，会了解到作者接下来引出一个新话题，就会把注意力放到之后的信息内容上。“这一方面”和“另一方面”是表示话题序列的标记，作者把信息框架清晰地呈现在读者面前，便于读者理解命题内容。例（7）中，“总而言之”是一个话题结束标记，此类标记能够帮助作者将话题结束信息更加清晰地传递给读者，引导读者以全局性的思维去理解语篇，便于读者理解信息。在例（8）中，“但话又说回来”是一个话题转换标记。首先，它把前后两个语义单位连接起来，使之更加衔接连贯；其次，为听话人建立最佳关联，话题由“我们岁数不小了”转变为“黄忠60岁投靠刘备，姜子牙80岁当丞相”，内容发生了改变，但是“话又说回来”可以帮助听话人建立其前后语段之间的语义关联，知道说话人在下一个语段中观点发生了变化，认为岁数大也可以有成就，否则这两个语段之间的话题转换就显得有些突兀。

2. 衔接连贯标记语

衔接连贯标记语主要是用来构建语篇内部的逻辑关系和连贯性，使作者/说话人能够更好地组织语篇，从而引导读者/听话人来把握话语之间的内在逻辑关系和语篇结构信息，是典型的反映程序意义的标记形式。李秀明（2011）认为表示命题逻辑关系的连词不应看作是元话语。但是这些表示逻辑关系的连词是语言使用者主观上选择来标示话语之间原因、转折、假设、并列等逻辑关系的，起着连接语篇，使话语连贯的语用功能，突出了作者/说话人组织语篇、标示语篇信息之间逻辑和衔接关系的元语用意识，因此，这些衔接连贯标记语属于元话语标记。这种标记形式在数量上最多，在使用频率上也最高。海兰德（2005）认为衔接连贯标记语是用来表达增补、因果、和对比等逻辑关系的语言技巧，主要表现形式为连词、副词、介词短语等形式，如“因此”“此外”“然而”“所以”等。此外，用来引导语篇内其他部分信息的内指标记也归为衔接连贯标记语。具体内容包括：

A. 表示并列关系的标记语。连接的两个成分在时间、空间或者逻辑上是一致的。如“同时”“并且”“以及”“和”。例如：

(9) 二兰和郑云山也证明这的确是事实，同时我还弄清楚他们是自由恋爱。

（马烽《结婚现场记》）

(10) 这篇文章讲了早起的十个好处，以及如何早起。

B. 表示因果关系的标记语。这种标注因果逻辑关系的标记能够凸显语篇信息之间的前因后果和来龙去脉，让语篇信息显得更加真实可靠。如“因此”“所以”。

（11）他因为晕车，所以坐在副驾驶位子上。

（12）税收减少了，因此抱怨声也少了。

C. 表示递进关系的标记语。后一句是前一句的延伸和说明，如“不但……而且”“不仅……也”“不仅不……反而”。例如：

（13）政府不但拿去他们刮来的地皮，而且没收了他们的财产。

（老舍《四世同堂》）

（14）他不仅不感谢，反而对我发火。

D. 表转折关系的标记语。突出前后信息的差异，展示信息的本质。如“虽然……但是”“而”“却”“可是”。

（15）他虽然有病，可是仍继续工作。

（16）虽然他做了很多工作，然而他做事蜻蜓点水一样，不够深入，却总是找理由，找借口，推卸责任。

E. 表示内指的标记语。是用来引导语篇中的其他信息成分，具有预示下文和总结前文的功能。因此，内指标记能够有效引导读者去关注语篇中某一部分信息，将处于语篇中不同位置且具有密切相关性的信息有效连接起来。如“上文已经说了”“在第二部分”“如前所述”“详见第二章”等。

（17）如前所述，每个注册表一个只能用在一个域中。

（18）关于这个问题的论述，详见第二章。

3. 证据来源标记语

证源来源标记语是指作者/说话人为了表现自己的认知状态和增加所述信息的可信度，使用一些标识证据来源的标记语，这些标记语通常以小句的形式出现。根据信息来源是第一手还是第二手，可以分为直接证据和间接证据。直接证据来源标记语标识信息是来源于作者/说话人的亲身感受和体验，增加了命题的真实性，如“据我所知”“依我看”“我听说”等。直接证据来源标记的使用体现了作者愿意对所述信息的真实性承担责任的元语用意识。请看下面的例子：

（19）李石清：我听说，您最近手气很好。

（曹禺《日出》）

（20）实验结果证明，本文所提出的混合控制器具有优异的性能。

间接证据来源标记语的使用意味着信息来自于作者/说话人之外。如娱乐新闻报道中经常使用“据悉”“据某人透露”等传闻类的证据来源标记，表明后面所说的信息是有一定来源的，但是作者/说话人对它的真实性不负责任。

（21）据媒体透露，朝鲜人最喜欢去的人气购物场所是与朝鲜相邻的中国丹东。

（人民网，2013－07－25）

而在新闻报道中，为了突出证据的真实性和权威性，通常会标识出具体的信息获取时间、地点和人物等，如下例：

（22）据新华社北京11月12日电　为深入贯彻落实新形势下的国家粮食安全战略，全面落实地方粮食安全主体责任，切实保障国家粮食安全，依据《国务院关于建立健全粮食安全省长责任制的若干意见》，国务院办公厅近日印发《粮食安全省长责任制考核办法》。

（人民日报，2015－11－13）

在学术论文写作和科技语篇中，引用频繁出现，证据来源标记语是标示引用的一个重要手段。斯威尔斯（Swales，1990）将引用形式分为融合式引用和非融合式引用。所谓融合式引用就是将标示信息来源的证据来源标记语整合在被引用信息所在的句子中，使其成为句子中的一个成分。

例如：

（23）Pawley & Syder（1983）的研究表明，我们的大脑将有用的单词组合存储为预制的整体单位。

非融合式引用将引用的作者，即证据来源标记语置于括号当中，该引用的作者并不构成句子结构中的成分。如下面的例子：

（24）作为一种非透明的语言结构，习语常被视为程式语的原型。（Nekresova，2009）

任何形式的证据来源标记语都是作者/说话人试图避免信息内容显得过于武断和主观而采用的语言手段，使话语内容更具说服力和客观性。

4. 注释说明标记语

注释说明标记语是指作者/说话人用来帮助解释、说明、澄清和例证命题信息中的一些陌生、模糊的概念，从而帮助读者/听话人有效解读话语信息的元话语标记。被引导信息并不增加命题意义，但是作者/说话人用注释说明标记语来表示要对先前信息进行重述、举例、澄清、完善或者特征描述，以此突显他们的元语用意识。注释说明标记语通常可以分为两类，一种是引导重述信息的，一种是引导例子的。

引导重述信息的注释说明标记语通常包括："也就是说""换句话说""换言之""这就是说""这可以被解释为""X 的意思是 Y"。这类重述型注释语的主要功能就是表示对特定观点进行重新阐述，目的是使观点更加明确，帮助读者理解信息，或者是对先前所提供的信息进行拓展。例如：

（25）税务协定总是双方的。也就是说，是两国之间一致达成的协议。

例（25）中"也就是说"后面引导的信息是作者对前面观点的解释，使读者更容易理解之前的信息。

引导例子的注释说明标记语是指如"例如""拿……来说""以此为例""举个例子说""比如"这类用来引出某些相关例子来对陌生概念进

行解释的元话语标记，将一个抽象的概念和具体的事例联系起来，便于读者/听话人理解。这类标记多出现在学术论文和科技语篇中。例如：

（26）五中全会特别提出来支持互联网创新，特别是分享经济的发展，正逢其时。举个例子，以滴滴打车为代表的分享经济，在中国的发展实际上是远超欧洲，和美国比也是并驾齐驱甚至超过它的。

（中国西藏网，2015-11-14）

（27）怎样给电脑设置关机时间？比如说，我想在一个小时以后让电脑自动关机，该怎么设置呢？

通过上面的例子，我们发现，无论是重述性还是举例式的注释说明标记语，都位于话语的中间，连接着两个语义分段，一方面起着衔接话语的作用，另一方面又能引导读者/听话人对后面的话语进行理解。

（二）互动式元话语

互动式元话语是作者/说话人意图、目的、态度、评价等的外显标记，突出话语的互动性，使交际双方都参与到当前话语的意义构建中。主要包括认识立场标记语（含糊表达标记语、明确表达标记语）、态度评价标记语和交际主体标记语。

1. 认识立场标记语

认识立场标记语是表达作者/说话人包括含糊表达标记语和明确表达标记语。

A. 含糊表达标记语

含糊表达标记语表达作者/说话人对命题内容一种不确定的态度。主要包括情态动词（“恐怕”“也许”“或许”）、表示可能性的形容词或者副词（“一般认为”“有点儿”“稍微”“在某种程度上”“可能”）等。

（28）在某种程度上来说，飞机延误是由大雨引起的。

（29）你这件衬衫有点脏。

在例（28）中“在某种程度上来说”后面连接的是判断句，“飞机延误的原因是大雨引起的”。但是说话人为了使自己的判断留有余地，使用了模糊性元话语标记。例（29）中，说话人意图是批评对方衬衫不干净，但是如果直接指出会伤及对方的面子，通过使用含糊表达标记语“有点”，来缓和批评的口气，让对方容易接受，同时还保全了对方面子。

使用含糊表达标记语体现出作者/说话人对命题态度和认知的一种元语用意识，一方面可以避免武断地传递信息，另一方面，可以缓和话语对对方面子的威胁语气，从而维持交际双方和谐的关系。

B. 明确表达标记语

与含糊表达标记语相反，明确表达标记语强调的是作者/说话人对命题内容的确定态度。表示他们希望读者/听话人完全接受自己的观点，强调作者/说话人的话语权力。比如表示确定性的情态动词“必须、应该”，一些副词形式如“很明显”“显而易见”“毫无疑问”“毋庸置疑”“不用说”“特”“当然”等。

（30）毋庸置疑，好的事情总会到来，如果它来迟了，可能会是意外的惊喜。

（31）显而易见，这个概念是一个政策性和操作性的，不是一个理论的概念。

例（30）和（31）中的“毋需质疑”和“显而易见”都是明确表达标记语，它们不仅可以帮助作者/说话人强化自己的认识立场，表明自己对所述命题真实性的确定态度，而且可以赢取读者/听话人的支持，限制或排斥潜在异己观点或立场。

2. 态度评价标记语

海兰德（2005）认为态度标记承载着作者对命题信息的赞赏、遗憾、重视、希望、惊讶等情感态度，而非认知态度。态度标记语常见的表达方式为表示惊讶、遗憾、期望等情感态度的形容词或副词，如“令人兴奋的是”“令人遗憾的是”“有趣的是”“幸运的是”等。此外还有一些表示态度的动词如“希望”“同意”“愿意”等。这些态度标记从不同角度反映出作者/说话人对命题的情感态度，实现作者/说话人和读者/听话人的人际互动。

（32）人生就是不断地放下，但最遗憾的是，我们来不及好好告别。

（33）我希望“转转”可以扮演一个推动的角色，让它的成功，更多地促进二手文化的建立和成熟。

态度评价标记语除了表达作者/说话人对命题信息的态度之外，还表现出作者/说话人对自己的言语行为的评价态度（李秀明，2011），对自己提出的观点和论断作出的反思。常见的标记语有：“坦率地说”“老实说”“实话实说”“说得好听一点”“用句时髦的话来说”等。例：

（34）坦率地说，你还没有做好结婚的准备。

（35）老实说，世界这么大，我想出去看看。

3. 交际主体标记语

交际主体标记语是交际各方在语篇中的明示表达，主要包括自我提及语和介入标记语。自我提及标记语通过隐性或者显性的方式来标识作者/说话人的存在和再现。常用表达形式有“我”“我的”“我们”等第一人称单复数形式。需要指出的是，“我们”包含两种类型。一种是包含读者/听话人的，另一种是不包含读者/听话人的，其中包含读者的“我们”被视为介入标记语。此外，用来指代作者的名词如“作者”“笔者”等形式也被视为自我提及语。作者/说话人在言语交际中，不可避免地要把自己和自己对命题内容、对语篇接受者的态度等投射到语篇中，因此作者/说话人会根据具体的情境和立场有意识地选择是否提及自我。看下面的例子：

（36）我们认为，以受话人为切入点，将是话语分析、语言学和语言哲学研究的新热点。

（37）老张，你听我说，一定马上停止行动。

（38）这观点，不知别人以为如何，在我看来，很好。

例（36）是选自单一作者的学术论文，这里作者用“我们”这个第一人称复数形式来指代独立的作者本身，说明作者想向读者表明该观点不是其个人的主观观点，希望借整个语篇社团的力量来增强个人推断的可靠性。例（37）中的交际主体标记语“你”和“我”的使用，突出了交际主体的参与和互动，说话人意在突出对听话人行为进行劝说的意图，同时，用“你听我说”引起听话人对接下来话语的注意。例（38）中，“在我看来”突出了说话人的主体性，明确表明自己的观点。

但是如果人称代词“你、我”只是表达命题信息内容的，则属于基本话语范畴，只有在表达言语行为意义层面上的信息发出者和接受者“我”“你”才是交际主体性元话语标记。看下面例子：

（39）我昨天去商场了，你去看电影了吗？

（40）我个人认为，你这件事情做得不对。

例（39）中的“我”和“你”都是命题信息的一部分，不属于元话语标记，而例（40）中“我个人认为”中的“我”是突出言说者的言语行为和态度，因此是表达自我提及的元话语标记。

介入标记语是指在语篇中直接指称读者/听话人的一些表达，将他们视为语篇的参与者，突出读者、听话人的存在，例如“你看”“你懂的”“我们知道”“读者”“大家”等。介入标记语体现了作者/说话人的一种平等意识，意图拉近其与读者/听话人之间的距离。看下面例子：

（41）我只能回答成这样了，你懂的。

（42）大家知道，有商品的地方，就有价值规律和它的作用。

例（41）和（42）中的“你懂的”和“大家知道”都是召唤读者参与的介入标记语，也体现了说话人对听话人的知识水平和背景的了解，表达了对他们的尊重。

五、汉语元话语的使用特点

作为言语交际中不可缺少的话语层面，元话语在不同语言中的表现形式和使用上又呈现出不同的特点。在上一小节我们介绍了元话语的分类和功能，元话语是对言语行为的动态研究，它的表现形式不仅包括那些穿插在句子结构之间简短的词语，还可以是一个小句或者一个完整的句子。从语用认知的角度来看，元话语的使用可以进一步解释话语的生成与理解，是交际主体认知思维的外在体现，以引导读者组织、解释、评价基本话语，并对命题信息做出反映。元话语不仅可以增强语篇逻辑，突出语篇意义，而且还能够表现作者/说话人对命题信息、读者/听话人以及本人的态度与评价，标识交际主体之间的亲疏程度，鼓励读者/听话人积极参与到话语之中。元话语虽然是不可或缺的语言构成因素，但是其使用数量、频率以及种类要受到语言类型、语体等因素的影响。汉语元话语的使用受语言本身的特点以及语体等因素的影响，在形式上和使用频率等方面都有不同。

在形式上，汉语元话语和插入语类似，大多数以插入的形式出现，位置较为灵活，可以在句首、句中或句尾，在口语语体和书面语语体中都是大量存在的，一般以逗号与主句隔开。如：

（43）换言之，规范是在能直接观察到的事实之下一层的，必须由观察者重构出来。

（44）我一定跟她说，会想通的，我想。

“换言之”和“我想”虽然在形式上可以省略，但是从表达话语意义的角度看，是不能省略的。在汉语中，有些表示逻辑关系的元话语却是可以省略的，因为汉语中更多的是依靠意合连接话语成分，在某些汉语语境中，即使省略部分元话语，也能推断出其逻辑联系，语篇的整体结构仍然完整，如：

（45）买房时要考虑以下问题：第一，房子的质量；第二，房子的价位；第三，房子周围的环境。

“第一”“第二”“第三”是表示序列关系的元话语，如果省略，读者/听话人也能推断出其逻辑关系，所以在汉语表达中有些逻辑元话语是可以省略的。但在有些情况下，如果省略了衔接连贯标记语，话语效果就有天壤之别，如：

（46）在我的后园，可以看见墙外有两株树，一株是枣树，还有一株也是枣树。

（鲁迅《秋夜》）

这句话所传达的客观信息等同于“在我的后花园，可以看见墙外有两株枣树”，但是所表达的语用效果却与原文差别甚大。原句通过使用增进衔接连贯标记“还有……也”将作者所处空间环境的空旷冷清和与这种自然状态交融在一起的沉重心情浓浓地笼罩在了读者身上。如果去掉元话语，就无法实现这种效果。

不同语体中元话语的使用频率和类别不同。受语体本身特点的影响，元话语的使用频率和类别都有不同。黄勤、熊瑶（2012）探讨了新闻评论语篇中元话语的使用，发现汉语新闻评论中元话语的使用数量和频率都较英文新闻评论少，这也验证了汉语重意合的结构特点。就元话语的分类使用情况而言，几乎每篇汉语评论都由证源标记语引导，而很少用模糊限制语。这表明中国作者在论述时倾向于用肯定和直接的表达方式，在其语篇中投射出一种权威性的形象，以便使读者信服。由此可以看出，汉语新闻评论写作遵循的是读者负责型的模式，作者自己对观点的正确与否很少承担责任。鞠玉梅（2013）在分析对比汉英学术论文中的元话语使用情况时指出，汉英学术论文中都使用交互性元话语来布局谋篇，但是汉语元话语的使用数量明显少于英文，因为汉语依靠意合连接话语成分，即使省略部分元话语，也能推断出逻辑联系，语篇的整体结构仍然完整。与新闻评论语篇类似，汉语学术论文中除了很少使用模糊限制语外，对于交际主体标记、内指标记和自我提及都用得较少。而在法律语体中，则几乎不用或者很少使用元话语，如果使用表达人际的元话语，那么法律文本的庄严性和权威性将消失殆尽。

六、小结

本章简要介绍了“元话语”概念的定义和界定。元话语是用来协商语篇互动意义的自反表达形式，是语言使用者在语言使用过程中有意识的语言选择，是元语用意识的外显表征形式。从元话语的定义和分类，我们可以发现，元话语是一个开放性系统，它虽不提供主要的命题信息，但它和命题信息共同作用，构成了语篇的修辞环境。它所关注的是作者的写作过程和读者的阐释过程。它的存在虽不增加命题内容，但对意义的构建却是必不可少的。因此，我们说元话语是话语的语用构件，是语言使用者在话语生成过程中留下的元语用意识痕迹。元话语的恰当使用对于交际者实现交际意图具有重要的意义。

课内讨论

1. 下面两个语段选自访谈和商务谈判，找出每个例子中的元话语标记，并分析它们的元语用功能。

（1）主持人：那时候我们格兰仕到底遇到什么样的困难，您能跟我们说说吗？

梁昭贤：确实当时整个经济出现了问题，……

主持人：好，那么其实我听说后来李克强副总理又到了格兰仕，那么这一次又发生了什么样的变化？

梁昭贤：确实每个时期最关键的时候，领导对我们都很多关怀，昨天，李克强副总理到格兰仕视察，给我们极大的鼓舞和鞭策，……

主持人：我也想请您再谈谈 2009 年我们格兰仕取得了哪些优秀的成绩？

梁昭贤：格兰仕 2009 年确实通过金融危机最大的收获是格兰仕人受到一个很好的锻炼，……

（“CCTV 经济年度人物 候选人格兰仕总裁梁昭贤”，《访谈》电视节目）

（2）A：范经理，你看我们最近又是改进，又是降价，非常想和你们做成这单生意，这又把报价降了 10 个百分点。

B：我们还是先别急功近利吧。

A：你看，那除了付款一样，其他的我们可不可以定下来？

B：这样吧……

（杨文惠，2009）

2. 以下句子来自于西方汉语学习者，请指出句子中元话语标记的错误用法，并改正。

（1）火烧得太快了，当然很多人都来不及把值钱的物品搬出去。
（2）最后，我还想对那位警察说一句话：“为了您的帮助，我们平安地回到苏州，非常感谢！祝您工作顺利！”
（3）所以某市政府能想出一些新的计划和法规在这个方面。

3. 广告语篇中经常出现第一人称单数、复数和第二人称代词，可以用来指代广告商或者消费者，试分析下面广告中的人称代词分别指代谁？并分析这种人称用法的人际功能。

买你没商量，格力是我的——格力电器
我选择，我喜欢——安踏运动鞋
谁说我跑不过乌龟——上海大白兔奶糖
我的世界，我的城——珠江国际城
我们不创造产品，但创造产品的灵魂——马丁艾曼广告公司
我们家的小护士——《家庭医学词典》广告
我们的牡丹，我们的卡——中国工商银行牡丹卡
缘分使我们相遇，中航使我们变小——中国航空公司
你属于“百事”这一代——百事可乐公司
事事因你而精彩——雀巢咖啡
我的眼里只有你——娃哈哈纯净水

4. 下面话语如果去掉划线部分的元话语标记，话语意义会有哪些改变？

（1）我认为《肖申克的救赎》比《阿甘正传》更好看。
（2）天气预报说明天南京会下雨。
（3）这样花了钱，得不到好的服务，反而起了坏作用，我的意思是这个。

（4）据了解，中国政府希望通过这次专项行动严厉查处一批大案要案。

5. 证源来源标记语是指作者/说话人为了反映自己的认知状态和增加信息的可信度而使用的标记语。根据信息来源的不同有直接证据来源标记和间接证据来源标记，试分析下面证据来源标记的类型和作用。

（1）公诉人：……根据我国刑法第 275 条，故意毁坏财物罪是指故意毁灭或者损坏公私财物，数额较大或者具有其他严重情节的行为……
（2）据报道，此法案实施后陈水扁近千万年薪将泡汤。
（3）海兰德（K. Hyland）认为，元话语是一种社会行为，属于功能维度，“用于体现语篇中互动意义的反身表达”。(Hyland，2005)
（4）我听说你们院马上有一个全面会诊，是针对什么的呢？

课后思考

1. 律师辩护词话语是一种机构话语，主要目的是达到劝说的效果。试分析下面四段律师辩护词中哪些元话语手段可以增强其劝说功能。

（1）虽然被告人的犯罪性质恶劣，危害后果特别严重，但主观恶意不属特别巨大，虽罪该处死，但不属于必须立刻执行的范围。
（2）一审判决认定被告李波构成故意杀人罪证据不足，本案应定性为故意伤害（致死）。（一）案发前种种证据表明被告人李波没有杀人故意。（二）被告人的供述不能作为本案认定犯罪性质的主要依据。（三）在认定故意杀人依据不充分的情况下，应该坚持疑罪从轻的原则。
（3）依据 1998 年实施的法释（1998）8 号《最高人民法院关于处理和立功具体应用法律若干问题的解释》第 3 条“具体确定从轻、减轻还是免除处罚应当根据犯罪轻重、并考虑自首的具体情节”的规定，本案因有抢救行为的自首情节，应当从轻处罚。

(4) 根据疑罪从轻的定罪处罚原则将本案被告之行为认定为故意杀人显然不妥。既然刑法规定对一般自首都可以从轻、减轻或免除处罚，那么，对于积极抢救又自首的情况予以从轻处罚显然并不为过。

（韩嘉毅，2008）

2. 公益广告的目的是进行公共道德宣传，因此广告语就要发挥劝告、鼓励和倡导的作用。试找出下面一则公益广告中的元话语，并分析这些元话语是如何实现公益广告的宣传作用的。

有时候文明离我们只不过是十公分的距离/有时候也许只是几十厘米的宽度/也有时候可能是一张纸的厚度/我相信其实文明就在我们心中/我们会在生活中不经意地流露着。……我相信我们每个人迈出一小步就会使社会迈出一大步。

3. “你知道”是一种介入性元话语标记语，它的使用除了有体现说话人引起听话人注意，寻求听话人对话语内容认同的目的外，还体现说话人其他的元语用意识。试分析下面例子中的“你知道”所体现的元语用意识。

(1) 记者：您跟这孩子非亲非故的，自己身体也不好，还给孩子捐这么多钱，家人同意吗？

大爷：支持啊，<u>你知道</u>，人心都是肉长的，看孩子遭罪，我们能不管吗？

(2) 我知道他们是来帮助我们的。<u>你知道吗</u>，从我生下来到现在，我们这个村子从没有医生来过。

(3) 小明：这个红烧肉真好吃！多吃点。

小红：你自己吃吧。<u>你知道吧</u>，我在减肥。

(4) 那天我的感受太深刻了，<u>你知道</u>，我们只是尽了一份微薄的义务，却得到了最珍贵的信任和接纳。

(5) 我刚开了个公司，<u>你知道</u>，各方面都得用钱。

4. 自我提及语是交际主体标记语的一种，通过使用自我提及语，作者/说话人可以构建自己的语用身份。分析下面语段中作者是如何使用自我提及语来构建语用身份的。

（1）TNR认为，语用学是“用语言将显示构建成有意义的经验”。以这一体验认知语用观为指导，结合语用学中的认知语境理论，本文重新阐释语用能力的内涵。

（卢加伟《体验认知语用观下的二语语用能力研究》）

（2）据此，我们证实了以往研究的发现：学习者语篇中标示名词的使用有时存在功能不一致的现象。

（周惠、刘永兵《中国英语学习者学术写作中标示名词的功能与立场研究》）

（3）笔者根据Hyland给出的元话语列表分别对自建摘要对比语料库进行检索，分别统计出交互元话语和人际元话语中各小类内元话语的出现频次，在此基础上对比文理科学术摘要中元话语使用情况的异同。

（周岐军《学术论文摘要中的元话语对比研究》）

5. 从《纽约时报》和《人民日报》随机各选取10篇新闻语篇，按照课文中相关的元话语分类模式，对语料库中的元话语标记进行标注。在语料分析的基础上，试回答下列问题并分析其原因。

（1）在汉英新闻语篇中元话语标记的使用有什么共性？

（2）在汉英新闻语篇中，哪些元话语标记在使用上存在差异？

第十二章　礼貌原则

课前阅读

1. 何为礼貌与不礼貌?
2. 礼貌与不礼貌有哪些属性?
3. 哪些因素影响礼貌与不礼貌的判断?
4. 支配英语交际文化的礼貌原则是什么?
5. 汉语交际文化中的礼貌原则又如何?

一、引言

概括而言，交际有两大目标：施为目标和社会目标（Leech，1983）。相应地，言语行为可以分为四大类：①竞争类（施为目标与社会目标相互竞争的言语行为）；②和谐类（施为目标与社会目标相一致的言语行为）；③合作类（以交换信息为主要施为目标的言语行为）；④冲突类（施为目标与社会目标相互冲突的言语行为）。

作为社会目标的重要内容，礼貌制约着言语行为的实施方式。不同的言语行为对礼貌的要求程度是不同的。竞争类言语行为，如“命令”“请求”等本质上是“不礼貌的”，因此说话人更要注意礼貌地使用语言。和谐类言语行为，如“提供”“邀请”“祝贺”等本质上是礼貌的，该行为与礼貌是和谐的。合作类言语行为看重的是信息本身的有效传递，因此礼貌是无关紧要的。冲突类言语行为，如“指责”“咒骂”等本质上也是不礼貌的，在此过程中礼貌因素一般是很少或不予考虑的。

然而，何谓礼貌与不礼貌，并不能诉诸常识，而且不同的文化对礼貌与不礼貌的认识未必一致。对此，国内外学者做了大量的探讨，相关研究成为语用学的重要内容。

二、礼貌与不礼貌的定义

中华民族是个历史久远的礼仪之邦，中国的礼貌一词最早要追溯到“礼”这个概念。中国古代的“礼”本是一种祭祀行为，在《说文解字注》中的解释是：“礼，履也。所以事神致福也。从示，从丰。”祭祀是要讲规矩的，所以“礼”便成为规章制度的代称，并逐渐演化成为一项基本的社会制度，即礼制。而如何实现“礼”，最重要的一点便是“自卑而尊人”。《礼记·曲礼》中论道：“夫礼者，自卑而尊人。虽负贩者，必有尊也，而况富贵乎？”意思是不论贫富，任何人都是有尊严的。有礼的人会自谦并尊敬任何人，这也是汉文化中礼貌的核心成分。由于礼貌与礼的密切关系，所以中国的礼貌这个概念自产生开始就带有强烈的道德约束。简而言之，中国传统社会的“礼”或者“礼貌”不仅是一种个人的行为规范，而且是一种社会秩序；带有强烈的个人道德色彩，而且是一种统治意识。

现代社会的“礼貌”被视为人与人之间交往的最重要法则，意味着礼貌语言对于构建一个和谐文明的社会是至关重要的。然而，在纷繁复杂的人类言语生活中，既有和谐，也有纷争。和谐源自于大众对社会道德规范及社会公约的遵守，而纷争源自于个体对社会道德规范及公约的违背。和谐文明是我们的追求目标，但我们也不能忽视违背道德规范、社会公约的言语行为的存在，不礼貌现象即是其中之一。从本质上讲，语言礼貌可以区分为规约性语言礼貌和策略性语言礼貌，前者是制度、规约、习俗、规定等对人们的语言行为施加影响带来的结果，如车站售票窗口服务对礼貌语言的使用；后者是特定交际者出于特定目的而刻意使用礼貌语言或话语产生的效果，这种语言礼貌有可能言不由衷。

不礼貌现象包括语言和非语言方面，非语言方面的不礼貌行为如随地吐痰、高声呼喊、任意插队等，此类可称之为行为不礼貌或不文明行为，与品德和修养关系密切。语言方面的不礼貌主要指因为不礼貌语言的使用，或者听话者认为说话人使用了不礼貌言语而产生了不礼貌效果。因此，不礼貌语言指语言中与礼貌语言相对的一种现象。在实际语境中，不礼貌语言的应用或者是说话人说出或者被听话人识别成不礼貌的话语就叫不礼貌言语，使用不礼貌言语或者造成不礼貌效果的言语行为称为不礼貌言语行为。后者又可以区分为直接不礼貌行为和间接不礼貌行为。前者指在交际过程中，参与者使用不礼貌表达或者采用不礼貌方式（包括伴随的韵律、体态语等）使听话人尊严受损，或对其利益和权利等构成损害，或忽视、轻视、藐视听话人利益和权力等，对听话者造成不快、冒犯甚至伤害，从而导致交际向不和谐的方向发展。例如：詈骂侮辱，鄙视贬损，威胁警告，不当称呼，直言不讳，阻止打断等。后者指讽刺挖苦（用形式上的礼貌如赞美、表扬、恭维等实施讽刺和挖苦），礼貌缺失（需要讲礼貌的时候没有实施礼貌）等。

三、礼貌与不礼貌的属性

礼貌与不礼貌不是绝对、静态的概念，而是相对的概念，主要体现在以下三个方面：

（一）语境依赖性

庄子曾说过，“夫言非吹也，言者有言，其所言者特未定也”，意思是必须重视语境研究，才能对言语的意义有准确的把握。确切地说，语言表达形式本身并不具备意义，它只有在完整的话语和语境之中，其意义才会产生。语境分为说话人语境和听话人语境。从说话者的角度而言，在一些交际语境中，礼貌与不礼貌是说话者选择使用的一种语用策略；而在一些语境中，它可能是说话者根据语境作出判断之后的选择；在另外一些语境中，它甚至只是个人习惯长期形成的结果；在其他语境中，言语礼貌与不礼貌或许是一种真情流露，是自身情感的瞬间爆发。从听话者角度而言，言语礼貌与不礼貌是听话人对说话人言语行为作出的正面或负面的评价，这种评价有一部分是基于语境因素。例如，“怎么样？小日子过得不错吧？”对婚姻幸福的人说是礼貌得体的，而对婚姻不幸福的人来说无异于伤口撒盐。因此，言语礼貌与言语不礼貌是依赖于语境的。

（二）程度差异性

礼貌语言具有不同程度的表现，言语不礼貌同样也有程度上的差异。不同的程度差异可以形成一个从“很有礼貌”到“很不礼貌”并且它们之间可以相互转化的连续体（很有礼貌—有礼貌—基本礼貌—不礼貌—很不礼貌）。对于不同程度的礼貌与不礼貌言语行为，汉语中有不同的元话语标记。

言语礼貌行为中的礼貌典型称呼如“您”；表示祝愿的“祝”字句，“愿”字句，“希望……”句等；表示恭敬的标记语，如“拜托”“拜望”“贵庚”“赐教”“请问”“令尊”“您”等；还有表示客套、感激、问候、委婉等的礼貌语言标记语。不同类型的礼貌言语从形式到内容都有不同程度的差异。

言语不礼貌行为中的詈骂语、侮辱语、禁忌语等会让人感觉极端不快，对听话者的权利和利益造成显而易见的威胁和伤害，属于极端不礼貌言语行为，位于连续体的一端。讽刺、挖苦、指桑骂槐等言语行为次之。而有的不礼貌言语可能没有明显的标记，如蔑视、抱怨、批评等，这些言语行为同样会引起听话人心里的不快，对听话人权利和利益造成损害，但这类言语行为的不礼貌程度相对前两者大大降低。劝告、建议、提醒等言语行为同样可能引起听话人不快，也可被解读为不礼貌言语行为，但它们处于礼貌言语行为和不礼貌言语行为的交界处，视语境而定，有时也可被解读为礼貌言语行为，识别起来较为困难。

（三）主体间性

主体间性概念是针对传统认识论中主体性概念的局限提出的。传统认识论一直关注诸如主体如何认识客体，客体又如何反作用于主体等主客体关系问题，强调的是一种单纯的“主体—客体”，或“主体—中介—客体”的模式。该模式在处理人与自然、人与物之间的关系时显然是行之有效的，但在处理人与人之间的关系时，就遇到了“他人不是客体”的解决难题。因此，“要想从理论上解决这个问题，势必要建立主体间性模式：主体—主体或主体—中介—主体”（郭湛，2001）。主体间性指的是两个或两个以上主体之间具有的共同性和沟通的可能性，依托交际参与者的个性、态度和设想的互动而建立。本质上，礼貌和不礼貌既不是合作与不合作的问题，也不是遵守与违背社会规范的问题，它们在很大程度上取决于交际参与者的评价，这种评价基于说话者与听话者之间的互动，如说话者和听话者之间的关系、性格、评价者的心理状态以及交际者所共同接受的评价标准等。反过来，交际主体间礼貌与不礼貌话语的互动又作用于认知、文化、社会等因素。

四、影响礼貌与不礼貌判断的因素

礼貌或者是个人出于对别人的考虑、出于自身利益方面的考量或是由于受到社会的约束而选择的一种行为形式。尽管我们能够根据习惯说出什么是礼貌的行为，什么是不礼貌的行为，我们似乎很难找出判定礼貌或不礼貌行为的客观标准。可以说，个人对于礼貌或不礼貌的判断主要是根据个人自己的习惯以及他或她所处的语境。事实上，决定特定语境下的一番话语是否礼貌有多种因素，主要包括：

（一）彼此距离

交际中说话人可以利用语言来表达自己与交际对象或话语指称世界之间的距离。这就是语用距离（pragmatic distance），它是交际双方在特定的交际环境中所感知和确认的彼此之间的关系密切程度。比如人称代词“我们”就可以拉近距离，而“你们”则相反，冷淡疏远型不礼貌就是这种语用距离的调控结果。话语礼貌与不礼貌在很大程度上受到语用距离的影响，语用距离可以决定并用来判断交际话语在实际运用中是否礼貌以及不礼貌程度的高低。如关系非常亲近的人使用非常礼貌的表达式会被认为是不真诚的表现，其结果往往是不礼貌的；而若交际中参与者之间语用距离较远，选择的语言表达式却不正式甚至粗俗，其结果当然会被评价为不礼貌。

（二）权势关系

权势也是影响礼貌程度的重要的语境参数之一。这里的“权势”不是狭义的政治权力或者势力，而是交际双方在年龄、社会地位、社会分工、财富、权力等方面的社会关系。交际双方的权势可以均衡也可以极不对称，在日常交际的话语中广泛地体现出来。权势不对称指一方权势居于优势，如上下级关系、长辈和晚辈关系、师生关系、主仆关系等等。一般而言，听话人比说话人有权势有地位时，礼貌的级别要求较高；当听话人比说话人的权势或地位低时，对礼貌的级别要求就较低。换句话说，强势的一方可以实施不礼貌言语行为，与此相反，弱势的一方的不礼貌言语行为以及对不礼貌言语行为的回应则受到各种限制。

（三）强加幅度

强加幅度指的是说话人所说话语的直接程度和听话人接受该话语的自由度。如果话语内容会使听话人受益，那么说话人的话说得越直接让听话人接受的愿望就越明显，就越能显出其热情好客。如果话语内容会使听话人受损，则话语说得越间接，使听话人自由选择的余地越大，就显得越有礼貌，反之，则越不礼貌。

五、礼貌原则与宏大礼貌策略

礼貌原则（politeness principle，简称 PP）最早是由西方学者提出的，而要介绍西方学者的礼貌原则，首先就不得不提到美国哲学家格赖斯（H. P. Grice，1975）的会话“合作原则”（cooperative principle，CP）。合作原则的内容体现为四准则：①量准则（quantity maxim）；②质准则（quality maxim）；③关系准则（relevant maxim）；④方式准则（manner maxim）。根据格赖斯的合作原则，每个说话人都应遵守这些准则。但在现实交际中，却时常出现种种公开、刻意违反该原则中某一或多个准则的现象。也就是说，当我们刻意违反其中任何一个准则时，我们往往在传达会话含意。合作原则解释了话语的字面意义和它的实际意义之间的关系，解释了会话含意是怎样产生和被理解的，但它却没有解释人们为什么要刻意违反会话准则而选择含蓄、间接地表达自己的思想或意图。作为对“合作原则”的补充，莱考夫（Lakoff，1973）描述了三种不同的、说话人可以遵守的礼貌规则：①不要强求于人。②给对方留有余地。③增进相互间的友情。之后，布朗和列文森（Brown & Levinson，1987）在 Politeness: Some Universals of Language Usage 中系统地阐述了他们的礼貌理论，即“面子保护理论”（face - saving theory，FST）。他们认为，面子就是每个人意欲为自己争取的公共自我形象，并将交际中人们要考虑的面子分为积极和消极两个方面；他们还指出，有效的交际过程实则就是通过积极礼貌策略或消极礼貌策略达到给交际双方都留点面子的目的。英国语言学家利奇（Leech，1983）对言语交际中的礼貌现象做了更为深入的研究，他在 *Principle of Pragmatics* 一书中提出了制约语言交际的“礼貌原则”，从社会心理学角度阐释了它的必要性和重要意义。礼貌原则包括以下六个准则：

（1）得体准则（tact maxim）：尽量少让他人吃亏；尽量多让他人受益。

（2）慷慨准则（generosity maxim）：尽量少让自己受益；尽量多让自己吃亏。

（3）赞扬准则（approbation maxim）：尽量少贬低他人；尽量多赞誉他人。

（4）谦虚准则（modest maxim）：尽量少赞誉自己；尽量多贬低自己。

（5）赞同准则（agreement maxim）：尽量减少双方的分歧；尽量增加双方的一致。

（6）同情准则（sympathy maxim）：尽量减少双方的反感；尽量增加双方的同情。

由此可见，利奇的礼貌原则是建立在“吃亏”和“受益”这两个概念基础之上的，可以概括为“使自己受益最小，使他人受惠最大；使自身受损最大，使他人受损最小”。然而，礼貌原则中各个准则的重要性是不尽相同的，其取决于以言行事的类型。

在交际过程中，各准则之间可能会产生冲突。一方面，遵守其中某个准则的同时可能会违背另一个准则，这是礼貌原则的准则的冲突。另一方面，礼貌原则的准则可能会与合作原则的准则产生冲突。一般情况下，当冲突发生时，说话人应该优先考虑前者。因为会话的合作原则在会话中起着调节说话人说话内容的作用，使得说话人能够假设在对方乐于合作的前提下进行交际。但礼貌原则则是维护交谈双方的均等地位和他们之间的友好关系，具有更高一层的调节作用，是有效交际的大前提，所以可以牺牲合作原则下的准则而维护礼貌原则。而只有在某些交际双方把信息的交流视为最高目标的合作性交际活动时，礼貌原则才可以让位于合作原则的各项准则。

后来，利奇（Leech，2005）又把原来的礼貌原则修订为宏大礼貌策略（grand strategy of politeness）：为了礼貌，说话人会以明示或暗示的方式，要么给和听话人有关的意义赋予正面价值，要么给和说话人自己有关的意义赋予负面价值。

如合作原则是其下各准则的总则一样，宏大礼貌策略是上述礼貌诸准则的总括，从内容上包含了各准则所表达的信息。通过使用宏大礼貌策略，说话人可尽力避免对听话人的冒犯。利奇强调，因为语用学关注的是交际行为，所以对于礼貌的语用研究来讲，语言使用者的心理动机不属考察范畴。在《礼貌的语用学》（2014）中，利奇把原来的六个准则增加到了十个，并强调这十个准则是上面谈到的宏大礼貌策略的组成部分。新提出的十个准则在内容和表述方面都有改变：

宏大礼貌策略的构成准则

准则（用祈使句表达）	项目相关的一对准则	准则名称	典型的言语事件类型
（M1）多考虑听话人的需求	慷慨 得体	慷慨	承诺类
（M2）少考虑说话人的需求得体		得体	指令类
（M3）较高评价听话人的素质	赞誉 谦逊	赞誉	赞扬
（M4）较低评价说话人的素质		谦逊	自贬
（M5）强化说话人对听话人的义务	义务	义务（说话人之于听话人）	道歉 感谢
（M6）弱化听话人对说话人的义务		义务（听话人之于说话人）	对感谢和道歉的回应
（M7）较高评价听话人的观点	观点	一致	同意 不同意
（M8）较低评价说话人的观点观点保留		观点保留	观点表达
（M9）多考虑听话人的情感	情感	同情	祝贺 怜悯
（M10）少考虑说话人的情感情感保留		情感保留	抑制情感表达

这些构成准则中排序为奇数的是指向听话人的，也被称作“积极礼貌”准则，为了与 Brown 和 Levinson 的积极礼貌（positive politeness）相区分，利奇把它称作“pos - politeness”；排序为偶数的是指向说话人的，被称作“消极礼貌”准则，英文表达为 neg - politeness，与 Brown 和 Levinson

的 negative politeness 相区分。利奇对每一条准则都辅以例子做了详细的解释，书中还用到了多个汉语的例子。这里宏大礼貌策略及其构成准则实质上是指导人们说话的策略，使人们说出的话更具适切性，更易于使听话人接受。

（M1）多考虑听话人的需求（慷慨准则）。

简单来讲，慷慨准则就是当话语内容有利于听话人时，要使用更加直接的话语，甚至使用带有强加性的语气。比如邀请、给予等：

（1）你下次一定来啊。不准说不啊！

（2）来，来，来，喝杯茶！

（3）别，别，别，这回我买单！别和我抢！

（M2）少考虑说话人自己的需求（得体准则）。

与 M1 相反，当话语内容有利于说话人时，比如请求等，一般要使用间接的、试探性的表达，给听话人表达拒绝和相反意见留出空间，同时尽可能减少对听话人的强加。在汉语中，请求行为常会使用以语气词“吧”结尾的疑问句，或以“好吗？”“行不行？”等结尾的反义疑问句，或者由“能不能”构成的一般疑问句等。

（4）你一会儿去吃饭帮我拿一下快递吧？

（5）你能不能帮我团一下呀？就在美团。

（M3）较高评价听话人的素质（赞誉准则）。

对听话人的行为或具备的素质要毫不吝啬地给予赞扬，也是一条礼貌准则，下面这些也是日常言语交际中常见的例子。

（6）太好吃了！你的厨艺和大饭店厨师有得比了！

（7）很荣幸邀请到在×领域做出杰出贡献的×教授来给我们做报告。

其实这一准则也适用于与听话人有亲密关系的人，如：

（8）你家女儿真漂亮！

（M4）较低评价说话人自己的素质（谦逊准则）。

当说话人谈及与自己的素质相关的内容时，要尽量突出自己的不足，避开自己的长处，这样被认为是礼貌的。例如：

（9）我太笨了，这么简单的问题还想了半天！

另外，对交际对方所给予的赞扬，可以用几种不同的方式进行回应。一种是同样用赞扬作为回应［例（10）］；第二种是表达感谢［例（11）］；第三种是避开自己被赞扬的相关话题［例（12）］；第四种是降低被赞扬的方面的价值［例（13）］；在汉语和日语中还有一种常见的对交际对方给予的赞扬表示不同意甚至相反的意见［例（14）］；另外，还可以把获得的赞扬归功于外因，或归为集体的荣誉，而非个体努力的结果［例（15）］。

（10）甲：你这件上衣真漂亮！
乙：女儿给买的，你这件裙子也挺有范儿的。
（11）甲：你的字写得挺好。
乙：谢谢，就那样吧。
（12）甲：你今天好精神啊！
乙：你这是去哪儿啊？
（13）甲：你这鞋一看就舒服。
乙：打折时买的，便宜。
（14）甲：你讲话讲得真好！
乙：哪儿有啊，我现在越来越懒，提前都没准备，语无伦次的。
（15）感谢领导给了我很多比赛锻炼的机会，感谢教练为我付出的汗水，感谢中国乒乓队这个光荣的集体。

（M5）强调说话人对听话人的义务（说话人对听话人的义务准则）。

这一准则主要表现在道歉和致谢两种言语行为上。从语言表达上，当说话人表达对听话人的歉意或谢意时，通常使用一些诸如“太”“实在是”

“非常”等表示程度加强的副词，以强调说话人对听话人的义务。例如：

（16）实在是太对不起了，我来迟了！
（17）万分感谢啊！您可是帮了我大忙了！

（M6）弱化听话人对说话人自己的义务（听话人对说话人的义务准则）。

这一准则主要是指对上述道歉和致谢两种行为的回应。当交际对方对自己表达歉意或谢意时，作为回应，在语言上通常使用一些诸如“没关系”“没事儿”“不麻烦”等表达方式来尽可能弱化对方的义务。例如：

（18）甲：真对不起啊，我今天又忘记带钱了，明天还你啊！
乙：没关系，不急。
（19）甲：今天多亏碰见你了，不然我连家也回不了了，太谢谢你了，给你添这么多麻烦。
乙：千万别客气，一点儿也不麻烦，一脚油门儿的事儿。

如上面例子所示，例（18）中“没关系”之后的“不急”进一步弱化了甲的愧疚感；例（19）中“别客气”前面加的“千万”二字以及“不麻烦”前面的“一点儿也”都起到了弱化自己的付出的作用，话语末尾的“一脚油门儿的事儿”更是为之前的“一点儿也不麻烦”提供了有力的解释，这些语言手段都起到了弱化听话人对说话人的义务的功能。

（M7）较高评价听话人的观点（一致准则）。

当对别人的观点或判断做出回应时，表示赞同是优先的回应方式，而且常会通过使用一些程度副词或者是具有更强色彩的形容词或其他表达方式来提高赞同的程度（Pomerantz，1984），利奇认为这也是提高礼貌程度的方式，相反如果是降低赞同的程度，则会显得不礼貌。例如：

（20）甲：这部电影不错。
乙1：是的，太棒了，很值得一看。（礼貌）
乙2：只能说还行吧。（不礼貌）

相反，如果不同意交际对方的观点，或者和其观点不一致，这是非优先的回应。非优先的回应前面一般会出现话语的延迟（包括回应时间上的滞后，或者使用如英语中的“well”，汉语中的“嗯”等小品词等），同时，表达不赞同或与交际对方不一致的观点时，通常会采用间接、委婉、含蓄的表达方式，如果直接表示不同意或不赞成则会给人一种不礼貌的感觉。例如：

（21）甲：当个老师多好啊！

乙1：噢，有两个假期，可是假期还得备课、写论文、申请项目，也闲不了。（礼貌）

乙2：好什么好，一点儿也不好。（不礼貌）

（M8）较低评价说话人自己的观点（观点保留准则）。

与一致准则相对应，当说话人要表达自己的观点或做出判断时，常会通过使用模糊限制语等手段来减弱表达观点时的强硬度，或者采用询问交际对方的方式，这样表现出对对方的智慧、经验等方面的尊重。过度强调自身观点的准确性或重要性被认为是不礼貌的。所以，不轻易表达观点或有所保留地表达自己的观点是一条礼貌准则。例如：

（22）我觉得这个吃着还行，你尝尝咋样。

例（22）中的“我觉得”属于模糊限制语，把观点限定为个人的主观体验，同时话语末尾的“你尝尝咋样”也体现了对交际对方观点的尊重。

（M9）多考虑听话人的情感（同情准则）。

当被告知与交际对方相关的喜悦的事情时，要毫不吝啬地表示祝贺；相反，当被告知与交际对方相关的悲伤的事情时，也要表示感同身受，及时给予安慰，这是礼貌的表现，而且采用较强的语气可以提高礼貌的程度。例如：

（23）衷心祝贺啊！

（24）得知令尊仙逝，深感万分悲痛，还望节哀顺变。

（M10）少考虑说话人自己的情感（情感保留准则）。

说话人主动把自己的情感直接传达给交际对方被认为是不礼貌的行为。人们很少主动把自己高兴或伤心的事情直接告诉对方。相对于别人察觉然后给予关心（noticing－by－other），自己宣布（announcement－by－self）是一个非优先行为（Schegloff，2007：82）。所以在日常交际中人们很少自己说“我今天很高兴”或“我今天很伤心”，一般是被他人先注意到并被问及才会做出相应反应。例如：

（25）甲：你怎么了？满脸的不高兴。

乙：没什么。

甲：来，给我说说，我听听，值不值得你不高兴。

乙：（叙述缘由）

（M1－M10的内容主要参见Leech，2014）

六、汉语交际文化中的礼貌原则研究

最早将礼貌原则引进国内的是刘润清（1987），他详细介绍了礼貌原则及其准则。此后，何自然（1988）、何兆熊（1989）也各自对礼貌原则进行了评介。徐盛桓（1992）对礼貌原则进行了比较深入的探讨，对国外的礼貌原则理论提出批评和修正，而最早进行汉语礼貌原则探索的是顾曰国。在汉语研究领域，顾曰国结合汉语文化，仿照利奇的礼貌原则和次则，提出了汉语的礼貌原则。钱冠连（2002）、索振羽（2000，2014）等也分别依据汉语文化的特点，提出了基于汉语的语用原则或礼貌原则。

顾曰国（1992）根据中国的历史文化背景和中国人日常交际的特点，提出了汉语文化交流中四个礼貌特征，即尊重、谦逊、文雅、态度热情。同时，他借鉴利奇的礼貌原则，结合汉语礼貌的实际，提出了汉语的礼貌原则，包括五个准则：①贬己尊人准则：指自己或与自己有关的事物时要贬，指听话者或与听话者有关的事物时要尊，这是中国式礼貌的突出特点；②称呼准则：要考虑对方的身份、地位、性别以及亲疏关系等，用准确、恰当的称谓称呼对方；③文雅准则：出言高雅，彬彬有礼，运用雅言、委婉的语言表达，禁用秽语，避免直接提及使人不愉快或难堪的事；

④求同准则：尽量减少表达与对方观点、情感上的不一致，力求和谐一致的效果；⑤德、言、行准则：在行为动机上减少别人的代价，增大对别人的益处，而在言语上尽量夸大别人给自己的好处，少说自己付出的代价。

索振羽（2000，2014）指出，利奇的礼貌原则中的其他五个次则基本上适用于汉语文化，但汉语交际中还要增加一个“恰当的称呼次准则”。在不同语境下，遵循这些次则与他人进行言语交际，能收到最好的效果。索提出礼貌准则、幽默准则、克制准则。其中礼貌准则包括慷慨、称赞、谦虚、赞同、同情以及恰当的称呼这六个次则；幽默准则包括岔断、倒置、转移、干涉、降格、升格这六个次则。克制准则根据语境的不同在程度上有差异：讽刺挖苦、指桑骂槐、反语。

钱冠连对国外有关言语行为的合作原则与礼貌原则理论持否定意见，认为他们不必是原则，试图建立一种基于汉语文化特点的语用原则。他认为只需两个原则就可以实现语用学对言语交际的管制：目的—意图原则和相关原则。有了交际的总目的，人们在说话中就会将目的分解成一个个的说话意图贯彻到话语中去，交际就能顺利进行，否则真正意义上的交际就无法开始或者中途失败。但是他没有对相关原则展开讨论，只是说，“有了意图，说出的话才可能产生最佳相关效果”。另外，他还提出了语用策略，除了带全局性的得体策略外，他按汉语文化的实际情况罗列了十一种语用策略，以保证语用策略的描写性质：谢绝夸奖、虚抑实扬的恭维、把对方当第三者、把自己当第三者、借第三者的口说出自己的意见、多种言语行为与礼貌策略相伴、运用权威、回避、表面一致而事实否定、以言代行的答复、禅宗公案极端手段。但他还指出，释放假信息、适当使用冗余信息、容忍语用失误也都是语用策略。

七、小结

本章首先阐述了汉语中礼貌与不礼貌的定义，各自的属性以及判别因素。然后从理论层面呈现了利奇提出的礼貌原则及其后来发展的礼貌策略。最后，本章介绍了中国学者针对汉语交际提出的礼貌原则，彰显汉语交际礼貌观的特点。

语言本身就是一种文化，不同的文化背景决定了不同的语言有其自身的语用原则和礼貌原则。汉语在几千年的发展演变过程中不断吸收中国传统文化的内涵，因此有着自身独特的礼貌言语和礼貌原则。

课内讨论

1. 在日常交往中，人们见面的时候都会寒暄几句，作为人际交往第一步的寒暄语是交际者之间的一种会话活动，其目的不在于向双方提供具体的交际内容，而是通过少量的信息最大程度地保持双方关系的融洽，以示礼貌。中国人最常用的寒暄语就是“你吃了吗”“你去哪儿呢”。相识的人之间可以随便发问，甚至是有关对方的“隐私”，交际人也可以毫无顾忌地直接询问，比如对方的年龄、婚姻、收入、健康状况等。这与重视隐私的西方文化有着很大的不同。尝试分别用利奇的礼貌原则和顾曰国的礼貌原则分析汉语文化背景下寒暄语所体现的礼貌准则，探讨利奇的礼貌原则在解释此类语言现象时的不足。

2. 汉语中的反语也是一种常见的修辞手法，包括佯装、正话反说或反语正说等表现方式，通常是为了达到讽刺、嘲弄、否定的目的。例如：

（1）“……这样也可算是将功赎罪吧。那么，我也希望你们能够知恩感德……”

“哈哈哈哈”一阵大笑，打断了沈百万的话。老宫用他那洪亮的声音，讽刺地说：“谢谢你，我的好心的沈老太爷。我们很知你的恩，很感你的德。而且对你的这份‘恩德’，我们是定要报的，你放心就是了。”

（峻青《海啸》）

（2）吴淑兰的心，被革命竞赛的热情燃烧着，早已飞回她的队员中去，飞到田野里去了，无论张腊月和她的队员们怎样苦苦劝留，说什么也留不住。

最后，张腊月无可奈何地笑骂道：“我现在才认识你，你是个顶坏顶坏的女人啊！”她们两人，虽说只相处了一天，可是她们的友情是那么诚挚深厚……

（王汶石《新结识的伙伴》）

以划线部分为引导，思考在例（1）和（2）对话中，合作原则的准则与礼貌原则的准则是否发生了冲突？说话人想要达到什么样的交际效果？

3. 比较下面四段话语中中外领导人在高校演讲中结语部分的礼貌运用情况：

（1）“借此机会，我愿感谢日本政府和各界人士对北京奥运会筹办的支持，欢迎日本各界朋友到北京观看奥运会，预祝日本体育健儿在北京奥运会上创造佳绩。”

（胡锦涛于2008年在日本早稻田大学发表演讲）

（2）“为增进中美两国青年以及教育界的相互了解，我高兴地宣布，中方决定邀请100名耶鲁大学师生夏天访问中国。我相信，你们的访问将是一次十分愉快的经历。”

（胡锦涛于2006年在美国耶鲁大学的讲话）

（3）“No nation can isolate itself from these problems, and no nation can solve them alone. We, especially the younger generations of China and the United States, must make common cause of our common challenges, so that we can, together, shape a new century of brilliant possibilities.”

（Clinton's speech at Peking University, 1998）

（4）“All these challenges will lead to stronger, more confident China—a China that can astonish and enrich the world, a China that your generation will help create. This is one of the most exciting times in the history of your country, a time when even the grandest hopes seem within your reach. My nation offers you our respect and our friendship.”

（Bush Speaks at Tsinghua University, 2002）

你觉得这几段话（特别是划线部分）各自遵循了利奇提出的宏大礼貌策略中的什么策略？它们可以用礼貌原则解释吗？你认为在涉及中西方文化差异的礼貌问题上一般礼貌策略的优势体现在哪里？

4. 在利奇看来，礼貌程度可以用间接层级来衡量。读下面的一段对话：

我：你多大了？

同乡：十九。

我：参加革命几年了？

同乡：一年。

我：你怎样参加革命的？

同乡：大军北撤时我自己跟来的。

我：家里还有什么人呢？

同乡：娘、爹、弟弟妹妹，还有一个姑姑也住在我家里。

我：你还没娶媳妇吧？

（茹志鹃《百合花》）

这段对话很直接，你认为它的礼貌层级因为这种直接的表达方式降低了吗？为什么？

5. 根据利奇的社会距离层级和权势层级，礼貌是受到交际对象之间的社会关系、地位等个体差异因素制约的。但它仅仅受制于交际对象的个体差异吗？社会距离近总是意味着需要选择较低的礼貌级别吗？例如：女儿是母亲的学生，在家里时，女儿可以说，“妈妈，这个题怎么做”，但如果在课堂上，女儿说同样的话，就显得不得体，是失礼行为。试通过这个例子分析利奇的社会距离层级和权势层级中存在的不足，找出其他制约礼貌层级的因素。

课后练习

1. 通过查阅文献，了解汉语礼貌原则的发展（如，顾曰国的汉语“礼貌原则”，索振宇的“得体原则”，钱冠连的“目的—意图原则”和“相关原则”等）。

2. 利奇区分了绝对礼貌（absolute politeness）和相对礼貌（relative politeness），他所关心的是绝对礼貌，即脱离了具体的社会语境的礼貌，有消极和积极的两端。消极礼貌指减少不礼貌的言外行为的不礼貌程度，而积极礼貌指增大礼貌的言外行为的礼貌程度。试分别举出汉语中消极礼貌和积极礼貌的例子。

3. 在实际交际中，违背礼貌原则并不总是不妥的。有时是为了达到某种特定的语言效果。例如电视剧《爱情公寓3》中的这段对话：

语境：一菲和她的妈妈在聊天。

一菲妈：我过的桥比你走的路都多。

一菲：那是我懒得动。

一菲妈：我吃的盐比你吃的饭还多。

一菲：那是你口味重。

在这个场景中，一菲的妈妈在提醒女儿自己阅历丰富，凡事要多听妈妈的，而一菲用一种俏皮、幽默的话语反驳了妈妈的观点，违背一致原则的同时也达到了该剧幽默的效果。试搜集中国电影或电视剧中的一些对话，分析这些对话是如何通过遵循/违背礼貌原则或宏大礼貌策略以达到不同的语言效果的。

4. 不同人群对礼貌与不礼貌可能会有不同的看法。分组调研中国男性与女性、大学生与高校老师、南方人与北方人等对礼貌与不礼貌的不同看法。

第十三章　面子理论

课前阅读

1. 什么是面子？
2. 如何给面子分类？
3. 汉语言文化中的面子有哪些特征？

一、引言

面子（face）一词的提出最早可追溯至1894来华的美国传教士亚瑟·史密斯（Arthur Smith，1894）在《中国人的素质》一书中对中国人面子的探讨。此后，国内一批文学家、社会学家从各自独到的视角出发探究“面子”的深层含义及所蕴含的文化精神。20世纪50年代，戈夫曼（Goffman，1955，1967）首次提出面子概念，将其定义为“个人成功地获得社会团体中他人对自己的正面评价（1955，1967：5）”，并进而提出面子工作（facework）概念，即泛指一切与面子相关的行为。

在进入语用学研究视域之前，面子问题就已受到社会学和心理学研究者们的广泛关注。

二、面子理论

布朗和列文森（Brown & Levinson）正式将这一概念引进到语用学的研究范畴（1978），并提出了经典的礼貌—面子范式，将面子界定为“公共的自我形象”，并区分积极面子和消极面子，前者主要指个体期待自我的形象或活动不受他人的干扰、限制和阻碍，而后者主要源于个体希望自我的形象在公众面前能得到理解、接受和认同。他们认为，在交际中双方的消极面子和积极面子都会受到威胁，即常常会发生威胁面子行为（face threatening acts）（1987：60－62），因此人们在交际中要采取一定的礼貌策略来减缓对面子的威胁。如下图所示：

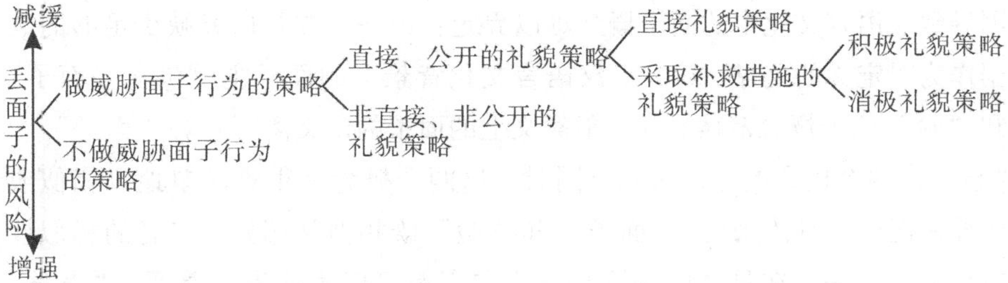

礼貌策略（改编自 Brown & Levinson，1987：69）

当人们遇到威胁面子的行为时，就会采用礼貌策略避免或减缓面子受到的威胁。他们同时提出，在人际交往中影响面子威胁程度（W）进而影响礼貌决定的有三大因素：相对权势（P）、社会距离（D）和强加等级（R），即 Wx = D（S，H）+ P（S，H）+ Rx。其中相对权势是指听话人相对于说话人来说所拥有的权势，这种关系是非对称的；社会距离是指说话人与听话人之间的亲密度，且这种关系是对称的；强加等级是指说话人将自己的意志想法强加于听话人之上，在不同文化背景下同一行为的强加程度可能会不同。三种变量之间的关系为说话人和听话人之间的社会距离越大，或者听话人对于说话人来说所拥有的权势越大，那么说话人的言语行为对于听话人来说强加程度就越大，这时说话人的言语行为威胁面子的程度就越大。因此，交际者需要依据这三个变量之间的关系，选择适宜的礼貌策略来保全面子。

不过，在很多学者看来，布朗和列文森的这一经典范式，尤其是其关于消极面子及面子威胁行为的界定，完全是建立在西方英语文化的基础之上的，带有种族中心论（ethnocentrism），因而受到批评。诸多学者认为礼貌—面子的解释模式忽视了东方文化特性，无法合理阐释特定文化中面子和礼貌的关系以及面子的属性。本章主要从汉语言文化中面子概念的界定和面子的特征两个方面阐释汉语言文化中的面子特性。

三、汉语言文化中面子的定义

长久以来，关于汉语言文化中的面子概念问题始终未能有一个被学界普遍接受的定义。诚然，面子概念较为复杂，任何单一视角下的面子的研究以及定义都无法涵盖其含义的全部。具体来看，我们认为有下述两个原因导致汉语言文化中的面子概念难以界定：第一，先行研究缺少足够的数据作为对定义的支撑；第二，汉语言文化背景下的面子主要包含“面子”和“脸”两个概念范畴。对一般意义上的面子的定义离不开对“面子”和“脸”这两个概念的深入研究。同时，这两个概念又很难简单地以相似或相异来区分。具体来说，“面子”和“脸”既相似又相异。二者的相似性体现为：首先，在具体的交际场景中二者都可以表征为“尊严”“声誉”“地位”等概念；其次，“面子”和“脸”都具有交际的互动性，即都产生于交际互动中，与交际双方的社会背景、个人能力、教育程度等息息相关。二者的差异性体现为：首先，在具体的交际场景中“面子”多表征为“情面”，而“脸”则多表征为“道德”；其次，在交际互动中，“面子”多呈现于社会层面，而“脸”多呈现于交际的个体层面。从先行研究可知，面子的意义主要具有两个特点：第一，面子的表征具有多向性，具体体现在既可以体现为个体面子，又可以体现为关系面子，还可以体现为集体面子；第二，从影响面子表征的诸多敏感因素可知，面子概念的构成具有多样性。

首先，从其表征的多向性来看，汉语言文化中的面子可以表征为个体面子、关系面子以及集体面子，也就是说，面子可以呈现在既独立又相互关联的三个层面中，即个体层面、关系层面以及集体层面。譬如，个体在学业或事业上所取得的成就不仅可以为自己争得脸面还能够为家庭成员争光添彩，同时还能够为其所属的某一团体争得荣耀。这种多向性的呈现方式不但展示出自我呈现与面子的关联性（Brewer & Gardner，1996：84），同时也表明面子具有的不同于西方“face”概念的文化特性（He & Zhang，2011）。面子的意义在三个层面的共同呈现说明汉语言文化中的面子与个体、他人、集体密切相关，这种密切的关联性表明汉语言文化中的面子已然渗透于人际交往的各个方面。这也恰恰说明了汉语言文化中的面子概念不仅仅是个人的，还具有交互性、社会性。

其次，从其构成的多样性来看，汉语言文化中一般意义上的面子具有鲜明的文化特性。在不同社会交际情境中，依据特定的社会、文化价值，交际个体对自我或他人对其自身做出相应的积极或消极的评价影响着中国人的面子表征。可以说，社会价值、文化价值在这一评价过程中被看作是约束交际个体行为的规范准则。规范准则又具有一定的稳定性（Spencer－Oatey，2007：653），也就是说，中国人的面子由于受到来自社会因素以及文化因素的广泛影响，自然也就具有一定的稳定性和持久性，如中华民族上下五千年亘古不变的某些文化基因要素如尊严、情面、道德等长久以来一直深深地影响着汉语言文化中的面子表征。

综上所述，汉语言文化中的面子的界定应该涵盖个体、他人、社会等不同层面的概念，如公共自我形象、自尊、虚荣心、个人能力、社会地位、社会权势等等。即，汉语言文化中的面子构成应是一组概念集。因此，基于这一概念集的论述，我们对汉语言文化中的面子做如下定义：

$$面子 = 概念_1 + 概念_2 + 概念_3 + \cdots\cdots + 概念_n$$

具体而言，汉语言文化中的面子是由一组不同的概念集合构成，这些概念虽然各不相同，但都是影响交际个体对面子的认识。可见，在汉语言文化中，面子不是像布朗和列文森等所界定的“公共自我形象”，也不同于此前一些中国学者，如胡先缙（Hsien Chin Hu，1944）、金耀基（2002）、翟学伟（2004）等所界定的单一概念，如“社会声誉”“情面”等。它应该是与社会价值、文化价值相关联的一组概念的集合。

四、汉语言文化中面子的特性

汉语言文化中的面子的呈现层面、构成的多样性以及影响因素的复杂性，无一例外地表明其鲜明的文化特性。具体而言，汉语言文化中的面子主要具有以下几个特征：

（一）表征的明示性

通过观察不难发现，中国人在口语交流中时常使用“脸”和“面子”的词语，如“丢脸”“没面子”“给某人面子”等，换言之，汉语言文化中的“面子”具有明示性（explicitness）。与中国人明言“脸”和“面子”不同，西方人表达面子的方式却大相径庭，他们更倾向于采用不同的礼貌策略迂回地表达，换言之，他们的“面子”表达方式却是具有隐晦性

（implicitness）的。

汉语面子明示性表征的产生主要源于两个方面的因素：一是汉语言文化语境下社会、文化所特有的属性；二是汉语的词法特征。

中国社会文化的某些因素已然成为文化基因要素，影响着面子表征的明示特性。我们不妨以“没（有）面子”的明示性言语行为为例：

（1）父亲：……怎么考得这么差啊？连本科线都达不到！
女儿：发挥得不好……
父亲：真是没办法。同事问起来我怎么说啊？太没面子了！

例（1）中女儿考试的失利让父亲觉得没有面子，虽然并不是父亲个人的原因，但是父亲在同事面前仍觉得难以启齿，颜面尽失。中国传统文化中，儿女与父母之间的关系非常密切。儿女的成就能给父母颜面带来光彩，相反，儿女的失利也同样会令父母没有面子。这种关系面子在中国社会中体现得淋漓尽致。又如：

（2）小王：……我结婚时一定要在五星级酒店办婚礼。
小李：为什么啊？
小王：我们同屋的几个女孩都是在高档酒店办的婚礼，那排场那气派……我要是不风风光光的办婚礼就太没有面子了。

例（2）中小王因为自己同屋女孩们的婚礼都是在高档酒店举行的，因此她期望自己的婚礼也一定是风光、气派的。在中国社会文化中，大操大办的婚礼往往被人们认为是一种身份、地位、财富、成功的象征。因此，年轻人对婚礼排场有要求乃是为了满足自身的虚荣心，而年长者也为了通过风风光光地操办儿女们的婚礼来博得众人彩，在别人前有面子。

除了上述例（1）（2）所示情形外，类似的言语行为还可能发生在不同的情境中，如承诺的事没办成、倒插门、工作不体面、与他人竞争失利、在他人面前被嘲笑等，涉及到的因素包括尊严、声誉、虚荣心、自尊、情面等。其中，交际个体自身的能力水平、自尊心、虚荣心等使其对个体脸面有着极强的需求，正是这种需求使得交际个体在交际过程中非常看重面子；同时其“公众自我形象”塑造出来后又将接受来自社会方方面面的不同评价，他人的外在评价与交际个体内在自我心理感知，如虚荣心、自尊心等一并作用，驱使着交际个体在具体交际行为中会考虑面子的诉求并期望得到他人及社会的认同。这种面子诉求的最直接、最清晰的方式就是使用“面子”和“脸”两个概念进行明示性表征。

从语言层面来看，汉语重词法表达，即使用词汇手段“面子”和“脸”表达面子的诉求。汉语中“面子”和“脸”除本意之外，同时还有“尊严”“情面”等外延意义。然而，英文中的“face”除了表示头、物体的前面部分之外，其外延意义主要为个体在他人眼中的状态，或者面部表露出的情感。因此，汉语的“面子”与英语“face”的外延含义存在着较大的差异。汉语中使用明示性面子表征时往往指代“尊严”“情面”等含义，并且在汉语言文化背景下，这些意义早已成为影响中国人交际的文化基因要素（周凌、张绍杰，2013），由此可见这些因素在面子明示性言语表征中是十分重要的。正因为如此，人们在交际中时常放弃隐晦的表现形式，转而采用直接、明示的表达。英文中的“face”并没有汉语中“面子”含有的情面、尊严等含义。因此，人们在表示有关丢脸、没面子的含义时会使用“shameful”“shame”这些词语。

（二）交互性

面子的交互性（reciprocity）是指交际双方中的一方若给了另一方面子，那么另一方就应该还个面子回去，否则就会被认为是不妥的。倘若甲给了乙面子，那么乙会被期望回赠相应的面子。在汉语言文化背景下，双方之间的这种有来有往的形式是广泛被大众所期望和认可的。只有双方遵循这一规则，才能有效地维系或巩固彼此的关系。假若乙没有回赠甲相应的面子，那么乙的表现则会被认为是不合乎人情的，甚至还会引起他人对其人品的质疑或否定。试看例（3）：

（3）主持人：……其实那一天吴伯雄已经给了面子给你，或者做出了这样的姿态。那马英九也要给个面子……

这里主持人认为，正是因为吴先给了马一个面子，那么马也应该还一个面子给吴，这样才能维系二人的关系以及促进后续对话的进行。因此，由例（3）我们可知，汉语言文化背景下的面子具有交互性的特征。交互性面子的产生与中国传统文化下的人情、关系法则密切关联。中国人希望凡事都考虑到相互的关系、利益等，这也是集体主义文化范畴下的鲜明特性。这一点也是与西方文化背景下的面子相异的地方。

（三）交际动态性

中国人的面子具有交际动态性，即“面子”的需求场景是动态的，不是一成不变的。人们对“面子”的感知会随着语境的不同而改变，如例（4）所示：

（4）妻子：嫁汉嫁汉穿衣吃饭，我不让你养我就不错了，你还让我养你，你可真不怕寒碜。
丈夫：在爸妈面前你能不能给我留点面子？
妻子：面子，你还要面子，你都快还要饭了，你还想要面子，你要里子吧！

（电视剧《人活一辈子》）

如例（4）所示，白芸对丈夫宝君的训斥让他感到毫无面子、丧失男人的尊严，这是因为宝君的父母在场（从宝君的言语中可知）。倘若白芸对宝君进行斥责时无其他人在场，宝君对“面子”得失的感知会发生较大的变化。可见，中国人“面子”具有动态性，可以随着交际场景、旁观者等要素的变化而发生一系列的变化，在言语交际行为中可实现从无到有、从有到无的更迭。“面子”动态性的实现路径依托于交际者个体认知、动机、行为的变化，受制于交际者所处的社会结构特征，其实现理据根植于汉语言文化的特性中。

（四）面子文化的基因性

面子虽看不见摸不到，但是却时时刻刻影响着人们的交际活动。中国人注重面子的观念世代相传，这俨然已成为一种文化基因传承至今。人品、尊严、人情等诸多因素影响着面子明示性的表征。不难看出，汉语言文化背景下的某些文化观念、价值、传统或者文化心理中的要素根植于社会交际中，极大地影响着人们对面子得失的感知，同时也影响着人们对面子相关表征做出积极或消极的评价。这样的要素已然固化于人们的头脑中，成为要素中的核心部分，不妨称之为文化基因要素（Hu，1944；Gu，1990；周凌、张绍杰，2013）。

讲究人品、尊严和人情，这正体现了以儒家文化“礼”为核心的尊崇道德至上的文化价值取向。这种观念使人品的好坏成为考量、评价人至关重要的社会准则。儒家倡导的“礼”将人分为尊卑贵贱，如男尊女卑、君臣父子等，而男性的社会地位要高于女性。这种文化取向影响到人们日常交往中的言语行为，表现为人们对人品差、不道德的现象难以容忍，因而舍弃委婉之词选择明示的方式直接表达“负面子”。男性对面子“尊严”的需求与明示（如例5所示）也正是男尊女卑文化的体现。尽管有着这样那样的社会准则、规约、法律准绳等制约着人们的社会活动，“人情”在中国社会文化背景下从古至今始终有着不可小觑的作用。黄光国（2006）与翟学伟（2004）两位学者虽在研究的模式上存在差异，但二者在人情与面子的相关论述中都认同中国社会文化背景下存在着一张无形的关系网、人情网，且面子与人情唇齿相依。社会交际中的主体往往期望通过相互间人情的馈赠往来达成某种目的或成就。言谈间交际双方对正面子含义的人情话“面子”的明示也正暗含着人们期待着“人情”的给予与接纳。

面子是在言语行为活动中体现出来的，具有人际互动的性质（Haugh，2009：5），并且受一定文化语境的制约，与构成文化的要素密切相联。语言是文化的核心要素之一，属于行为文化中的基因要素。语言是文化的载体，语言与文化互为作用，同时文化对语言有着巨大的反作用力（赵敏善，1998）。使用语言，即言语行为受不同文化要素的制约，而这些主要要素作为文化基因被特定文化群体所传承、模仿和复制。面子的明示表达与“人品”“尊严”以及“人情”息息相关，而“人品”“尊严”和“人情”均属于构成文化基因的要素范畴，即可称为文化基因要素。“人品”蕴含在伦理道德范畴内；“尊严”与“人情”同属社会准则范畴。可见人品、尊严及人情作为文化基因要素，对中国人面子表达的明示性起主要影响和制约作用。这与上述谈及的中国传统儒家文化所倡导的“礼”及尊崇“道德至上”的观念一脉相承。“礼”是社会依据个人身份地位所规定的行为准则或规范，是维持人与人之间、人与社会之间关系的规则和道德秩序。人们在日常交往中须遵循一定的社会准则，否则就会损害尊严、情面，给人际交往带来负面影响。道德伦理使品行好坏成为评判人格的重要衡量标准，人品的好坏关乎个体能否在社会交往中被接受或认同。可以说，正是由于文化基因要素在中国社会文化背景下的传承、模仿及复制，进一步证明中国人面子的明示性表征与汉语言文化基因存在着关联性。

五、小结

本章简要地介绍了面子研究的起源、汉语言文化中面子的定义、特征等。汉语言文化中的面子具有自身的特殊性：一是表征的多向性，既可以表征为个体面子，也可以表征为关系面子和集体面子；二是影响因素的多维性，即受社会因素、文化因素和认知因素的影响。因此，汉语中一般意义或统合意义的面子概念是由一系列与社会、文化、认知相关联的要素所构成，它既不是像西方学者所界定的"公共自我形象"，也不是单一地表现为"社会声誉"等，而是表现为一组概念的集合。

由于中国文化的特殊性，汉语言文化中的面子表征有其鲜明的特征，与西方英语文化的面子概念存在显著的差异，这一方面说明西方经典的礼貌范式无法合理地解释汉语言文化中的面子，另一方面也呼唤语用学界从不同理论视角深入探究汉语言文化中的面子和面子交往问题，并以此为基础构建体现其文化特性的理论模式。

课内讨论

1. 中国人的面子离不开社会文化因素的影响，如交际双方的教育背景、社会地位、远近关系等等。请仔细阅读下列对话：

（1）语境：到了适婚年龄的晓臣一直没有男朋友，家人很是着急。于是嫂子书杰帮忙给晓臣介绍对象。晓臣妈妈认为无论结果怎样都不能辜负书杰的一份好意，于是要求晓臣饭后务必去见个面。

晓臣：　我用她给我介绍对象？我自己不会找啊？

晓臣妈：你自己能找怎么到现在也没找来一个啊？

书杰：　人我都给领来了，你不管怎么说总得和他见一面啊。你要是不见，我多没面子啊。

晓臣妈：晓臣啊，一会儿吃完饭你还是要见见啊。你爸刚才说得对，也得走个过场。人家栾书杰那么热情，得给人一个面子。

（2）语境：张静和晓臣是朋友兼同事关系。中午晓臣没有带饭要回家吃饭，张静从家带来了饺子，让晓臣和自己一起吃。

晓臣：哎，姐。

张静：哎，别走了，我这有饺子。

晓臣：我回去吃了。

张静：干啥啊，不给面子是不是？

晓臣：那吃你的多不好意思啊。

张静：坐，带你那份儿了。这么多还不够你吃啊。来尝尝。

晓臣：哎。

（3）语境：宝君和张静为朋友关系，二人宴请顾局长，希望能拉近关系请顾局长帮忙办事关照自己的生意。

宝君：　来，顾叔叔我给你倒上。

顾局长：哎哎哎，不行不行，宝君啊，我不会喝酒。平时滴酒不沾。

宝君：　顾叔叔，你不给面子，倒上，半杯。

顾局长：不行不行，半杯也不行。

宝君：　一滴，一滴行吧。

顾局长：不行，一滴也不行。

张静：　局长，这样吧，我先给你倒上。您不喝，我替您喝，绝不勉强您。

顾局长：不行，别倒了，我肯定不喝。

张静：　没让您喝，咱倒上。

顾局长：别倒了，倒了我也不喝。

张静：　顾局长，今天是我请客，您看，您能来那非常给我面子了。可要是不让我倒上这杯酒，这客我还怎么请啊。

例（1）、例（2）和例（3）中分别涉及什么样的面子？彼此之间有何异同？

2. 请仔细阅读下列对话：

（1）语境：宝武爸对儿子宝武的女朋友不满意，认为这个女孩的人品有问题。

宝武妈：晓臣，你以后每天去化肥厂接你二哥，别让他和栾书杰总在一起。

…………

宝武爸：这个栾书杰我看她有点不要脸，作风太差，道德品质有问题。

（2）语境：宝君和晓臣是亲兄妹，妹妹晓臣对哥哥的行为很失望，认为他给整个老贾家丢尽了脸。

宝君：……是，我贾宝君是个窝囊废，我就要要饭了。可我娶到这样的媳妇不容易，你知不知道，你能不能给我留点儿面子。

晓臣：三哥你太没出息了，你打一辈子光棍又怎么样，你把贾家的脸都丢尽了，你简直就是个下三烂。

上述对话内容中，影响面子的因素各有哪些？

3. 学界一直以来对西方“积极面子”与“消极面子”的划分存在着较大的争议。你认为汉语言文化中的面子是否可以做类似的区分？为什么？

课后思考

1. 请依据布朗和列文森对面子—礼貌关系以及礼貌策略的阐释，对下列对话进行分析，找出下面实例中交际者为了保证交际的顺利进行采取了怎样的礼貌策略？交际者是保全还是威胁到了交际另一方的面子？

语境：张静和晓臣是朋友兼同事关系。中午晓臣没有带饭要回家吃饭，张静从家带来了饺子，让晓臣和自己一起吃。

晓臣：哎，姐。

张静：哎，别走了，我这有饺子

晓臣：我回去吃了。

张静：干啥啊，不给面子是不是。

晓臣：那吃你的多不好意思啊。

张静：坐，带你那份儿了。这么多还不够你吃啊。来尝尝。

晓臣：哎，好的……

2. 下面实例中的面子是指什么？具有怎样的特性？

语境：厂里新选的车间主任无法胜任，厂长和书记意识到只有宝文能团结大家，提高生产力，以前对宝文的压制是错误的。

严厂长：……我现在算是明白了，不用你是大错特错。

梁书记：严厂长就是个直性子的人，有啥说啥。

严厂长：可不是，今天在会上老梁跟我一说这个情况，我们俩决定马上过来找你。有两意思，一是给你赔礼道歉，我不应该不分青红皂白把你训了一顿；二是，我们俩是诚恳地请你出山，跟我们共同分担责任，把咱们这个锅炉厂搞好。宝文啊，能不能给我和梁书记个面子。

宝文：这和面子没有关系，我还是那句话，你们爱找谁干找谁干，我肯定不干。

宝文妻：你说你一个劲儿鼓捣那个破钟干什么呀，领导都到家里来了，你咋这态度啊。

宝文：你跟着瞎掺和什么啊，去去去，一边儿快去哄孩子睡觉去。这么晚还不睡觉，你跟着瞎掺和什么啊，瞎嗷嗷什么啊。

3. 尝试采用语料库检索手段，选择文学作品五部如《红楼梦》等，检索出带有与形象、尊严等意思相关的“面子”和“脸”的语句。试分析中国文化中哪些事情会让人有面子、长脸，什么事情会让人没面子、丢脸。

4. 中西方的面子观存在着较大的差异，而面子又直接关涉礼貌原则与策略。那么，中西方的礼貌原则与策略是否也因此存在类似的差异呢？请基于实例加以阐述。

5. 不同人群对面子的看法可能未尽一致。开展社会调查，了解性别、社会阶层、教育层次等因素对面子观念的影响。

第十四章　身份话语

课前阅读

1. *何谓身份话语?*
2. *交际中的身份有哪些特性?*
3. *交际者如何在话语中运作身份以实现特定的交际目标?*

一、引言

语用学是关于特定语境下语言使用的研究，也就离不开对语言使用者的探讨，因而说话人和听话人的社会地位、社会距离、所扮演的社会角色等都对语言的产出形成制约。这都涉及到对交际者身份的理解。一般意义上，身份体现为社会角色，例如，父亲、教师、舞蹈演员、自由撰稿人等。当然说话人的国别、民族、肤色等也是有区别作用的身份特征。但是在日常的交际中，交际者并非总是严格按照身份特征进行交际，例如，有些女性交际者和年长交际者在特定语境中会策略性地改变这些稳定的特征，从而显得男性化或年轻化。这些稳定性特征和情境性特征相互交替，使得身份在交际中呈现出动态性与复杂性。

甘柏兹和甘柏兹（Gumperzt & Gumperz，1982：1）认为，身份的维度必须在交际过程中加以研究，以确定其在会话中怎样运作以及如何被运作。Mey（2001）指出，话语不可重复，但总是依赖于谁在什么情况下说的；话语正是通过其述说的事实指向说话人的，并且认为“语用学在社会各方面运用广泛但都指向同一个问题：即‘是谁的语言’的问题”（2001：199）。因此，结合语言交际讨论身份问题，并从身份选择和建构角度反观语言交际，具有重要的理论和应用价值。

二、身份话语与语用身份

日常对话中，说话双方通常会使用不同的称谓传递某个人的身份特征，从而期望达到一定的会话效果。如下面例（1）“总经理”的自我指称就是希望听话人识别并接受其身份。同样，后面两例子中的自我指称建构了说话人的某种身份特征。这些带有身份特征的话语可以统称为身份话语。例如：

（1）甲：我现在以总经理的名义向你传达这个决定。

乙：那好吧，我尊重公司的意见。

我们也常会听到说话人用不同的方式自称：（以下加下划线部分均指说话者本人）

（2）什么事都得你妈去跑，等妈妈老了跑不动了怎么办？

（3）我这个做哥哥的，也得说两句。

对于身份话语中的身份，中英文词典有着不同的界定。英文 identity（身份/认同）从词源上看它是源于晚期拉丁语的 identitas 和古法语的 identite，其含义受到晚期拉丁词语 essentitas（即 essence 存在、本质）的影响。《现代汉语词典》（2012）对身份的定义是：①指自身所处的地位；②指受人尊重的地位。《新华字典》则将其界定为人在社会上或法律上的地位、资格，也指人受尊敬的地位。

以上分析表明，英文词典的解释集中在区分身份的个性特征（即“我之所以为我”）和区别性特征（“我与其他成员的区别”）；汉语文献则更注重对个性与特定语境的阐释。马克思指出：身份是指“人的出身、地位、资格。是指人在一定社会关系中的地位，因而人人皆有身份”（《马克思恩格斯选集（第一卷）》，1997：18）；也有学者指出身份就是“一个个体所有的关于他这种人是其所是的意识”（Peter & NickHaes，1988）。后者认为人的出身、地位、资格、身价、性格等等都是主体对其自我存在的认识，皆可以体现其身份。然而在具体分析身份的层面或者考察身份的产生时，马克思对于身份存在于社会关系之中的界定确有独到之处，体现了身份的社会性与协商性。

由于交际者社会身份具有多元性，因此并非所有身份类别同时都在交际中起作用，只有在当下语境中被激活的身份才能成为交际中语用资源（pragmatic resources）（陈新仁，2004b）的一部分。也就是说虽然说话人的多元身份集中于说话人一身，但是一般来说，其出场都有一个公开的或者已知的身份，比如，在演讲之前主持人会向听众介绍演讲人的专家身份，在专家身份的框架下，交际双方（在场的听众和演讲人）都明白这一社会语用规则即专家如何对普通听众说话。但是，在演讲过程中，专家也许会通过选择命题内容，恰当地运用相关语用—语言资源建构其父亲身份、大学教师身份或者作为听众的一员来传达其观点。这些在话语中激活的一种或多种身份是区别于通常意义上的社会身份的。

为了与交际者在进入交际前所具有的社会身份区别开来，突出相关身份的交际属性以及相关研究的语用属性，陈新仁（2013）将这种语境化的、语言使用者有意或无意选择的自我或对方身份，以及说话人或作者在其话语中提及的社会个体或群体的他者身份统称为语用身份（pragmatic identity或 identity in use）。从定义可以看出，语用身份与社会身份存在多种联系：①说话人发出当前话语使用的语用身份来源于其社会身份，是从若干社会身份中选择出来的一种（有时不止一种）；②说话人发出当前话语使用的语用身份并非说话人原本具有的身份，而是临时建构或 虚构起来的一种社会身份；③说话人发出当前话语使用的语用身份可能来源于他人的某种社会身份，无论怎样，语用身份也是社会身份，只不过是语境化的某种具体的社会身份，是与特定话语相伴随的某一或多个社会身份。正因为如此，社会身份的各种属性与功能才会通过语用化过程对交际的发生及后果产生影响。

三、身份话语中身份的特性

传统意义上的身份研究强调其稳定性特征，而身份话语中的身份则更多地指向交际中的身份，因而具有以下几个方面的属性，某些属性之间似乎存在一定的冲突，其实不然。

（一）恒定性与流变性

身份因为一些先赋性特征，例如地域方言、家庭成员、亲属群体等从而获得了恒定性。这里的恒定是相对稳定，同流变性构成一个对立统一体。流变的本质是恒定，否则一个人的身份的变化便会制造出一个完全陌生的交际对象；恒定性表现为流变性，身份在社会交往中动态的建构必须依附在其恒定性特征上。流变性具体体现为身份的获得性，交际主体因为与当前对方是同学、同事、战友、球友等从而获得新的社会身份和社会地位。身份的恒定性特征在特定语境中通过不同的方式反映到了交际者的言语交际中或者被交际者内化为语境的一部分，成为语言乃至行动生产的后台。

身份的恒定性和流变性在“农民 × ×”这种表达上得到了较好的体现。农民本是中国制度安排下的一种职业身份，然而这种制度安排不但没有根除反而似乎加深了二元社会的排斥性特征。农民只要不再务农，在其他任何岗位就业便是有标记的，“农民工”则是这一标记的统称。即使某些农民拥有获得性身份，不再务农，然而社会依旧以文字的形式保留了其恒定性的职业特征，比如“农民企业家、农民书法家”甚至“农民公务员”。

（二）资本性与功能性

身份作为语言学的概念当然不会带来资本增值，然而，一旦身份进入社会关系网络，成为社会交往的一部分，依附于身份的各种资源（权力、地位、资源配置等）就能够为身份的拥有者带来价值增值，从而辅助其实施或者顺利办好某些事情。因此身份拥有的主体往往会借用标记身份的语言资源来满足其特定语境中的交际需求。“一个行动者通过他或她的社会网络连接的资源代表了自我资源的全集。即使自我不能使用这些资源，他们也有很大的符号效用。让别人知道自己的社会资本，可以很好地改善自己的社会地位。”（林南，2005：43）相反，交际者也能够识别并利用说话人的某些身份资本，某些交际者甚至通过虚构某种身份来获得不正当的资源配置，如“某某是我的领导”“我是中央电视台新闻调查的，来对酒店卫生状况做暗访”。也正因为身份具有资本属性，人们通常会对身份产生兴趣，但这种兴趣这并不一定指向身份的宿主即拥有身份的主体。

四、汉语交际中身份的话语运作

上述的各种身份类别并非同时都在交际中起作用，只有在当下语境中被激活的身份才能转化为语用身份，成为交际中语用资源的一部分。麦克考尔和西蒙斯（McCall & Simmons，2003）把多元身份区分为显著等级和突显等级，前者意旨对于行动者具有重要性，处于中心地位的持久性身份，后者体现出情景自我或者角色身份在特定情景中的突显。我们把在当下即时语境中激活的身份称作突显身份，激活的过程则为身份突显。一般情况下，说话人会按照当前交际双方常规社会关系指定的身份进行交际。但在交际过程中，交际者出于一定交际目的能够通过激活相关身份特征从而突显某一身份。例如：

（4）语境：　在某茶餐厅，某部门主任与其朋友、也是下属的李某交谈。

部门主任：作为朋友，你辞职我理解，人往高处走吗，我支持你；但作为你的上司，我还是想你留下来，再说公司也需要你。

李某：　你这人，这里是茶餐厅啊，朋友之间谈谈不好吗？

部门主任：对，朋友闲聊聊，你看我！

在例（4）中，部门主任通过身份标记语（identity markers）同时突显了其会话中的两种身份即朋友身份与上司（领导）身份，然而经过协商，双方最终定位在朋友的身份框架中交流，交际得以继续。

上例子中描述的身份错位在社会心理学文献（Burke，1991；Stets & Burke，2005）中被表述为身份中断、身份分裂或者身份差异。因此，在人际交往中，交际者的身份并非总是双方事先都认可的，双方需要经过磋商达成一致。这种身份选择的过程是交际双方相互选择与协商的过程。交际者身份选择的错位会可能带来误解与冲突，甚至导致交际中断。例如（陈新仁，2004）：

（5）问路人：喂，这位奶奶，去邮局怎么走？

女店主：问谁哪？你奶奶在家里呢。

问路人实施积极礼貌策略，尊称女店主为“奶奶”，然而这种身份尊称却因为身份的错位而导致误解与冲突，女店主的回答甚至预设了交际的中断。问路人如果明白了这一点，就不难理解女店主的会话含意。与此不同，恰当地调用身份作为交际资源则有利于满足说话人的交际需求。如下例（袁周敏、方宗祥，2008）：

（6）语境：学生活动中心在排练，其中一低年级学生 A 演老大的角色，一高年级学生刘某 B 饰演其司机，在休息期间：

A：刘师傅，帮我加点水。

B：哦，没问题，老大。

由于说话人 A 在当下的语境中通过称呼 B 为“刘师傅”而非“同学”或直呼其名，恰当而准确地调用了他所扮演的身份，即老大，B 出于对相应角色的遵从，答应给 A 加水。可见，A 扮演的角色作为一种身份资源，被其巧妙利用，使他顺利满足了当下的需求。

五、小结

本章简要介绍了身份的定义、身份的特性、身份的运作、身份的分类等。人是交际的一部分，身份作为说话人的重要属性具有恒定性和流变性、资本性和功能性等特征；说话人借助相关言语标记将身份资源反映或者运用于其话语表达中。然而，说话人的身份不是被动地反映在语言层面，而是通过说话人策略性地运用相关身份资源在话语中协商建构的。

课内讨论

1. 阅读下面的例子，注意人称代词的使用：

语境：小王收到女朋友的电子邮件得知女朋友要到外地工作，便给女朋友打电话。

小王：收到你的来信后，<u>他</u>很伤心，你知道不？（说话人用“他”自称）

上面对话中人称代词的使用有何特殊之处？

2. 阅读下面一段会话：

语境：咨询人咨询治疗胃功能方面问题的药物。

咨询顾问：如果说她胃功能不好的话完全可以放到餐后，那么像你母亲的话也是因为胃癌做了切除手术，啊，用了效果还不错，那么完全可以两个人一起用。你明白不明白啊？

咨询人：　明白，我刚刚听说这次活动是延期了呀？

咨询顾问：对，我们说，额 = =，那么最近呢，因为很多朋友啊，对这次的 = 还是比较期待的啊，那么，也有的朋友，因为星期天啊，周末啊，没有赶得上，那么，为了应广大患者的要求，这次活动呢延期到28号，具体的活动内容您还是可以再看一下，那么，您的电话也不要挂掉，可以呢 =，留给我们导播，导播会直接告诉您，啊，活动内容，好吗？

咨询顾问在上述对话中调用了什么样的身份信息？

3. 说话人的身份会影响其话语表达，同样，话语表达也会反映出说话人的身份，那么身份的话语建构是如何体现的呢？举例说明。

4. 分析下列会话中双方的身份建构情况。

语境：小学语文课的课间休息时间，两名学生在讨论关于课后作业的话题。

小刚：噢，小明，你看，我比你做得好多了。

小明：啊？

小刚：我比你做得快，还做得好！

小明：这也不是考试。算什么啊。要是考试的话，我不知道要比你高多少分呢！

5. 阅读下面对话（毛延生、虞锐，2015），谈谈答话人的身份及其叙述身份的方式。

问：你们会回去吗，还是打算在这里定居下来？

答：说真的，谁不想自己家乡也发展起来啊……不过，总有人，尤其是那些有知识、有文化 的人会回去的，而且我们出来的人多了，大家知道我们那个地方了，说不定有大老板会去办厂的，那时候我也会回去的，也出一份力。现在就当是在外面积累经验好了，有本事了我们都会回去的。还有，我们那里也有出来了赚了蛮多钱的人，不要以为他们会在城里定居，他们都在村里盖房子，他们也都是想着回老家的人，真的，他们都把房子盖在老家。我们那里现在已经在好起来，以后还会更好的。

课后思考

1. 谈谈本质主义与建构主义视角下的身份观之争。

2. 为什么话语身份的选择是动态的？其选择具有哪些特点？举例说明。

3. 假设下列话语都是由同一个人发出的，试比较下列一组表达在身份选择方面的差异及其交际效果方面的差异：

（1）祝贺你，王厂长。

（2）我们全家祝贺你，王厂长。

（3）我代表我们李总祝贺你，王厂长。

（4）李总祝贺你，王厂长。

4. 阅读下面的会话，找出能够标示身份信息的指示语，并指出说话人转换指示语的原因。

语境：咨询人患糖尿病达十年之久，已经购买六个疗程的咨询顾问所推荐的药品。咨询人在报告自己的治疗情况后意欲了解是否需要追加疗程继续服用，此段会话接近尾声。

咨询顾问：嗯＝那么像您这样的情况啊，家里六个疗程的药剩多少了？

咨询人：剩一盒啦＝

咨询顾问：咱们按照十天服用一粒的量啊＝服用完就可以了，就没有必要没完没了的吃了，那么当初于主任告诉你说六个疗程啊＝就已经能够达到完全的一个康复效果呐，咱们最后呢

＝就不需要格外复发后，就是（…）和反弹就不需要格外巩固，你能够注意在以后的这个＝生活当中能够预防好的话，咱们以后可以不犯病，啊＝＝

5. 从身份建构视角分析下面的例子。

李欣悦：哎哟，回来啦！怎么大包小包的？

陈刚：　实习地方有点远，电脑和衣服都带着呢。辅导员没说什么吧？

李欣悦：没啥，我帮你请假了呢。

陈刚：　班长够意思，改天我请客。

李欣悦：乐于助人嘛。那我可等着你的饭呢。

陈刚：　回头周末老地方。你到哪？帮我提下呗，好重！

李欣悦：自己提，人家女生哦！

6. 随机对一段真人秀节目进行录音，从形式和功能角度分析主持人的身份话语。

第十五章　语用变异

课前阅读

1. 什么是变异语用学？
2. 语用变异可以包括哪些方面？
3. 汉语中的语用变异有哪些类别及特征？

一、引言

我们首先看看下面两个例子：

（1）情景：青岛一家超市
　　服务员：老师，您需要什么？
　　顾客：哦，先随便看看。哎，你怎么知道我是老师？
　　服务员：……

（2）情景：兰州大街上
　　路人甲：师傅，麻烦问一下到雁滩那边坐几路车？
　　路人乙：雁滩？那你要到对面去坐，对面有到雁滩的车。

例（1）中的“老师”和例（2）中的“师傅”均是汉语中常见的称呼方式，虽发生在不同地域环境，但可以发挥相同的称呼功能。一般情况下，在公共场合，都可以用“师傅”来称呼陌生的中老年男子，以示尊敬。在山东济宁、济南、泰州等地，在公共场合，如问路、打出租车、商店卖东西时更倾向于称呼陌生的男人为“老师”，以示对对方的尊敬，而在国内其他很多地方，人们更倾向于用“师傅”。例如，在兰州，如问路、打出租车多称呼陌生的男人为“师傅”，而绝不会用“老师”。这与地域文化差异有直接关系，由于地域差异而引发的语言使用的差异是变异语用学所探讨的主要议题之一。

二、变异语用学

变异语用学（variational pragmatics）作为语用学的一个新的研究领域，与20世纪90年代中期出现的历史语用学（Historical Pragmatics）是相对的，可以看作是历史语用学的孪生学科。历史语用学是语用学和历史语言学结合的产物（Jucker，1995），关注的是历时的语用变化问题，而变异语用学主要关注由于地域空间和社会空间变化而引发的语用变异问题。变异语用学的产生与方言学研究密不可分，施莱德和巴隆（Schneider & Barron，2008）指出，方言学研究缺乏对语用维度的关注，而语用学研究则缺乏对地域变化因素的关注。因此，需要寻求方言学和语用学的结合点，变异语用学便应运而生。同时，相对于传统意义上的语际语用学和跨文化语用学，变异语用学关注的是语内语用变化（任育新、陈新仁，2012）。

变异语用学主要关注五类宏观社会因素引发的变异现象，这些因素包括地域、性别、年龄、种族身份、社会经济地位（或社会阶层）。当然，这五类因素并不是封闭的系统，可以有新的因素纳入，如受教育程度和宗教信仰等。同时，变异语用学分析可以在五个不同层面进行：

（1）语言形式层面，如话语标记语、模糊限制语、强化语等。

（2）言语行为层面，特别是依据话语直接程度和礼貌程度来考察的言语行为关系和言语行为的修饰。

（3）互动层面，聚焦于话语序列模式的分析。

（4）话题层面，关注话语的内容和社会性话题，如在互动中可以选择哪些话题，这些话题在交际互动中如何拓展，如何放弃等。

（5）话语组织层面，主要关注话轮转换，如停顿、重叠、打断等。

另外，施莱德和巴隆在2008年的《变异语用学：聚焦多中心语言的地域变体》第一篇文章（“语用学和方言学在哪里相汇：变异语用学介绍”）中列出了14个地域语用变异研究涉及的分析参数或研究对象，如语言—语用层面上文化或亚文化的变异、实施某一言语行为的策略变异、言语行为实施中内外部修饰策略的变异、缓和策略的语言实现方式及频次差异、语境因素的权重差异、会话结构差异、语言变异类型之间的交互、同一语言中受其他语言影响而形成的语用变异等。他们还提出了今后考察地域语用变异的10个视角：语料类型，如使用自然语料和实验数据；同一国家不同地域的语言变异；不同国家同一语言变异；宏观社会因素；微观社会因素；宏观社会因素和微观社会因素之交互作用；话语不同层面的语用分析（从话语标记语到话语序列结构）；语言变体的普遍性规范；除英语、西班牙语以及德语等之外的其他多地域使用的语言，如葡萄牙语、阿拉伯语、斯瓦西里语；非印欧语系语言，如芬兰语、日语和汉语等。

就变异语用学的方法论而言，施莱德（Schneider，2009）提出了三个原则，即实证原则、对比原则以及数据的可比性原则；"变异语用学从根本上是对比性的，对比研究至关重要。"（任育新、陈新仁，2012：193）就其研究的数据类型来看，可以包括多种不同类型的数据或语料，如自然语料（如通过录音、录像收集的自然语料、已有的语料库）和实验数据（如话语完型问卷、角色扮演收集的数据）。

不同地域同一语言中的言语行为是变异语用学研究的主要对象之一。例如，巴隆（Barron 2008a，2008b）基于话语完型收集的数据对比了爱尔兰英语与英国英语中"请求"言语行为，发现英国受试者更倾向于使用请求外部修饰，而爱尔兰受试者更偏向于使用请求内部修饰。朱莰（Jautz，2013）基于英国国家语料库BNC（The British National Corpus）中的口语部分和威灵顿新西兰英语口语语料库WSC（The Wellington Corpus of Spoken New Zealand English）对比了"感谢"言语行为，发现英国英语中使用thank（you）的比例高于新西兰英语，而新西兰英语中thanks使用比例高于英国英语。

变异语用学也有关于话语标记的研究。例如，欧·基菲和阿道尔夫斯（O'Keeffe & Adolphs，2008）基于剑桥和诺丁汉英语话料库CANCODE（The Cambridge and Nottingham Corpus of Discourse in English）和利默里克爱尔兰英语语料库LCIE（The Limerick Corpus of Irish English）对比了英国英语和爱尔兰英语中的听话人回应标记语，像Yeah、oh、oh I see、right等，发现爱尔兰英语中回应标记重复较多，而英国英语中回应标记重复较少。

汉语的变异语用学的直接相关研究出现在20世纪90年代后期。较具典型性的是洪玮（1999）的研究。洪玮（1999）在《世界汉语教学》上发表了《地域差异对汉语言语行为"借用"的影响》一文，通过调查问卷收集数据，并对比了兰州和杭州两地汉语请求言语行为中'借用'行为之异同。同一时期，有学者讨论了内地和香港的语言变异。何自然等（1999）在《学术交流》上发表了《香港与内地社会媒体语用变异分析》；吴东英、许谦文（2000）在《中国语文》上发表了《方言变异还是语体变异？——内地与香港娱乐新闻语篇范畴的差异分析》等。以上这些都是汉语语用变异研究的开拓性成果，下一部分将进行详细说明。

三、汉语中的语用变异

变异语用学强调要关注五类因素引发的变异现象，即地域、性别、年龄、种族身份、社会经济地位（或社会阶层）。地域差异造成的语言变异主要是方言学关注的内容，而性别、年龄、种族身份、社会经济地位与语言变异则一直是社会语言学的重要研究议题。前者与地理空间有关，而后者主要与社会距离空间有关。另外，网络和新媒体的迅猛发展，形成了对人们生活影响巨大的虚拟空间，而虚拟空间的语言使用与现实空间的语言使用存在很多差异，因此虚拟空间和现实空间的语言使用也可以纳入变异语用学的范畴。例如，可以对比考察面对面交际和网络交际中的各种言语行为，如建议、请求、抱怨、恭维等。

鉴于此，语用变异的情况可以从地域差异、社会空间差异以及现实—虚拟空间差异三个方面进行研究。

（一）地域差异与语用变异

本章引言中的（1）（2）两个例子中的“老师”和“师傅”是典型的由于地域差异而引发的称呼语的语用变异。类似的例子还有很多，如在西安，“女子”常用以称呼年轻女性，用于对年轻女孩子的面称和背称，这在国内其他城市和地区非常鲜见（李琼，2015）。

除了称呼层面之外，地域差异也会造成言语行为实施上的差异。洪玮（1999）对兰州和杭州两个城市“借用”言语行为的研究很好地说明了这一点。洪玮（1999：71）设计了三种“借用”的情景：

情境一：一学生问他/她的同学借笔记。例如：

（3）小李，我昨天病了，没去上课，我能不能借一下你的笔记？明天就还，谢谢。

情境二：一大学生问他/她的教授借一本书。例如：

（4）老师，我想问您借本书，图书馆没有这本书，行吗？

情境三：某人问他/她的同事借钱。例如：

（5）老赵，这个月我手头实在紧张，你方不方便借我一点钱？真是不好意思，我回头就还。

以调查问卷收集的数据为基础，洪玮（1999：72）汇总了“借用”言语行为的修饰成分，并分别考察了三种情境下修饰成分使用的异同。

（1）姓名、称呼、称谓：包括姓名、职称或者能引起对方注意的词汇，如：哎、小/老李、张兰老师、教授、刘师傅、伙计。

（2）直接表明请求帮助，如：打扰一下、劳驾、哎、帮帮忙、请你帮帮忙、有事要麻烦你。

（3）前置或后置原因，如：我病了，没去上课；我发烧了；图书馆没有这本书；这个月实在紧张；有急用；工资用完了；想买个彩电；上街忘了带钱。

（4）问询对方借东西给说话人的前提，如：上堂课你来了吗？笔记你记了没有？你记笔记了吧？有这本书吗？有闲钱吗？身上带钱了吗？

（5）礼貌语言，如：请、您。

（6）请求原谅，如：对不起、麻烦你了、真对不起、打扰你了、很不好意思要麻烦你。

（7）问询对方是否有能力借东西给说话人，如：好吗？能不能？行吗？可以吗？怎样？方不方便？能否帮忙？

（8）表示在一定的时间内归还所借的东西，如：明天还、看几天、借两天、尽快还、就这个月、一点钱、零钱。

（9）感谢，如：谢谢。

洪玮（1999：74）的研究显示，兰州和杭州居民在不同情境下要实施“借用”言语行为而使用的修饰成分上既有共同之处，也存在一定的差异。例如，在前置原因、后置原因、称呼语、礼貌用语等使用上存在明显的差异。此外，不同情境（即不同的“借用”言语行为）也会对交际者修饰策略的使用有一定影响。

另外，林芷莹、伍德菲尔德和任伟（Lin，Woodfield & Ren）在 *Journal of Pragmatics* 2012 年第 11 期上发表了 Compliments in Taiwan and Mainland Chinese：The influence of region and compliment topic 一文，对比了内地和台湾的恭维言语行为。研究发现，情景差异造成的恭维言语行为的差异要比地域差异造成的影响更为明显。从地域角度来看，内地和台湾在恭维言语行为上共性多于差异。就具体恭维策略来看，内地受试者更倾向于使用显性恭维策略和钦佩恭维策略。例如：

（6）语境：篮球比赛。

不错，不错，打得真好！今天没有你，这场比赛还真的很难说呀！以后还要多跟你学习呀！

相对而言，台湾受试更倾向于使用请求型恭维策略。例如：

（7）语境：课堂陈述。

你的简报很不错哦！可不可以跟我说你都是怎么准备的吗？

地域差异也可能会引起其他层面的语用变异。例如，张仲慧（2003）从适用范围、行款格式、公函用语上对大陆、台湾、香港公函进行了比较研究，发现三者之间既有共同之处也存在差异。例如，在用语上，大陆公函一律用白话文，同时仍保留有文言句式，如“特此函告”“以上意见妥否，请函复”“迟复为歉”等。台湾、香港公函也提倡用白话文，“提倡用字的简浅、明确，但仍存在一定程度的文白夹杂或使用文言写作的现象，尤其在台湾，还不可避免地带有一定的尊卑意识和行政命令的强硬语气”（张仲慧，2003：41）。

（二）社会变量差异与语用变异

前文指出，性别、年龄、种族身份、社会经济地位等作为社会距离空间因素是变异语用学关注的重要因素。此部分主要以性别和年龄为例说明汉语中社会变量与语用变异之关系。

1. 性别差异与语用变异

对由于性别差异而形成的语言变异的研究由来已久（Lakoff，1973），这一直是社会语言学关注的研究议题。但在语言使用中由于性别差异而引发的意义的变化则是语用学关注的内容。李琼（2015）调查发现，使用“喂、哎”等零称谓的只有男性，女性更倾向于使用带有感情色彩的类亲属称呼“大姐”“大妈”“大哥”“大伯”等。

除了词汇层面的不同之外，性别差异也对言语行为的实施及其语言语用策略的选择有很大影响。在汉语恭维言语行为及其应答行为中，男性女性之间存在一定差异。余艳娟（2005：124）的研究结果显示，在汉语恭维应答策略选择上，男性女性呈现出一致趋势，首选融洽策略，然后是一致策略和谦虚策略，但在具体应答方式上，性别差异比较明显。例如，男、女性在“一致性”应答策略上，其“感谢”“融洽”策略中的“提供事实”和“忽略”等策略存在明显差异。另外，不同的话题内容对男性女性具体应答策略的选择也存在一定影响。

汉语拒绝言语行为的实施也受到性别差异的影响。言志峰（2007：127）对拒绝言语行为的直接策略和间接策略进行了汇总。直接拒绝有“不行”“算了”等。间接拒绝可分为15类：道歉，如“对不起”“不好意思”；说明理由，如“我很忙”“我有事”；感谢，如“谢谢”“多谢”；陈述原则，如“我从不喜欢那样做”；表达意愿，如“我很想帮你，但……”；称呼语，如“导师”“妹妹”；提供其他选择，如“你可以问××……”；许诺将来接受，如“下次帮你好吧”；推迟，如“让我考虑考虑”；踌躇语，如“啊”“噢”“嗯”；肯定的回应，如“是个好主意”；批评，如“你为什么不去上课？”；有条件接受，如“如果完成早的话，我帮你”；模糊语，如“我不确定”“我不知道”；回赠，如“让我给你付吧！”等。言志峰（2007：127）的研究结果显示，男性更多使用直接拒绝策略，而女性则更多使用间接策略，但总体来看，男、女性在汉语拒绝言语行为实施上的共同特征是更倾向于使用间接策略。在具体的间接策略使用上，男、女性之间存在一定差异。例如，女性比男性使用较多的道歉策略；女性比男性倾向于以更具体的理由来拒绝对方，更多使用“感谢”“称呼语”“踌躇语”等间接拒绝策略。

汉语中，请求言语行为的实施也与性别有密切关系。丁凤（2002：50）发现：虽然具体请求行为实施的情境对其策略选择有一定影响，如男女双方在社会距离近、请求难度小、受话人为同性的情景中要比在社会距离远、请求难度大、受话人为异性的情景中更为直接，但从总趋势来看，在请求言语行为实施中，女性比男性更委婉、礼貌；女性比男性更多使用醒示语、间接核心行为语及辅助语；女性的请求序列明显比男性的长；男性对待同性比女性对待同性更为直接。

2. 年龄差异与语用变异

交际者年龄差异也是引发语用变异的一个重要因素。李琼（2015）在“汉语当代社会称呼语的变异研究”一文中指出：老年人一般倾向于使用二十世纪六七十年代盛行的社会称呼语“同志”和“师傅”，而年轻人则更倾向于使用“美女”和“帅哥”，而这种称呼语老年人几乎不用。

另外一个与年龄有关的语用变异现象则是网络语言的使用。年轻人更容易接触网络语言，因此，像“围脖”（微博）、“有木有”（有没有）、“稀饭”（喜欢）、“神马”（什么）、“酱紫”（这样子）、“表”（不要）、“腐败”（聚餐或聚会）、“楼上”（论坛里先回复的帖子）等更容易出现在年轻人的交流中，以表征自身身份或作为某个社会范畴的成员身份，从而更好地融入到该实践社区的交流中。

除了词汇之外，年龄对语言使用的影响也体现在言语行为的实施上。在汉语恭维语的使用中，年轻人更倾向于直接称赞对方，而40岁以上的人明确称赞对方的比例相对较低（方瑞芬，2008）。方瑞芬（2008）关于汉语语境中恭维语和恭维应答年龄差异的研究结果显示，年轻人更倾向于直接称赞对方，而且在具体恭维语的选择上也存在一定差异，年轻人更容易选择“好漂亮哦!”“酷毙啦!”“很时尚耶!”等含有感叹词的表达方式和新潮词汇。此外，年轻人也更倾向于明确接受对方恭维，而且在具体恭维应答方式的选择上具有多样性，在内容上更倾向于自我肯定。

另外，段成钢（2008）考察了汉语礼貌语言使用的性别与年龄差异。以某火车站内购票乘客和售票员之间的对话为语料来源。其中，售票员10人，男女各占一半，年龄均在20～40岁，其中一位男性过40岁。购票者的年龄分别为：35岁以下、35～60岁、60岁以上；购票者中既有男性也有女性。购票者的话语内容主要包括询问具体发车时间、出发站台和车票价格等；使用的礼貌用语包括问候语，如“你/您好”，能愿动词，如“可以……”“最好……”和“请”“谢谢”等；售票员相应的礼貌用语，如“不客气”“欢迎再来”等。分析结果表明，请求话语行为的使用与购票者的年龄显著相关。60岁以上的老年购票者使用请求信息的平均数比总体均数高14个百分点；而中青年购票组（35岁以下和35~60岁）使用请求信息的平均数值均低于总体平均值。另外，老年女性购票者使用请求形式的频率最高。

3. 虚拟—现实空间差异与语用变异

由于互联网和新媒体的发展，人们的语言使用状况也发生了很大变化。互联网和新媒体形成的虚拟空间与现实空间存在着一定的差异，这种差异直接影响到人们对语言的使用，从而造成了语用变异。例（8）~（11）中的各种称呼语“猪”“偶”“童鞋”“妹纸们”“妖精们”“亲耐的”在网络空间交流时是得体的用语，能够取得良好的交际效果。

（8）原谅猪才疏学浅，但偶敢拍着不大的胸脯告诉大家产品保证是新鲜的。

（9）还请妹纸们多多包涵啦。

（10）对于厌倦了纯黑色的童鞋来说，这个颜色是一个不错的过渡。

（11）亲耐的妖精们!! 这款眼线笔无面板特价15元哦!

（何荷、陈新仁，2015）

再如，例（12）中写微博变异成了“织围脖”，例（13）中，人生的不如意被喻为“茶几上的杯具”，例（14）中，人们想要得到感兴趣的东西而心里痒痒的状态被喻为“地上长出了草”。

（12）世界上最遥远的距离不是生与死，而是马上考试了，别人在复习，自己却在预习。某些不自觉的，还正在织围脖。

（13）原来今天的自己一直在原地踏步，留下的只是“人生茶几”上多了个“杯具”而也!

（14）亲们HOLD住，12月12日大促首批活动款率先披露，长草了嘛?

［例（12）~（14）来自沈颖，2012］

这些例子中“围脖”（谐音“微博”）、“杯具”（谐音“悲剧”）和“长草了”等表达生动、鲜活，“不仅给人带来了新奇感，更对人的心理感受与精神状态产生了影响”（索燕华，2015：145），从而取得了非常丰富的语用效果。

但是，需要注意的是，上面各例中的表达，以及像“偶们”（“我们”）、“童鞋”（“同学”）、“介个”（“这个”）、“肿么了”（“怎么了”）等都是网络聊天或网络论坛的常用词汇或常用表达，在面对面的现实空间的交际中很少会有人用这些词汇及表达。

虽然很多网络流行语主要使用范围是网络空间，但也有不少网络流行语在现实生活空间面对面的交流中也广为人们接受，如“女汉子”、“赞一个”、“光盘”行动、“颜值”高等。再如，源于古装侦探系列电视剧《神探狄仁杰》的网络流行语言风格“元芳体”。在电视剧中，狄仁杰经常征求助手李元芳的意见，通过对话引出对案情一步一步的分析。句式的基本结构是：前面陈述一件事情，最后加上“元芳，（此事）你怎么看？”

基本对话模式：

（15）狄仁杰：“元芳，此事你怎么看？”
李元芳：“大人，此事必有蹊跷。”/“大人，此事背后一定隐藏着一个天大的秘密。”

基于此基本对话模式网络上出现了很多由模因机制而形成的所谓的“元芳体”对话，例如：

（16）股市太让人纠结了。如此疲软的大盘，我是“割肉”呢，还是不动呢？元芳，你怎么看？

（17）得了个诺贝尔奖，为什么还买不起北京的房子？元芳，你怎么看？

（18）××美容公司：元芳，整容一事，你怎么看？

（19）国庆长假高速免费，导致交通瘫痪，元芳，关于此事你怎么看？

（以上例句均来自“百度百科”，2016－03－10）

可以看出，虚拟—现实空间的差异，造成了人们在两类空间交际中语言使用的差异。“诙谐幽默的网络语言言简义丰、机智传神……网络语言背后隐含的网络文化更加体现了对传统规范的蔑视，对权威的挑战，对平庸、枯燥、刻板生活的冲击，对平等话语权的追求”（樊慧，2011：14），同时也是建构网络虚拟空间的各种身份以及建构属于同一实践社区成员的身份的最主要的方式。但同时，网络用语可能会“使普通民众与使用这些别样语言的话语共同体成员之间形成网络时代下的数字鸿沟，一定程度上无法保证交际目的的顺利实现”（索燕华，2015：145），因此对有些网络语言的变异情形需要认真思考，以形成一个虚拟—现实空间互动的良好的语用环境。

四、小结

变异语用学是语用学研究的一个新兴领域。本章介绍了变异语用学的基本概念、发展历史、研究主题、研究方法等，并以现有研究成果和具体语料分析为基础，着重说明了汉语中的语用变异情况，主要包括由于地域差异引起的语用变异、性别和年龄差异而引发的语用变异以及虚拟—现实空间差异而引发的语用变异。然而，语言选择体现在语言的各个层面上（Verschueren，1999），同一语言的相同内容在不同地域、不同社会群体以及不同空间中使用时都会涉及到其特定的意义的传达和交际效果的取得，因此均可以纳入到变异语用学的范畴中进行重新审视，进而拓展已有的研究视角，以对方言学和社会语言学的相关内容进行补充。

课内讨论

1. 变异语用学的本质特征是什么？

2. 权立宏（2004）对汉语中男女称赞语和称赞语回应使用方面进行了研究。以下 6 个表格是该研究关于称赞语策略和称赞语回应策略的分类和分析结果。

称赞的使用策略分类

策略	定义	举例
直接称赞	以明确的态度或言行称赞对方	我很喜欢你的画
间接称赞	以某种间接的形式进行称赞，这种称赞表现在意义而不是形式	教我打球好吗？
不称赞	讲话者在某种情景给出了言语反应，但的确不能作为称赞	什么时候配的眼镜？
不反应	不做任何言语反应	

男女受试在称赞中就四种策略使用的百分比情况及 *XZ* 值

	男性（*N*＝56）		女性（*N*＝56）		
	No.	%	No.	%	X^2
直接称赞	237	53.0	367	81.9	62.9
间接称赞	49	11.0	152	3.4	21.3
不称赞	34	7.7		3.1	
不反应	126	28.3	13 952	11.6	40.8

男女受试在称赞中就四种策略使用的百分比情况及 *XZ* 值

	男—男		女—女		男—女		女—男	
	No.	%	No.	%	No.	%	No.	%
不反应	64	28.6	29	12.9	63	28.1	23	10.3
不称赞	11	4.9	10	4.5	9	0.4	41	1.8
间接称赞	21	9.4	5	2.2	30	13.4	11	4.5
直接称赞	128	57.1	180	80.4	132	58.8	187	83.4

称赞语回应的分类

策略	分类	举例
接受	感谢标记	谢谢，谢谢夸奖。
	赞同	是的，我也挺喜欢的。
	其他	我听了很高兴。
接受＋修正	回敬	你的也不错啊。
	降低称赞	一般般了，马马虎虎了。
	夸耀	你也不看这是谁写的？
	确认	是吗？你真觉得不错？
	转移称赞	你也买一双吧。
	提供来历	这是朋友送的。
不接受或拒绝	否定	不行，不行。我觉得一点也不好。
	谦虚	哪里，哪里，不敢当，惭愧。
	分开话题	你还有事吗？
不回应		
复合式		是吗？谢谢。

男女在称赞语回应中策略的使用情况

	男性（$N=56$）		女性（$N=56$）	
	No.	%	No.	%
接受＋修正	153	34.2	132	29.6
接受	105	23.4	154	34.4
不接受	52	11.6	39	8.8
不回应	93	20.8	30	6.8
复合式	45	10.1	91	20.4

男女受试在称赞回应中在同一性别和交叉性别层次上策略的使用情况

	男—男		女—女		男—女		女—男	
	%	No.	%	No.	%	No.	%	No.
接受＋修正	68	30.5	65	28.9	84	37.7	66	29.5

（续上表）

	男—男		女—女		男—女		女—男	
	%	No.	%	No.	%	No.	%	No.
接受	60	26.8	60	26.8	39	17.6	76	33.9
不接受	23	10.3	28	12.5	28	12.6	12	5.3
不回应	44	19.5	26	11.7	49	21.8	6	2.7
复合式	29	12.9	45	20.1	23	10.3	64	28.6

（1）仔细阅读前3个表格中的数据，分析称赞语策略的使用与男女性别差异之间存在的关系。

（2）仔细阅读后3个表格中的数据，分析称赞语回应策略的使用与男女性别差异之间存在的关系。

3. 社会经济地位的差异也会引起人们语言使用的差异。阅读以下节选自《红楼梦》第四十回："史太君两宴大观园，金鸳鸯三宣牙牌令"中的片段，从语言形式层面、言语行为层面、互动层面、话题层面或话语组织层面分析贾母的话语和刘姥姥的话语，考察二者在哪些方面存在差异，并说明原因。

贾母少歇一回，自然领着刘姥姥都见识见识。先到了潇湘馆。一进门，只见两边翠竹夹路，土地下苍苔布满，中间羊肠一条石子漫的路。刘姥姥让出路来与贾母众人走，自己却走土地。琥珀拉着他说道："姥姥，你上来走，仔细苍苔滑了。"刘姥姥道："不相干的，我们走熟了的，姑娘们只管走罢。可惜你们的那绣鞋，别沾脏了。"他只顾上头和人说话，不防底下果滑了，咕咚一跤跌倒。众人拍手都哈哈的笑起来。贾母笑骂道："小蹄子们，还不搀起来，只站着笑。"说话时，刘姥姥已爬了起来，自己也笑了，说道："才说嘴就打了嘴。"贾母问他："可扭了腰了不曾？叫丫头们捶一捶。"刘姥姥道："那里说的我这么娇嫩了。那一天不跌两下子，都要捶起来，还了得呢。"紫鹃早打起湘帘，贾母等进来坐下。林黛玉亲自用小茶盘捧了一盖碗茶来奉与贾母。王夫人道："我们不吃茶，姑娘不用倒了。"林黛玉听说，便命丫头把自己窗下常坐的一张椅子挪到下首，请王夫人坐了。刘姥姥因见窗下案上设着笔砚，又见书架上磊着满满的书，刘姥姥道："这必定是那位哥儿的书房了。"贾母笑指黛玉道："这是我这外孙女儿的屋子。"刘姥姥留神打量了黛玉一番，方笑道："这哪像个小姐的绣房，竟比那上等的书房还好。"贾母因问："宝玉怎么不见？"众丫头们答说："在池子里舡上呢。"贾母道："谁又预备下舡了？"李纨忙回说："才开楼拿几，我恐怕老太太高兴，就预备下了。"

4. 丁凤（2002：48）在对汉语请求言语行为中的性别差异进行研究时发现：尽管男性使用的醒示语比女性少，而且很多时候都采用零称呼语（不称呼对方），但男性所使用的称呼语种类却比女性丰富得多，主要包括以下几类称呼语：

（1）全称：姓 + 名 如张强、吴建军

（2）名：如建军、晓雯

（3）阿 + 名：如阿玲、阿勇、阿海

（4）小 + 名：如小丹、小玲、小强、小鹏

（5）名中最后一个字：如玲、强

（6）名字中最后一个字重叠：如丹丹、玲玲、雯雯

（7）兄弟、老兄或名 + 哥：如海哥、勇哥

（8）同学、小姐、先生、阿姨、小朋友

（9）靓女（一种新出现的称呼，粤语中常见）

此研究结果在多大程度上符合事实？同时列举出女性常用的一些称呼语，并与男性使用的称呼语进行对比。

5.《咬文嚼字》编辑部评出了 2011—2013 年期间的十大网络流行语，请见下表：

	1	2	3	4	5	6	7	8	9	10
2011 年	亲	伤不起	Hold 住	我反正信了	坑爹	吐槽	气场	悲摧	忐忑	
2012 年	正能量	元芳，你怎么看	舌尖上	躺着也中枪	高富帅	中国式	压力山大	赞	最美	接地气

（续上表）

	1	2	3	4	5	6	7	8	9	10
2013 年	中国梦	光盘	倒逼	逆袭	微	大V	女汉子	土豪	奇葩	点赞

（1）讨论这些网络流行语所传达的语用意义。

（2）在面对面的交际中，你会使用这些流行语吗？并说明使用或不使用的原因。

课后思考

1. 变异语用学的主要目标是什么？

2. 变异语用学与方言学和社会语言学之间有哪些区别与联系？

3. 变异语用学与跨文化语用学和语际语用学之间有哪些区别与联系？结合你自身经历，谈谈语内语用失误和跨文化语用失误在多大程度上是可以容忍的。

4. 研究小课题。

（1）对你的同班同学进行调查，在其家乡不同场合下对交际对象的称呼有哪些？需考虑交际双方的年龄、性别、交际情景。

（2）从东北、西北、西南和东南各地区选一个城市，发放话语完型问卷，考察请求言语行为实施及其语言语用策略是否存在差异。

第十六章　语用能力

课前阅读

1. 何谓语用能力？
2. 语用能力有哪些构成要素？
3. 语用能力发展经历哪些阶段？
4. 何谓语用失误？儿童和留学生有可能犯什么样的语用失误？

一、引言

语言教学受益于语用学的发展成果。在过去的 30 年中，语言教学“发生了由几乎完全关注语言能力到更加关注语用能力乃至交际能力发展的‘转向’”（陈新仁，2014b：1）。应用语言学家和语言教育工作者逐渐从关注结构主义语言观指导下的学习者的语音能力、语义能力和句法能力，过渡到关注学习者真实语境中得体运用语言的能力。

二、语用能力的定义

许多研究者虽然一开始就注意到了语言运用能力，但关注的焦点多为语音能力、语义能力和句法能力。例如，他们认为语音能力体现在学习者的语言接受和产出两大层面，具体表征为学习者对音素的识别、对音位和音段的把握、对重音和节奏的掌控、对语流和语速的操作以及对不同语音变体的适应（毛世祯，2001；陈桦、毕冉，2008；裴正薇、丁言仁，2013）。至于语义能力，Katz & Fodor（1963）将其细化为：判定每个句子的意义的数目的能力、判定每个句子的意义的内容的能力、检测句子的语义不规则性的能力和感知句子之间同义转译关系的能力。对于句法能力，研究者认为其体现为说写者语言输入和输出时对句子复杂性、多样性和准确性的把握能力（刘利民，2009；郑超、冯捷，2011）。

随着关注语言使用的语用学的兴起和发展，研究者越来越关注学习者在真实语境中得体使用语言的能力，即语用能力。事实上，早在1979年，林特尔（Rintell）就基于言语行为理论提出语用能力的概念，认为语用能力应该反映在如何产生话语以传达“具体的意图”以及如何解读话语传达的意图两个方面。后来，托马斯（Thomas，1983）和利奇（Leech，1983）将语用能力划分为语用语言能力和社交语用能力，前者指使用者具有的语言本身知识和语言功能知识，后者则指语言使用范围方面的知识，涉及遵循语言使用的社会规则进行得体交际的能力，因而在利奇看来是更高层次的语用能力（1983：10－11）。

比亚里斯托克（Bialystok，1993：43－57）认为，语用能力是在语境中使用并理解语言的各种能力，包括：①说话人使用语言实现不同目的的能力，如请求、命令等；②听话人超出字面含义理解说话人真实意图的能力；③使用一定规则将话语连接起来的能力，如话语轮换、衔接等。他对语用能力的理解主要侧重第二点，即“使用与理解非字面语言形式的能力”，将语用能力上升到抽象认知的高度，突出强调语言使用者的个体认知能力。

巴赫曼和帕尔默（Bachman & Palmer，1996：69－70）认为，语用知识包括功能知识和社会语言学知识，前者包括语言功能四个方面的知识：概念功能知识、操作功能知识、启发功能知识和想象功能知识；后者指判断特定语言使用是否适合某一具体情景所需的知识。

在国内，许多学者也对语用能力的概念加以探究。例如，何自然（1997）认为，语用能力可以解释为运用语言进行得体交际的能力，可以从语言表达和语言理解两个方面来解释。为使语言表达得体，语言使用者必须懂得针对特定语境，结合社会和文化因素，灵活合理地使用语言；而要真正理解一门语言，仅仅懂得构成这门语言的语音、语法和词汇是远远不够的，还须了解语言交际的一般模式和原则以及话语意义的多层次性。何自然和陈新仁认为，“语用能力是交际能力的一个重要组成部分，指‘交际者在话语过程中，根据语境情况实施和理解具有社交得体性的施为行为所运用的各类知识’”（2004：167）。

后来，语用能力的内涵逐步增加了礼貌能力、话语组织能力等内容

(Ji－Young Jung，2002；陈新仁，2009)。最新关于语用能力的界定则基于社会建构论，认为语用能力还包括说写者与交际对方进行交际目标磋商、意义磋商、礼貌共建、共同构建身份关系的能力（详见陈新仁，2014b；陈新仁、李民，2015)。

三、语用能力的构成要素

从语用能力的定义描述文献中，我们发现不同的研究人员在语用能力的构成这一问题的论述上，根据自己的分类标准，有着各自相应的描述。

托马斯和利奇在1983年曾分别将语用学分解为语用语言学和社交语用学两部分，以处理具体的语言现象。语用能力也相应地分为语用语言能力和社交语用能力。前者涉及表达交际行为和人际关系意义时所需要的语言资源，包含一系列的语用策略（如表达间接或直接含意的方法)、程式语以及加强或缓和交际行为力度的语言形式（Rose & Kasper，2001)，后者涉及学习者如何理解话语的命题内容（propositional content）和施为用意(illocutionary force)，以及如何评估语言形式和手段的礼貌价值，如何判定交际双方相应的权力状况、社会距离的远近和言语行为的强加幅度(Brown & Levinson，1987)。

语用能力是多维的，主要包括：语言语用能力、社交语用能力、认知语用能力与语篇组织能力（陈新仁，2009：205)。其中，语用语言能力指熟练运用语言资源的能力，如能够使用实施请求、道歉、祝贺等各种言语行为的各种语言表达，使用表达礼貌、身份、立场、情感等的各种语言表达与元话语表达，适应构筑语篇、会话的语言表达和元话语表达；社交语用能力指基于社会—文化因素的考虑运用英语进行交际的能力，包括对语境（交际场合正式程度、交际双方距离、权势关系、背景知识等）的敏感性、对面子需求和礼貌的表达/理解能力、对态度/情感的传达/识别能力、对正式程度的把握能力等；认知语用能力指含意推理的能力、对预设的把握能力（对预设触发语的识别/使用能力)、运用传达程序性语用信息的话语标记语、元话语的能力、对指称表达可及性的把握能力等；语篇组织能力指构筑语义连贯、格式规范独白语篇和参与自然会话组织的能力。

作为交际能力的一个重要组成部分，语用能力具有以下的基本特征：

①在语用语言层面上遵守语言规则；②在社交语用层面上注重文化差异；③在心理认知层面上了解态度和行为的制约；④在时空情境层面上讲究语境的制约。语用能力不是抽象、孤立和空泛的，在语言的具体运用中，它是人们有效地使用和理解语言的保障和手段（何自然、张巨文，2003：3）。

四、语用能力的发展阶段

埃利斯（Ellis，1994：181－82）基于布卢姆－库卡（Blum－Kulka，1991）的研究，归纳出外语学习者语用能力发展要经历的大致的三个阶段：

阶段一：非系统的、以信息为中心的阶段

在该阶段，外语学习者主要是依赖会话的情景因素来阐释不同言语行为的施为用意，并依靠简化的策略来实施言语行为（如使用程式语或使用简单的礼貌标记语，如 please）。学习者在这一阶段使用自己能够利用的任何（非）语言手段达到自己的交际目的。

阶段二：具有潜在系统的、以过渡语为中心的阶段

在该阶段，外语学习者能够区分实现同一言语行为可选的不同手段的社会意义。他们也能够使用不同的策略来实施言语行为，然而他们的言语行为与本族语者存在着差别：差别之一是他们的言语行为实施方式更为啰嗦，差别之二为言语中存在着明显的母语语用迁移的痕迹。因此，学习者的言语行为在语言层面和社交层面部分可接受，部分不能接受。

阶段三：具有潜在系统的、以文化间性为中心的阶段

在该阶段，外语学习者与本族语者的言语行为非常接近。因此，他们能像本族语者一样使用相同的礼貌策略。然而，他们的言语行为中依然残存着深层文化迁移的痕迹，话语还是不简练，实现言语行为所使用的语言手段还是有所不同。总体来说，在理解和实施危及面子的言语行为时，他们还是表现出了过强的文化敏感性和犹豫不决。

不管在哪个阶段，学习者的语用能力和其语言能力水平之间都没有被证明是成正比关系的。例如，斯密德（Schmidt，1983）对日本画家 Wes 在夏威夷使用指令语（包括请求）的情况进行了为期 3 年的观察，发现在语言能力（特别是语用语言能力）偏弱的情况下，Wes 使用为数不多的程

式语（如 Can I have a... 以及礼貌标识词 please）成功进行交际，表现出较强的社交语用能力（Ellis，1994）。但是，也有研究发现，一些被试语言能力（如语法能力）尽管较弱，但是具有较高的语用意识（李民、陈新仁，2007）。

五、语用失误及其分类

语用能力弱的学习者会产生语用失误。语用失误不是指一般遣词造句中出现的语言使用错误，而是说话不合时宜、说话方式不妥或表达不合习惯等导致交际不能取得预期效果的失误（何自然，1997）。钱冠连教授在《汉语文化语用学》中指出："说话人在言语交际中使用了符号关系正确的句子，但不自觉地违反了人际规范、社会规约或不合时间、空间，不看对象，这样性质的错误就叫语用失误。"（2002：195）对照一些学者对语用能力的分类，语用失误大体上可以分为三类：

（一）语用语言失误

语用语言失误与语言结构（确切地说是静态的语法形式规则）的各种使用规则的掌握情况有关。言语交际中，说话人也许明白所有的规则，然而却不能得体地使用它们。因此，从根本上讲，语用语言失误是指说话人在表达自己的特定意图或实施具体的言语行为时，不能够使用本族语者在同样场合使用的语言结构，而其使用的语言结构无法实现其所要表达的功能或交际意图。

语用语言失误往往体现为学习者不了解目的语的语言习惯、套用母语的表达方式而引起的失误。语用语言失误有三个主要特征：

第一，它与交际双方对已有的语言知识规则的提取是否得当有关。比如，当说话人对听话人说"Thank you"时，听话人是否能够从"You are welcome""Not at all""Don' t mention it""Never mind"等表达中选择一个合适的短句来表达"没关系"的意思。

第二，它与语言形式（交际形式）与功能（交际意图）匹配是否得当有关。比如，Leech 的"礼貌原则"提倡听话人要与说话人尽量一致，这种"一致"实际上是内容或功能上一致，而不是形式上一致。

第三，它与交际双方对句型和日常套用语的运用是否得当有关。比如，在汉语里，当说话人说了声“谢谢”时，听话人除了可以说“不谢”以外，还可以说“应该的”。如果用英语交流时，说话人说了声“Thank you”，听话人说“This is my duty”就不妥当，因为“This is my duty”不是用来表达“应该的”的得体对应表达法。

导致学习者语用语言失误的原因之一是语用语言的迁移（pragmatic - linguistic transfer）。不管是外语学习者还是二语学习者，根深蒂固的母语语言形式总会影响到其用所学目的语表达同一概念的方式：即当表述某概念时学习者总会先想到母语的语言形式。在紧张的话语互动中，学习者往往会忽略母语和目的语之间形式和功能上的差别，导致语用语言失误。原因之二是不恰当的教学方法。课堂上老师所采用的一些教学方法增加了这方面的失误甚至错误的可能性，如简单的语法—翻译法。另外，部分教材的内容也会导致类似的现象，如情态动词的误用。还有课堂话语语境的影响，如缺乏情态标记、完整句答语的误用和话语命题意义明示的不当使用。

（二）社交语用失误

与语用语言失误不同的是，社交语用失误在所指上与语言结构规则无关，主要涉及非语言结构规则（确切地说是交际规则）的运用不当，以致无法保证交际的得体和成功。

社交语用失误源于构成恰当语言行为的概念存在跨文化差异，与使用中的语言限制条件密切相关，涉及到的内容不仅含有学习者的语言知识，还有其信仰和价值观。社交语用失误通常指在社交场合交际双方依据各自的文化价值取向而忽略了对方的文化价值取向来理解和表达自己的行为，属于社交规则运用不合适。它具有如下的特征：

第一，它与交际双方对已有的社交知识规则的提取和运用是否得当有关。比如在汉语中，当说话人说“你的发型很入时”时，不同的听话人可以做出不同的应对：可以说“谢谢”，也可以说“好看什么，在门口小店做的”。如果用英语交际，听话人说“谢谢”就合乎英语习惯，如果说了后者则不符合英语的应对习惯。

第二，它与交际双方在具体的交际场合中的价值取向是否一致有关。比如，如果说话人说“谢谢”时，听话人说“This is what I should do”，反映的就是中国人的价值取向，而不是英语本族语者的价值取向。

第三，它与交际双方对经验和百科知识的提取是否得当有关。比如，如果说话人问听话人“你吃米饭吗”，听话人答“我是南方人”，这时听话人的应对暗含了“南方人的主食是米饭，我是南方人，我当然吃米饭”的知识，这种应对是正常的、合适的（刘绍忠、钟国仕，2002：44－48）。

（三）体态语交际失误

除了上面语用语言和社交语用层面上的语用失误，还有一种是体态语层面的语用失误，在这里单列出来，以引起学习者的注意。

体态语即人们利用姿态、动作、面部表情等来传递信息的非言语行为。体态语又可细分为目光语、面部表情、体触行为、手势、举止、空间距离等。著名人类学家伯德韦斯特尔（Birdwhistell）博士认为在表情达意的手段中，65%是靠体态语来完成的。体态语是伴随语言表达出现的，是有声语言的有效补充手段，而且很多情况，体态语可以单独完成交际。一切体态语都要放在一定情景中理解，忽视了体态语发生的社会文化场景，就会产生交际障碍，这也属于语用失误的范畴。例如：

（1）目光接触。信奉伊斯兰教的中东女子是不能与人有直接的目光接触的，而美国人则认为直接的凝视是真挚诚恳的表现。

（2）身体接触。比如表示欢迎时，东亚国家和英语国家的男性之间一般只是握握手，日本人习惯深鞠躬，而阿拉伯、俄国、法国、东欧等国家的男性之间往往热烈拥抱、亲吻双颊。

（3）空间距离。在英美国家，亲近距离只在最亲密的人之间适用，一般朋友和熟人之间尽量避免身体接触。这些国家的文化强调“私人领域”不可侵犯；中国人私人空间意识比较淡漠，对拥挤中的体触行为虽反感但也能谅解宽容；而阿拉伯人则偏爱体触行为，无论在家还是公共场合，相互见面都要拥抱、碰鼻、抚摸、闻香。英国人与阿拉伯人交谈时，阿拉伯人喜欢靠得很近，英美人则要保持恰当距离，于是出现阿拉伯人往前挪，英美人往后退的现象。

同一体态语在不同的国家表示的意义不尽相同。例如，“竖起大拇指”，意大利人表示数字“1”，大多数英美人则用它表示“5”，在英国、澳大利亚和新西兰，竖起拇指表示要搭便车，而在希腊则表示“够呛”。

以上事例说明在跨文化交际中也要重视非言语行为的文化差异，对于由于体态语不同或者对于体态语的理解不同而产生的语用失误也要在教学中进行相应讲解。一方面，对异文化的非言语行为要在了解的基础上宽容对待；另一方面，二语学习者也要主动学习目的语国家的体态语习惯，必要时可以入乡随俗。

六、小结

长期以来，中国外语教学过于注重外语语言能力的发展，忽略了语用能力的培养，不仅带来了“哑巴外语”、“聋子外语”，更导致了大量学习者由于外语使用不得体而带来尴尬乃至交际失败的结果。在托马斯（1983）看来，学习者在言语交际中使用外语时犯语法错误，在本族语者眼里至多是外语“说得不好”（speaking badly），倘若触犯语用原则就是“表现不好”（behaving badly），可能会被看作是“不真诚的、存心欺骗的或居心不良的人”。因此，需要大力开展语用教学，提升学习者的语用意识，发展学习者的语用语言能力和社交语用能力，培养合格的跨文化交际者。

课内讨论

1. 判断下面的说法是否正确。

（1）语用能力由语用语言能力和社交语用能力构成，后者是更高层级的语用能力。

（2）学习者的语用能力会随着其语言形式知识的增加不断地得到加强，从而呈现出语言能力和语用能力的正相关。

（3）学习者目的语的语用能力和其母语语用能力会随着目的语知识的增加相互影响，相互作用，你中有我，我中有你，不分彼此。

（4）母语者会更关注二语者的社交语用能力，因此不能忍受语用语言知识丰富但社交语用失误频发的外语者或者二语者。

（5）不管是母语者，还是二语者，其语用能力发展历程体现出阶段性，并具有阶段性特征。

2. 以下是炎热夏天外国朋友到中国家庭做客的时候发生的一段对话。

Chinese host：Do wash your hands and face. And this will make you feel cooler.

Foreign guest：I am ok，really！

Chinese host：Please！Please！It is no trouble at all.

Foreign guest：（embarrassed）I have make - up in my face.

女主人犯了什么样的语用失误？为什么？

3. 分析下面两例。

（1）一次运动会上，一个教师跑完 100 米，并取得了冠军。回来后，他的一个外国留学生迎上去夸奖说："老师，您跑得像狗一样快！"

（2）《洋妞在北京》中一位嫁进北京四合院的洋妞，处处事事以中国媳妇的标准要求自己，却居然在公厕门口，端着痰盂跟刚从厕所出来的同院打招呼："大爷，您吃了吗？"

上面两例中外国留学生犯了什么样的语用失误？为什么？

4. 你遇到如下情境会怎么说？

情境 1：老王是个清洁工人。有一天，你看到他的钥匙掉了，你捡起来想还给他，你会怎么说？

情境 2：你第一次去中国同学王小明家做客，见到了他的父母。你向他父母问好，你会怎么说？

5. "请求"是我们日常生活中常见的言语行为。试分析如下两个情境中的请求言语行为。

情境1：这个学期你选修张小兰教授的中国文化课。星期三你因为生病没能来上课，你打算找张小兰教授要一份那节课的讲义，正好在路上碰到了她。

你：　张教授好，周三我生病了，没有能来上您的课，看您能不能在方便的时候让我复印一下那次课的讲义？我复印后立即还您！

张教授：好的。我的办公室在JB418，您和我一起去取吧。

情境2：课堂上。

Student：Tell me what is the meaning of this story?

Professor：I don't know.

上面两个情境中的请求言语行为是否得体？为什么？

6. 作为另外一个重要的言语行为，“建议”在我们的日常生活中随处可见。试看下列场景：

（1）你的好朋友汤姆最近总是早起咳嗽，你建议他去学校医院看看。

（2）张教授最近上课的时候，总是说眼睛看不清字，你建议他去医院看看。

（3）你的侄子（女）最近老是玩游戏，不好好学习，你建议他（她）多花点时间在学习上。

在上面的场合中，你会使用什么样的“建议”句式表达建议呢？除了这些场景中的句式，表达“建议”的句式还有哪些呢？

课后思考

1. 何谓语用能力？与语言能力有何区别与联系？
2. 何谓语用失误？与语言错误有何区别与联系？
3. 何谓语用迁移？与语言迁移有何区别与联系？
4. 请你根据下列两则语料，分析两个孩子的语用能力状况。

语境1：2岁半的儿子与母亲的一段对话。

母：儿子，爸爸爱你还是妈妈爱你？

子：爸爸爱我，妈妈爱我，爸爸妈妈都爱我。

母：你爱爸爸还是爱妈妈？

子：我爱爸爸和妈妈。

语境2：2岁10个月的孩童，去幼儿园路上的一段母子对话。

子：妈妈，今天，不买棒棒糖。

母：好，乖孩子。

子：吃棒棒糖烂牙齿呢。

母：对，糖吃多了烂牙齿。

子：韩妮妮牙齿烂了，看我的牙没有烂。

母：就是，因为她吃的棒棒糖太多了！

子：口香糖可以吃吧？

母：口香糖可以吃，但是今天不能买。口香糖吃多了也会烂牙的。

子：那好吧。

参考文献

[1] ALLWOOD J. 1976. Linguistic communication in action and co-operation: a study in pragamtics [D]. Gothenberg: University of Gothenberg.

[2] ARIEL M. 2010. Defining pragmatics [M]. Cambridge: Cambridge University Press.

[3] AUSTIN J. 1962. How to do things with words [M]. Oxford: Oxford University Press.

[4] BACHMAN L F & PALMER A S. 1996. Language testing in practice [M]. Oxford: Oxford University Press.

[5] BARRON A. 2008a. Contrasting requests in inner circle Englishes: a study in variational pragmatics [C] //PÜTZ M & VAN AERTSELAER N (Eds.). Developing contrastive pragmatics: interlanguage and cross-cultural perspectives. Berlin/New York: De Gruyter Mouton.

[6] BARRON A. 2008b. The structure of requests in Irish English and English English [C] //SCHNEIDER K P & BARRON A (Eds.). Variational pragmatics: a focus on regional varieties in pluricentric languages. Amsterdam/Philadelphia: John Benjamins Publishing Company.

[7] BAR-HILLEL Y. 1971. Out of the pragmatic wastebasket [J]. Linguistic inquiry, 2 (3).

[8] BIALYSTOK E. 1993. Symbolic representation and attentional control in pragmatic competence [C] //KASPER G & BLUM-KULKA S (Eds.). Interlanguage pragmatics. Oxford: Oxford University Press.

[9] BIRDWHISTELL R. 1972. A kinesic-linguistic exercise: the cigarette scene [C] //GUMPERZ J H & HYMES D (Eds.). Directions in sociolinguistics. New York: Holt Rienhart.

[10] BLACKMORE S. 1999. The meme machine [M]. Oxford: Oxford University Press.

[11] BLUM-KULKA S. 1991. Interlanguage pragmatics: the case of requests [C] //PHILLIPSON R E, KELLERMAN L, SELINKER M, SHARWOOD-SMITH & SWAIN M (Eds.). Foreign/Second language pedagogy research. Clevedon: Multilingual Matters.

[12] BREWER M B & GARDNER W. 1996. Who is this "we"? Levels of collective and self-representations [J]. Journal of personality and social psychology, 71 (1).

[13] BROWN P & LEVINSON S C. 1978. Universals in language usage: politeness phenomena [C] //GOODY E N (Ed.). Questions and politeness: strategies in social interaction. Cambridge: Cambridge University Press.

[14] BROWN P & LEVINSON S C. 1987. Politeness: some universals in language usage [M]. Cambridge: Cambridge University Press.

[15] BURKE P J. 1991. Identity processes and social stress [J]. American sociological review, 6.

[16] BURTON-ROBERTS N. 1987. Pragmatics and wittgenstein: ostensive and non-descriptive definition [C] //VERSCHUEREN J & BERTUCCELLI-PAPI M (Eds.). The pragmatic perspective. Amsterdam/Philadelpia: John Benjamins Publishing Company.

[17] CAFFI C. 2015. (Un) Expected behavior: some general issues and a papal example [J]. Journal of pragmatics, 86.

[18] CAMERON D. 1985. Feminism and linguistic theory [M]. New York: St. Martins.

[19] CHAPMAN S. 2005. Paul grice, philosopher and linguist [M]. London: Palgrave Macmillan.

[20] CHAPMAN S. 2013. Grice, conversational implicature and philosophy [C] //CAPONE A F, PIPARO L & CARAPEZZA M (Eds.). Perspectives on pragmatics and philosophy. New York: Springer.

[21] CHAO Y R. 1956. Chinese terms of address [J]. Language, 31 (1).

[22] CHAO Y R. 1968. A grammar of spoken Chinese [M]. Berkeley: University of California Press.

[23] CHEN Y et al. 2011. American and Chinese complaints: strategy use from a cross-cultural perspective [J]. Intercultural pragmatics, 8.

[24] CRISMORE A. 1989. Talking with readers: metadiscourse as rhetorical act [M]. New York: Peter Lang.

[25] CULPEPER J & HAUGH M. 2014. Pragmatics and the English language [M]. London: Palgrave Macmillan.

[26] DAWKINS R. 1976. The selfish gene [M]. New York: Oxford University Press.

[27] ELLIS R. 1994/2009. The study of second language acquisition [M]. Oxford: Oxford University Press.

[28] FERRARA A. 1980. An extended theory of speech acts [J]. Journal of pragmatics, 4.

[29] FETZER A & OISHI E. 2011. Context and contexts: parts meet whole [M]. Amsterdam/Philadelphia: John Benjamins Publishing Company.

[30] FIRTH J R. 1957. Papers in linguistics [M]. London: Oxford University Press.

[31] GOFFMAN E. 1955/1967. Interaction ritual: essays on face-to-face behavior [M]. New York: Pantheon Books.

[32] GRICE H P. 1957. Meaning [J]. Philosophical rewiew, (66) 3.

[33] GRICE H P. 1975. Logic and conversation [C] //COLE P & MORGAN J (Eds.). Syntax and semantics, Vol. 3: speech acts. New York: Academic Press.

[34] GRICE H P. 1989. Studies in the way of words [M]. Boston: Harvard University Press.

[35] GU Y G. 1990. Politeness phenomena in modern Chinese [J]. Journal of pragmatics, 14 (2) .

[36] GUMPERZ J J & GUMPERZ J C. 1982. Introduction: language and the communication of social identity [C] //GUMPERZ J (Ed.). Language

and social identity. Cambridge: Cambridge University Press.

[37] HALLIDAY M A K. 1994. Introduction to functional grammar [M]. London: Edward Arnold.

[38] HARRIS Z. 1959. Linguistics transformations for information retrie-val [C] //Papers in structural and transformational linguistics. Dordrecht: D. Reidel.

[39] HAUGH M. 2009. Face and interaction [C] //BARGIELA-CHIAPPINI F & HAUGH M (Eds.). Face, communication and social interaction. London: Equinox Publishing Ltd.

[40] HE M & ZHANG S J. 2011. Re-Conceptualizing the Chinese concept of face from a face-sensitive perspective: a case study of a modern Chinese TV drama [J]. Journal of pragmatics, 43 (9) .

[41] HEYLIGHEN F. 1998. What makes a meme successful? Selection criteria for cultural evolution [C] //Proceedings of the 15th international congress on cybernetics. Namur: de Cybernetique.

[42] HOLMES J. 1986. Compliments and compliment responses in New Zealand English [J]. Anthropological linguistics, 28 (4).

[43] HU H C. 1944. The Chinese concept of "face" [J]. American anthropologist, (1) .

[44] HUANG Y. 1994. The syntax and pragmatics of anaphora: a study with special reference to Chinese [M]. Cambridge: Cambridge University Press.

[45] HUANG Y. 2007. Pragmatics [M]. Oxford: Oxford University Press.

[46] HUANG Y. 2012. The Oxford dictionary of pragmatics [Z]. Oxford: Oxford University Press.

[47] HYLAND K. 1998. Persuasion and context: the pragmatics of academic metadiscourse [J]. Journal of pragmatics, 30 (4) .

[48] HYLAND K. 2005. Metadiscourse [M]. New York: Continuum.

[49] HYMES D H. 1972. On communicative competence [C] //PRIDE J

B & HOLMES J (Eds.). Sociolinguistics: selected readings. Harmondsworth: Penguin Book.

[50] JAUTZ S. 2008. Gratitude in British and New Zealand radio programmes: nothing but gushing [C] //SCHNEIDER K P & BARRON A (Eds.). Variational pragmatics: a focus on regional varieties in pluricentric languages. Amsterdam/Philadelphia: John Benjamins Publishing Company.

[51] JAUTZ S. 2013. Thanking formulae in English explorations across varieties and genres [M]. Amsterdam/Philadelphia: John Benjamins Publishing Company.

[52] JUNG JI-YOUNG. 2002. Issues in acquisitional pragmatics [J]. Working papers in TESOL & applied linguistics, 2 (3).

[53] JUCKER A (Ed.). 1995. Historical pragmatics: pragmatic development in the history of English [M]. Amsterdam /Philadelphia: John Benjamins Publishing Company.

[54] KATZ J J & FODOR J A. 1963. The structure of a semantic theory [J]. Language, 39 (2).

[55] KOPPLE W J V. 1985. Some exploratory discourse on metadiscourse [J]. College composition and communication, 36 (1).

[56] LAKOFF R. 1973. Language and woman's place [J]. Language in society, 2 (1).

[57] LEECH G. 1981. Semantics [M]. Harmondworth: Penguin Book.

[58] LEECH G. 1983. Principles of pragmatics [M]. London: Longman.

[59] LEECH G. 2005. Politeness: is there an east-west divide? [J]. Journal of foreign languages, 6.

[60] LEECH G. 2014. The pragmatics of politeness [M]. New York: Oxford University Press

[61] LEVINSON S C. 1983. Pragmatics [M]. Cambridge: Cambridge University Press.

[62] LEVINSON S C. 1987. Pragmatics and the grammar of anaphora: a

partial pragmatic reduction of binding and control phenomena [J]. Journal of linguistics, 23 (2) .

[63] LIN C, WOODFIELD H & REN W. 2012. Compliments in Taiwan and mainland Chinese: the influence of region and compliment topic [J]. Journal of pragmatics, 44 (11) .

[64] LIN J W. 2003. Temporal reference in mandarin Chinese [J]. Journal of East Asian linguistics, 12 (3) .

[65] LIN J W. 2010. A tenseless analysis of mandarin Chinese revisited: a response to sybesma 2007 [J]. Linguistic inquiry, 41 (2) .

[66] LINDBLOM K. 2006. Cooperative principle [C] //MEY J L (Ed.). Concise encyclopedia of pragmatics. Amsterdam: Elsevier.

[67] LYONS J. 1977. Semantics Vol. 1 -2 [M]. Cambridge: Cambridge University Press.

[68] MALINOWSKI B. 1923. The problem of meaning in primitive language [C] //OGDEN C & RICHARDS I (Eds.). The meaning of meaning. London: Kegan Paul.

[69] MCCALL G J & SIMMONS J L. 2003. Identities and interactions [M]. New York: Free Press.

[70] MEY J. 1993. Pragmatics: an introduction [M]. Oxford: Blackwell Publishers.

[71] MEY J. 2001. Pragmatics: an introduction [M]. Beijing: Foreign Language Teaching and Research Press.

[72] O'KEEFFE A & ADOLPHS S. 2008. Response tokens in British and Irish discourse: corpus, context and variational pragmatics [C] //SCHNEIDER K P & BARRON A (Eds.). Variational pragmatics: a focus on regional varieties in pluricentric languages. Amsterdam/Philadephia: John Benjamins Publishing Company.

[73] O'HALLORAN K L, TAN S & MARISSA K L E. 2014. Multimodal pragmatics [C] //SCHNEIDER K P & Barron A (Eds.). Pragmatics of discourse. Berlin: De Gruyter Mouton.

[74] PECCI J. S. 2000. Pragmatics [M]. Beijing: Forezign Language Teaching and Research Press.

[75] PETER S & NICK H. 1988. A student's dictionary of psychology [M]. London: Edward Arnold.

[76] POMERANTZ A. 1984. Agreeing and disagreeing with assessments: some features of preferred/dispreferred turn shapes [C] //ATKINSON J M & HERITAGE J (Eds.). Structures of social interaction. Cambridge: Cambridge University Press.

[77] ROSE K & KASPER G. 2001. Pragmatics in language teaching [M]. Cambridge: Cambridge University Press.

[78] SACKS H, SCHEGLOFF E & JEFFERSON G. 1974. A simplest systematics for the organization of turn-taking for conversation [J]. Language, 50 (4).

[79] SCHEGLOFF E. 2007. Sequence organization in interaction: a primer in conversation analysis [M]. Cambridge: Cambridge University Press.

[80] SCHEGLOFF E & SACKS H. 1973. Opening up closings [J]. Semiotica, 23 (5).

[81] SCHMIDT R. 1983. Interaction, acculturation, and the acquisition of communicative competence: a case study of an adult [C] //WOLFSON N & JUDD E (Eds.). Sociolinguistics and language acquisition. Rowley, MA: Newbury House.

[82] SCHNEIDER K P. 2009. Variational pragmatics [C] //MIRJAM F, Ö STMAN J & VERSCHUEREN J (Eds.). Variation and change: pragmatic perspectives. Amsterdam/Philadelphia: John Benjamins Publishing Company.

[83] SCHNEIDER K P & BARRON A (Eds.). 2008. Variational pragmatics: a focus on regional varieties in pluricentric languages. Amsterdam/Philadelphia: John Benjamins Publishing Company.

[84] SCHNEIDER K P & BARRON A. 2008. Where pragmatics and dialectology meets: introducing variational pragmatics [C] //SCHNEIDER K P & BARRON A (Eds.). Variational pragmatics: a focus on regional varieties in

pluricentric languages. Amsterdam/Philadelphia: John Benjamins Publishing Company.

[85] SEARLE J. 1969. Speech acts: an essay in the philosophy of language [M]. Cambridge: Cambridge University Press.

[86] SEARLE J. 1992. The rediscovery of the mind [M]. Cambridge, MA: MIT Press.

[87] SMITH A. 1894. Chinese characteristics [M]. New York: Telegraph Books.

[88] SMITH C. 2008. Time with and without tense [C] //GUERON J & LECARME J (Eds.). Time and modality. New York: Springer.

[89] SPENCER-OATEY H. 2007. Theories of identity and the analysis of face [J]. Journal of pragmatics, 39 (4).

[90] SPERBER D & WILSON D. 1985/1995. Relevance: communication and cognition [M]. Oxford: Blackwell.

[91] STETS J E & BURKE P J. 2005. New directions in identity control theory [J]. Advances in group processes, 22 (1).

[92] SUN H. 2005. Collaborative strategies in Chinese telephone conversation closings: balancing procedural needs and interpersonal meaning making [J]. Pragmatics, 15 (1).

[93] SWALES J M. 1990. Genre analysis: English in academic and research settings [M]. Cambridge: Cambridge University Press.

[94] TANNEN D. 1986. That's not what I meant: how conversational style makes or breaks your relations with others [M]. New York: Morrow.

[95] TAYLOR T J. 2003. Language constructing language: the implication of reflexivity for linguistic theory [C] //DAVISH T T (Ed.). Rethinking linguistics. London/New York: Rourledge Curzon.

[96] THOMAS J. 1983. Cross-cultural pragmatic failure [J]. Applied linguistics, 4 (2).

[97] THOMAS J. 1995. Meaning in interaction: an introduction to pragmatics [M]. London: Longman.

[98] VERSCHUEREN J. 1999. Understanding pragmatics [M]. London: Edward Arnold.

[99] WILLIAMS J W. 1981. Style: ten lessons in clarity and grace [M]. Glenview. IL: Scott. Foresman.

[100] WILSON D. 2003. Relevance and lexical pragmatics [J]. Italian journal of linguistics/Rivista di linguistica, 15 (2).

[101] YAN H. 2012. The Oxford dictionary of pragmatics [Z]. Oxford: Oxford University Press.

[102] YULE G. 1996. Pragmatics [M]. Oxford: Oxford University Press.

[103] YUS F. 2011. Cyberpragmatics: internet-mediated communication in context [M]. Amsterdam/Philadelphia: John Benjamins Publishing Company.

[104] 曹炜．现代汉语称谓语与称呼语 [J]. 江苏大学学报，2005 (2).

[105] 陈桦，毕冉．英语专业学生朗读任务中语音能力的发展模式研究 [J]. 解放军外国语学院学报，2008 (4).

[106] 陈新仁．会话信息过量现象的语用研究 [M]. 西安：陕西师范大学出版社，2004a.

[107] 陈新仁．论语用平衡 [J]. 外语学刊，2004b (6).

[108] 陈新仁．新编语用学教程 [M]. 北京：外语教学与研究出版社，2009.

[109] 陈新仁．语用身份：动态选择与话语建构 [J]. 外语研究，2013 (4).

[110] 陈新仁．语用学视角下的身份研究——关键问题与主要路径 [J]. 现代外语，2014a (5).

[111] 陈新仁．基于社会建构论的语用能力观 [J]. 外语研究，2014b (6).

[112] 陈新仁，等．礼貌理论与外语学习 [M]. 北京：外语教学与研究出版社，2013a.

[113] 陈新仁，等．语用学与外语教学 [M]. 北京：外语教学与研究出版社，2013b.

[114] 陈新仁，等．语用学视角下的身份与交际研究 [M]. 北京：高等教育出版社，2013c.

[115] 陈新仁，李民．英语作为国家通用语背景下的语用失误新解［J］．外语与外语教学，2015（2）．

[116] 陈原．社会语言学［M］．北京：学林出版社，1983.

[117] 丁凤．汉语请求言语行为中的性别差异［J］．西安外国语学院学报，2002（1）．

[118] 段成钢．汉语礼貌语言使用的性别与年龄差异研究［J］．语言教学与研究，2008（3）．

[119] 樊慧．虚拟与现实——论网络语言变异［J］．北京邮电大学学报（社会科学版），2011（2）．

[120] 方瑞芬．汉语语境中恭维语和恭维应答年龄差异研究［J］．安徽大学学报（哲学社会科学版），2008（6）．

[121] 冯光武．汉语语用标记语的语义、语用分析［J］．现代外语，2004（1）．

[122] 顾曰国．礼貌、语用与文化［J］．外语教学与研究，1992（4）．

[123] 郭熙．中国社会语言学［M］．南京：南京大学出版社，1999.

[124] 郭湛．论主体间性或交互主体性［J］．中国人民大学学报，2001（3）．

[125] 何荷，陈新仁．网店店主关系身份建构的语用研究［J］．现代外语，2015（3）．

[126] 何兆熊．新编语用学概要［M］．上海：上海外语教育出版社，2000.

[127] 何自然．语用学概论［J］．长沙：湖南教育出版社，1988.

[128] 何自然．语用学与英语学习［M］．上海：上海外语教育出版社，1997.

[129] 何自然．语言中的模因［J］．语言科学，2005（6）．

[130] 何自然．语言模因及其修辞效应［J］．外语学刊，2008（1）．

[131] 何自然，陈新仁．当代语用学［M］．北京：外语教学与研究出版社，2004.

[132] 何自然，陈新仁，等．语言模因理论与应用［M］．广州：暨南大学出版社，2014.

[133] 何自然，等．香港与内地社会媒体语用变异分析［J］．学术交

流，1999（3）.

［134］何自然，冉永平．语用学概论：修订本［M］．长沙：湖南教育出版社，2002.

［135］何自然，冉永平．新编语用学概论［M］．北京：北京大学出版社，2009.

［136］何自然，张巨文．外语教学中的语用路向探索［J］．山东外语教学，2003（4）.

［137］洪玮．地域差异对汉语言行为“借用”的影响［J］．世界汉语教学，1999（3）.

［138］华辰．现代汉语称呼语的多角度研究［D］．南京：南京林业大学，2013.

［139］杨国枢．中国人的心理［M］．南京：江苏教育出版社，2006.

［140］黄勤，熊瑶．英汉新闻评论中的元话语使用对比分析［J］．外语学刊，2012（1）.

［141］杰弗里·利奇．语义学［M］．李瑞华，等译．上海：上海外语教育出版社，1987.

［142］金耀基．面、耻与中国人行为之分析［C］．上海：上海教育出版社，2002.

［143］鞠玉梅．英汉学术论文语篇中的元话语研究——从亚里士多德修辞学的角度［J］．外语研究，2013（3）.

［144］李丽娜．关于留学生汉语学习策略的调查报告［J］．汉语学习，2004（3）.

［145］李民．英语会话增量现象的界定：问题与建议［J］．外国语，2012（2）.

［146］李民，陈新仁．中国英语专业学生语法/语用意识程度及其能力调查［J］．中国外语，2007（6）.

［147］李明洁．现代汉语称谓系统的分类标准与功能分析［J］．华东师范大学学报（哲学社会科学版），1997（5）.

［148］李琼．汉语当代社会称呼语的变异研究［J］．陕西师范大学学报（哲学社会科学版），2015（7）.

［149］李秀明．汉语元话语标记语研究［M］．北京：中国社会科学

出版社，2011.

［150］李悦娥，申智奇．自然会话中的打断现象分析［J］．当代语言学，2003（1）.

［151］梁丹丹．会话中的口误性紧接重复［J］．修辞学习，2007（4）.

［152］梁漱溟．中国文化要义［M］．上海：上海人民出版社，2011.

［153］林南．社会资本——关于社会结构与行动的理论［M］．上海：上海人民出版社，2005.

［154］刘峰．留学生汉语口语自我修正研究［J］．华文教学与研究，2014（1）.

［155］刘利民．“语言能力合成论”的理论偏差［J］．外国语文，2009（1）.

［156］刘润清．关于 Leech 的礼貌原则［J］．外语教学与研究，1987（2）.

［157］刘绍忠，钟国仕．语用语言失误与社交语用失误——语用失误系列研究之一［J］．广西师范大学学报（哲学社会科学版），2002（1）.

［158］吕叔湘．语文常谈［M］．北京：人民教育出版社，1980.

［159］马宏基，常庆丰．称谓语［M］．北京：新华出版社，1998.

［160］马克思，恩格斯．马克思恩格斯选集：第一卷［M］．北京：人民出版社，1997.

［161］毛世祯．语音能力与语音行为［J］．华东师范大学学报（哲学社会科学版），2001（3）.

［162］毛延生，虞锐．城市化进程中农民工身份建构的质性研究［J］．广州大学学报（社会科学版），2015（6）.

［163］么孝颖．称谓语＝称呼语吗？——对称谓语和称呼语的概念阐释［J］．外语教学，2008（7）.

［164］潘攀．论亲属称谓语的泛化［J］．语言文字应用，1998（2）.

［165］裴正薇，丁言仁．音乐能力影响中国大学生英语语音能力的实证研究［J］，外语界，2013（1）.

［166］彭艳虹．意义沉默的语用解读［J］．外语与外语教学，2007（9）.

［167］权立宏．汉语中男女在称赞语和称赞语回应使用上的差异分析［J］．现代外语，2004（1）.

［168］钱冠连．汉语文化语用学［M］．北京：清华大学出版

社，2002.

[169] 曲婧华．称呼的语用研究［J］．解放军外国语学院学报，1999，22（2）．

[170] 冉永平，赖会娣．虚假拒绝言语行为的人际语用理据分析［J］．外语学刊，2014（2）．

[171] 任育新，陈新仁．《变异语用学》介绍［J］．当代语言学，2012（2）．

[172] 石安石．语义研究［M］．北京：语文出版社，1994.

[173] 索燕华．网络语境之汉语口语新锐性表达研究［J］．华侨大学学报（哲学社会科学版），2015（6）．

[174] 索振羽．语用学教程［M］．北京：北京大学出版社，2000.

[175] 索振羽．语用学教程［M］．2 版．北京：北京大学出版社，2014.

[176] 王宗炎．英汉应用语言学词典［Z］．长沙：湖南教育出版社，1988.

[177] 卫志强．称呼的类型及其语用特点［C］//胡文仲．文化与交际．北京：外语教学与研究出版社，1990.

[178] 吴东英，许谦文．方言变异还是语体变异？——内地与香港娱乐新闻语篇范畴的差异分析［J］．中国语文，2000（1）．

[179] 吴平．汉语会话中的反馈信号［J］．当代语言学，2001（2）．

[180] 熊学亮．认知语用学概论［M］．上海：上海外语教育出版社，1999.

[181] 徐烈炯．语义学：修订本［M］．北京：语文出版社，1995.

[182] 徐盛桓．礼貌原则新拟［J］．外语学刊，1992（2）．

[183] 徐盛桓．“预设”新论［J］．外语学刊，1993（1）．

[184] 徐盛桓．语用问题研究［M］．开封：河南大学出版社，1996.

[185] 许俊．英汉会话中确认型重复之比较［J］．湖南大学学报（社会科学版），2011（3）．

[186] 言志峰．汉语拒绝言语行为的性别差异研究［J］．合肥工业大学学报（社会科学版），2007（4）．

[187] 杨春霖，刘帆．汉语修辞艺术大辞典［Z］．西安：陕西人民出

版社，1995.

［188］杨文惠．商务谈判人际语言策略研究［M］．北京：科学出版社，2009.

［189］姚亚平．现代汉语称谓系统变化的两大基本趋势［J］．语言文字应用，1995（3）.

［190］于国栋．会话分析［M］．上海：上海外语教育出版社，2008.

［191］于国栋．产前检查中建议序列的会话分析研究［J］．外国语，2009（1）.

［192］余艳娟．汉语恭维答语中性别差异的研究［J］．理工高教研究，2005（2）.

［193］袁周敏．称呼语的身份标记功能的元语用考察［J］．东北大学学报（社会科学版），2011（5）.

［194］袁周敏，方宗祥．言语交际中的身份建构及其理据研究［J］．南京邮电大学学报（社会科学版），2008（3）.

［195］翟学伟．人情、面子与权力的再生产——情理社会中的社会交换方式［J］．社会学研究，2004（5）.

［196］张仲慧．试论大陆、台湾、香港公函的异同［J］．开封教育学院学报，2003（1）.

［197］赵敏善．关于语言文化学的研究范围［J］．外语研究，1998（3）.

［198］郑超，冯捷．从写作评估中的语域意识看第二语言语法能力与社会语言能力［J］．现代外语，2011（1）.

［199］周凌，张绍杰．表达的明示性：汉语言文化特性的“面子”［J］．外语教学，2013（3）.

［200］周树江，董传杰．礼貌原则视角下的会话沉默［J］．外语学刊，2014（5）.

［201］朱永生．语境动态研究［M］．北京：北京大学出版社，2005.

［202］祝畹瑾．汉语称呼研究［C］//胡文仲．文化与交际．北京：外语教学与研究出版社，1990.